KB212591

초기불교 선방일기

구름을 헤치고 나온 달처럼
1

정명스님 저

수행자로서 본을 보여주신 파야옥 사야도

푸른향기
Prunbook Publishing Co.

석가모니 부처님 고행상

명상센터(시마홀) 뒤편의 전경

삭발식

저에게 계를 주십시오

법문을 듣는 스님들

탁발을 하기전 대기중인 스님들

추수기에 행해지는 대규모 탁발행사

마을로 탁발가는 사미승

2월 보시의 날 스님께 공양올리는 불자들

법납순으로 탁발은 시작되고

오후 명상 후 마시는 쥬스 한잔

가사를 염색할 자연염료 만들기

본인 가사는 본인이 염색하기

남자 수행자 명상홀(시마홀)

명상하는 청정 수행자

명상홀에 모셔진 부처님

남자 수행자 명상홀

숲속의 개인 수행처(숙소)

도서관과 병원

직접 빨래하여 널어 말리고

새로 지어진 꾸띠(오두막)

숲속에 난 오솔길

장기체류 수행자들의 개인 수행꾸띠(오두막)

미얀마 몰메인 파아옥 명상센터 전경

포살모습(정면)

포살[파띠모카] 모습

초하루와 보름 한달에 2번, 소속 승가 전원이 참석해야 하며, 계율을 범한 자나 비구 이외의 사람이 참석하면 무효가 선언되며 처음부터 다시 하여야 한다. 이를 통해 비구로서의 위의와 승가의 청정성이 제도적으로 보장받는 것이다.

이 책을 수행의 길로 이끌어 주신 은사 마일운스님과
평생을 자식들을 위해 고생하신 부모님께 바칩니다.

◑ 추천사 ◑

불교는 말로 하는 것이 아니다. 더군다나 생각으로 헤아려서 되는 것도 아니다. 철저한 깨달음 속에 실천하는 사람만이 맛볼 수 있는 감로(甘露)다.

어두운 곳에 빛이 되고 가난한 자에게 양식이 되며 병든 이에게 의약이 되겠다 서원하고 출가한 필자가 먼저 미얀마에까지 가서 명상을 통해 자신을 찾고 그것을 다시 전하기 위해서 부처님께서 45년 동안 행하셨던 길을 밟고 있으나 일은 그렇게 쉽게 이루어지지 않고 있다. 보고 듣는 자들이 옛 관념에 사로잡혀 있기 때문이다. 특히 출가수행이란 일반 사람들로서는 상상하기도 어렵다. 그동안 내 몸처럼 아끼고 사랑하던 가정과 국가 종족에 대한 관념과 사상 그리고 사회와 학교에서 배우고 익혔던 모든 지식과 상식을 송두리째 버려야 하기 때문이다. 그런데 일류대학 석·박사를 거쳐 좋은 직장에 보증수표로 몸을 담고 있던 필자가 하루아침에 세속적인 명예와 사랑, 그리고 그동안 가지고 있던 모든 것을 팽개치고 출가수행의 길에 오른 것만으로도 감사하고 축하해야 할 일이다. 어두운 세상에 밝은 등불이 하나 나타났기 때문이다.

실로 인생은 숨 하나에 달려있다. 들어간 숨이 나오지 못해도 끝나고 나온 숨이 못 들어가도 끝나는 인생인데, 살아 있는 동안까지 온갖 번뇌를 일으키고 있으니 기가 막힌 일이다.

파아옥 수도원에서 이렇게 간단하고 분명한 불교를 체험하고 돌아온 필자는 2,500년 전 석가모니 부처님께서 45년간 걸었던 전도의 길에 나섰다. 그러나 그것은 그 지역의 풍토지리와 연관 있는 역사적인 불교를 바로 이해하지 않고는 아니되기 때문에 다시 한국불교의 전통을 배우기 위해 금강선원에 왔다. 몇 가지 경론을 주고받다가 한국불교신문에 연재된 글을 보니 십수 년 전 내 자신이 태국에서 경험한 것과 거의 같기 때문에 동병상련이라, 출판하여 대중에게 공개할 것을 권했으나 내용이 미약하다고 몇 번이나 사양하다가 다시 정리하여 가져왔다. 살펴보니 집 없는 사람에게 좋은 집이 되고 헐벗은 사람에게는 따뜻한 옷이 되며 배고픈 사람에게는 양질의 음식이 될 것 같아 감히 출판하여 세상에 내놓기로 하였다. 특히 남방불교에 관심이 있는 사람, 인생의 고민 속에 통로를 찾고 있는 사람에게는 좋은 길잡이가 될 수 있기 때문에 감히 추천한다. 막힌 것은 뚫어지고 굽은 것은 펴질 것이다.

불기 2552년 5월 25일
세계불교명상센타 총재·불교선종대학원 원장 활안 한정섭 합장

◐ 머리말 ◐

　　본 책자는 미얀마에서 필자가 수행하면서 느낀 소감과 남방선원의 일상생활을 기록한 수행일지이다. 이것은 2007년 7월부터 한국불교신문에서 연재한 '정명스님의 수행이야기'를 단행본에 맞게 정리하고 독자들이 읽어나가면서 초기불교의 교리와 수행을 이해하기 좋도록 책속의 책으로 다시 편집하였다.

　　미얀마는 초기불교의 가르침이 살아 숨 쉬는 나라로 아비담마의 나라라고도 한다. 아비담마는 부처님의 말씀인 경전을 알기 쉽게 보다 자세하게 풀이해 놓은 것으로 부처님의 제자들이 작성한 논문인데 일종의 수행매뉴얼에 해당한다.

　　필자가 수행한 파아옥 명상센터는 아비담바와 남방불교 부동의 수행지침서인 청정도론을 수행매뉴얼로 삼아 선정과 지혜를 수행하는 곳이다. 특히 선정(사마타)수행을 기초로 하여 위빳사나를 수행하는 세계에서 유일한 곳이다. 수행주석서에 해당하는 마하띠까에는 궁극적 실재(빠라맛타, 진제, 승의제)를 보지 않고 위빳사나를 하는 것을 진정한 위빳사나라고 할 수 없다고 하였다. 만약 궁극적 실재를 보지 못하고 위빳사나를 한다면 그것은 아직 깨어지지 않은 거친 실체와 관념(빤냐띠)을 대상으로 위빳사나를 하는 것이므로 진정한 위빳사나라고 부를 수 없다는 것이다. 그래서 궁극적 실재를 보기 위해서는 선정이 필요하고 궁극적 실재를 알고 보기 위해서는 아비담마에 대한 공부가 필요하게 된다. 바로 수행과 교학은 둘이 아니게 되는 것이다. 이렇게 부처님의 말씀을 수행의 언어로 구체화해놓은 아비담마와 청정도론에 근거를 두고 수행하는 파아옥 명상센터는 모름지기 수행과 교학을 모두 배울 수 있는 곳이다.

　　필자는 운 좋게도 출가 후 헤매지 않고 부처님의 바른 가르침이 살아 있는 청정한 정법수행처로 바로 찾아갔고, 흔들림 없이 사마타와 위빳사나를 수행했다. 훌륭한 지도법사이신 우레와따 스님의 자비로 13개월의 수행기간동안 많은 공부의 성취가 가능하였다. 미얀마에 있는 동안 필자는 그때의 감동과 마음의 변화를 수행일기의 형식으로 노트북에 시간이 날 때마다 정리해 두었었다. 작년에 귀국하고 얼마 되지 않은 시점에 평소 알고 있던 스님과 지인들이 필자의 수행에 관심을 보이고 수행법에도 관심을 보이시며 보다 많은 사람들이 공유할 수 있으면 좋겠다고 권유하여 한국불교신문에 수행일기의 연재를 시작했고, 이것을 보신 활안스님의 권유로 이렇게 단행본으로 다시 세상에 나오게 되었다.

한국불교는 중국의 6조 혜능스님을 축으로 하는 화두참선법인 간화선을 주된 수행법으로 하여 왔다. 그래서 부처님의 수행법인 사마타와 위빳사나, 즉 선정과 지혜[지관]수행은 우리 주변에서 찾아보기가 쉽지 않다.

그러나 빠알리어로 된 초기경전이 이제 번역 출간되고 있으며 대림스님과 각묵스님 등의 노력으로 초기불교의 수행지침서에 해당하는 청정도론과 아비담마가 국내에 소개된 지 얼마 되지 않은 시점으로 초기불교 수행법의 소개는 의미가 있을 듯하다.

수행자에게 있어 수행체험을 공개하는 것은 주머니 속의 재산을 공개하는 것과 같다. 도과를 성취하지 않은 우리들은 항상 남의 주머니 속을 궁금해 하고 내 주머니를 열어 남에게 보여주는 것을 꺼린다. 마치 내 수준을 들켜 버리는 것 같고 남들이 나를 평가하는 것을 두려워하기 때문이다.

필자도 역시 수행의 길을 걷기 시작한 초심자로 마음속에 두려움이 있다. 다만 주변 여러 선배수행자들의 도움으로 조금 먼저 초기불교의 수행법을 경험한 것뿐이다. 모르는 사람이 용기가 있다고, 주변의 권유를 핑계 삼아 이 책을 출판하게 되었다.

책의 출판은 사실 생각지도 않았는데 기회와 용기를 주신 분은 활안 큰스님이시다. 활안 큰스님은 원효스님 이후에 가장 많은 불서를 저술

하신 분으로 이 땅의 살아있는 선지식이시며 사단법인 금강선원의 총재를 맡고 계신 불교계의 거목이신데, 미얀마에서 귀국 후 큰스님에게 석문의범, 대승기신론, 원각경을 배웠고 법화경과 금강경오가해를 배우고 있는 것이 인연이 되었으니 후학으로서 감사할 따름이다.

수행일기에 등장하는 분들은 실제로 지금도 현지에서 수행하시는 분들이거나 어느 곳에선가 수행의 불을 밝히시는 분들이라 가명을 사용하였다. 그래도 같은 밥을 먹었던 분들은 이야기를 들으면 누구인지 짐작이 가능할 터이니 그분들께 혹시라도 누가 되지 않을까 걱정이 앞선다.

하지만 부처님의 왜곡되지 않은 수행법을 소개하고 이 인연으로 많은 사람들이 불교를 이해하고 수행의 길로 접어든다면 이 또한 공덕이 되겠다 싶어 시작한 일이니 글로써 양해를 구합니다.

그리고 이 책으로 인한 공덕이 있다면 그것은 모두 저의 명상을 지도해주시고 돌보아 주신 미얀마 우 레와따 스님의 공덕이며 조그마한 잘못이라도 있다면 가르침을 잘못 이해한 저의 불찰임을 밝힙니다.

불기 2552년 5월 15일
정명 사룀

◖ 일러두기 ◗

1. 한국불교신문사에서 수행일지를 기본으로 하여 쉽게 수행법을 풀어달라는 요청을 받고 고민하였습니다. 수행의 경험이 어리고 아는 바 없는 늦깎이 중이 그리 할 말이 많지 않은 까닭에서였습니다.

2. 그러나 "나와 다른 이가 함께 성불하여 지이다." 하는 자타일시성불도[自他一時成佛道]의 구절과 주변의 스님께서 권유하여 작은 경험이지만 수행일지를 공유하기로 하였습니다.

3. 다만 이 일지는 저 개인의 수행행적을 적은 것이므로 수행에 익숙지 않은 독자는 읽기가 힘이 들 것입니다.

4. 그래서 일지는 그대로 두고, 이해하기 힘든 불교전문용어나 단어가 나오면 그것을 해설하는 방향으로 공유하고자 합니다.

5. 이 인연공덕으로 부처님의 원음에 기초한 수행법이 널리 퍼져 나가기를 기원합니다.

6. 이 인연공덕으로 금생에 도과를 성취하고 나와 남이 함께 행복하길 기원합니다.

7. 이 책은 불교정신문화원에서 초간한 것을 약간의 수정을 거쳐 도서출판 푸른향기에서 재간한 것입니다.

목 차

초기불교의 이해

■ 미얀마 파아옥 명상센터는 어떻게 가게 되었나?

　죽을 때 가는 곳이나 알고 죽겠다고 원을 세우고 출가를 하였는데 시간은 흘러가고 마음은 나태해지니 왠지 모를 불안감과 초조함이 커져만 갔다. 그래서 '내게 알맞는 수행처로 이끌어 주십시오.' 하고 아침저녁으로 기도를 드리던 중에 평소 알고 지내던 스님에게 고민을 털어놓았더니 당신도 그러한 고민을 하고 있는 중이라며 『사마타와 위빳사나』라는 책을 한 권 주셨다. 단숨에 훑어보고는

　"이곳으로 가겠습니다." 하니 스님께서

　"앞뒤를 잘 살펴보시고 결정하십시오."라고 하신다. 그러나 기도 끝에 얻은 정보였으므로 '이곳이 내가 찾던 곳이다.' 하는 생각에 흔들림이 없었다.

　파아옥 명상센터에 메일을 보내 초청장을 요청하였는데 2주 만에 환영한다는 답신과 함께 초청장을 받았다. 처음 미얀마 양곤에 도착하니 3월말 온도가 섭씨 37도를 오르내려서 어떻게 이런 날씨를 견딜 수 있을까 속으로 걱정이 컸지만 파아옥에 도착해보니 숲속이라 그럭저럭 버틸 만하였다.

▌ 일어나라. 잠을 깨라.

어제 야간 명상은 약 1시간 10분 정도 자리에 앉아 망상만 피우다가 잠이 들었다. 오늘은 새벽 3시 30분에 일어나 목욕까지 하고 자리에 앉았으나 이내 혼침에 빠졌다. 5시 경에는 피곤을 이기지 못하고 잠이 들었다가 아침공양을 알리는 목탁소리에 깼다. 부끄러운 마음과 죄의식이 함께 밀려온다.

마실 물을 받아오면서 명상홀에 올라가 부처님께 삼배를 올리며 '저의 수행을 도와주세요.' 하고 기도하였다. 기도를 마치고 나오는 길에 명상홀 뒤편에 놓여있던 해골의 퀭한 눈과 마주쳤다. 이 해골은 모든 것은 끊임없이 변화해 가고 있다는 통찰지를 얻기 위한 백골관 수행을 할 때 이용하는 것이다. 해골을 보자마자 영혼이라는 것이 있다면 '당신도 나의 수행을 도와주십시오.' 하는 마음이 생기고 나도 모르게 고개가 숙여졌다.

숙소에 돌아와서 다시 자리에 앉았는데 눈을 떠보니 아침 8시 45분. 약 2시간 15분 동안 좌선을 하였다. 좌선 중에 두 번 정도 혼침에 빠졌다. 이 고비를 넘어야하는데 마음만 급하다. 수행의 진전이 없으니 우레와따 스님께 따로이 보고드릴 내용도 없다. 그러나 스승을 만나보면 각오가 새로워지겠지 하는 마음으로 수행점검을 위한 인터뷰를 하였다.

스님께서 물었다.

"좀 진전이 있습니까?"

"진전이 없어서 스님의 메따(자비)를 받으러 왔습니다."

하니 웃으신다.

"지난번 인터뷰할 때와 달라진 것은?"

"특별한 것이 없습니다. 눈을 감고 명상할 때 흰 구름 같은 것이 우윳빛으로 짙어지고 부드러워졌습니다. 그리고 타원형의 흰빛이 20분정도 지속되었습니다."

라고 하니 밝게 웃으신다.

"너무 큰 기대를 하지 마세요! 지금 잘하고 있습니다. 그리고 스님은 다른 수행자에 비하여 빠릅니다. 오로지 호흡에 집중하고 빛이 보인다고 하더라도 무시하십시오. 마치 지금 나하고 이야기를 나누는 순간에도 내 뒤의 벽면이 보이지만 나에게 초점을 맞추고 벽에는 신경을 쓰지 않는 것 같이 말입니다. 너무 빨리 성취하려고 하지 마십시오. 당신은 매우 빠릅니다. 짧은 기간에 빛을 얻었잖아요? 수행의 진전을 원한다면 단지 호흡만 바라보십시오. 이것이 최선의 방법입니다. 이것이 내가 스님에게 줄 수 있는 메따(자비)입니다."

이곳 미얀마 파아옥 명상센터에 도착한 지 약 2주가 흘렀다. 수행에 대한 간절한 마음 때문인지 도착한 다음날 아침에 '들숨과 날숨에 마음을 챙기는 수행법'인 아나빠나 사띠를 지도받고 수행을 하던 중 그날 오후 두시 경 빛이 떴다. 이 빛은 마음의 집중력이 커지면 뜨는 빛으로 눈을 감아도 눈앞에 환한 빛이 뜨는 것을 말한다. 나는 그날 움직이지 않고 저녁 7시 50분까지 한 자리에서 움직이지 않고 빛을 보았다. 처음에는 이마 위에서 샛별 같은 빛이 떴다가는 사라졌다. 조금 후에 전방에서 전조등처럼 비치는 것이 눈앞으로 다가와서는 사라지는 경험을 하였고, 마음을 좀 더 집중하자 때로는 후방에서 전면으로 누군가 등을

비추는 것과 같은 다양한 빛을 경험하였다. 그리고 좀 더 마음을 집중
하니 빛이 온몸을 텐트처럼 감쌌다. 빛의 막이 나를 둘러싼다는 것이
정확한 표현일 것이다. 그러나 우 레와따 스님께 확인해본 결과 그 빛
은 집중력이 강한 사람에게 나타나는 일반적인 현상으로 선정삼매와는
관련이 없는 것이었다. 그로부터 약 10여일이 지난 지금 나는 선정에
들기 위한 첫 번째 관문인 호흡과 통합된 빛을 갖고 있다.

들숨과 날숨에 마음챙김을 하는 수행자들이여!
목동이 양을 한 마리 두 마리 세듯이
성문을 지키는 문지기가 성문을 통과하는 사람에게만 관심을 보이듯이
호흡의 접촉점에서 드나드는 호흡만 보라
나타나는 모든 현상들은 단지
그대를 유혹하는 것일 뿐!
들고 나는 호흡만 지켜보라
비록 빛이 강해 시선을 피하고 싶더라도
한 순간의 호흡도 놓치지 않겠다고 결심으로 호흡만 지켜보자
빛이나 다른 현상에 마음이 가는 것은
유혹에 빠진 것이니
마음을 가다듬고 호흡으로 돌아오자.

너는 너 자신의 호흡을 지켜보는 또 다른 사람
제3자의 입장에서
호흡이 들어오거든 들어옴을 알아차리고
지나가면 지나감을 알아차리며
멈추면 멈추어 있다고 알아차리며
나가기 시작하면 나가기 시작한다고 알라차려라

호흡의 부딪침과 접촉에 마음을 두지 말고
호흡자체에 마음을 두라

그러면 호흡은 자연스럽게 가라앉고 미세해 지리니
억지로 유도하면 선정에 들지 못한다!

자연스러운 것!
여기에 진실이 있다.
자연스럽게! naturally!
의도적으로 조절한다면 진리에서 멀어진다!

- 점심공양 후 마음을 다지기 위하여 나 자신을 경책하는 글을 써봄

O 미얀마 불교는 상좌부 불교

불교는 인도 중부지방을 기준으로 하여 북쪽으로 전파된 북방불교[대승불교]가 있고, 남쪽으로 전파된 남방불교[소승]가 있습니다. 북방불교를 믿는 나라는 중국, 한국, 일본, 베트남 등이고, 남방불교는 미얀마, 스리랑카, 태국 등입니다. 이 중 미얀마는 아비담마(논장)의 나라라고 불릴 만큼 부처님 가르침의 원음, 특히 수행이 살아 숨 쉬는 나라입니다. 제가 수행한 파아옥 명상센터는 미얀마 남쪽의 몬주 몰메인의 파아옥이라는 작은 시골에 있습니다. 이곳은 남방불교수행의 부동의 준거가 되는 청정도론을 수행매뉴얼로 하여 수행지도를 하고 있으며, 모든 수행의 근거를 아비담마와 붓다의 언어인 빠알리어 경전에 두고 있기에 교학과 수행을 모두 배울 수 있는 곳입니다.

O 파아옥 명상센터

파아옥 명상센터는 아난, 가섭, 사리불 존자 등과 같은 부처님 상수제자들이 부처님의 가르침대로 살아갈 것을 결의하고 가르침대로 수행하는 상좌부 교단 중에서도 계율을 가장 중히 여기고 있는 청정한 수행처입니다. 따라서 이곳은 부처님 당시처럼 청정한 계율을 지킴은 물론 보름에 한번 남방비구계목[227계]을 암송하고 범계한 것을 참회하는 포살(빠티모카)을 행하고 있습니다. 이를 통해 승가의 청정성을 유지하고 있는 것이지요. 최근 한국에서도 포살과 결계를 제도화하는 움직임이 있는데 원형을 이곳에서 찾아볼 수 있을 듯합니다. 그리고 통찰지를 개발하는 수행법인 위빳사나는 사마타[선정] 수행을 토대로 하여 수행하는 것이 특징입니다.

파아옥 명상센터의 역사는 불과 20여년에 불과하지만 선원장이신 우 아쩐나 스님의 해박한 경전에 관한 지식과 수행은 훌륭합니다. 그래서 미얀마 정부는 이것을 인정하여 "수행을 지도하는 훌륭한 큰스님"이라는 칭호를 내렸습니다. 지금은 사라져가는 붓다의 수행전통인 사마타를 세계에서 유일하게 청정도론에 의거하여 가르치고 있기 때문에 전 세계에서 선정삼매에 근거한 위빳사나를 배우기 위하여 수행자들이 몰려들고 있습니다.

평상시에는 750여명(비구 450명, 여성수행자 300명)이 상주하고 있으며, 연휴기간과 같은 축제기간 중에는 1,450여명이 함께 모여 수행합니다. 이중에서 외국에서 온 수행자들은 130명 정도 됩니다. 이곳을 찾는 이유는 수행법이 아비담마와 청정도론에 근거하므로 부처님의 원음대로 수행할 수 있다는 믿음 때문입니다.

○ 불교의 수행

불교란 깨달은 자(붓다, 부처님)의 가르침이란 뜻으로 배워야 할 것이 3가지가 있습니다. 이것을 삼학[三學]이라고 합니다.

첫째, 계(sīla, 실라)! 도덕적인 삶을 살라는 뜻입니다.

둘째, 선정(samādhi, 사마디)! 마음을 통제하여 바르게 마음을 집중하라는 뜻입니다.

셋째, 지혜(paññā)! 내 몸과 마음의 실체를 있는 그대로 알고 보아서 통찰지를 얻어라! 그러면 고통이 소멸된 상태인 행복[닙바나]을 얻을 수 있다는 것입니다. 이 책은 바로 이 행복을 찾아 떠난 수행자의 여정을 기록해 놓은 것입니다.

■ 현악기의 현은 적당해야 소리가 난다

　정진을 잘하려면 체력관리가 필요하다. 목숨을 건 수행도 밀어붙일 수 있는 힘이 있어야 한다. 어제 저녁부터 배가 조금씩 아프더니 밤중이 되자 온몸에 땀이 나고 으슬으슬 춥다. 전기담요를 깔고 전기방석으로 배를 덮어 따스하게 하여 그럭저럭 밤을 보냈다. 밖의 온도는 섭씨 34도이지만 물을 많이 마시고 옷을 벗고 생활하다 보니 몸에 탈이 난 듯하다. 정신도 혼미해지고 앉을 기력도 없다. 부처님 말씀에 수행은 가야금 줄을 메는 것처럼 너무 팽팽하지도 않고 너무 느슨하지도 않아야 한다고 하였는데 내가 요즘 균형을 잃은 듯싶다. 탈이 나고 보니 옛 성인의 말씀이 틀림이 없음을 느낀다. 오늘은 아랫절 비구니 스님에게 부탁하여 체력보강을 좀 해야겠다.

　　자연스러움이 중요해
　　선정은 억지로 얻을 수 없어
　　억지로 밀어붙이면 호흡도 거칠어지고
　　눈알도 아프다네
　　윗입술 위, 코 밑에서 마치 문지기가 오가는 사람을 지켜보는 것처럼
　　다만! 지켜보는 것이 좋겠네.

　　벗어나는 연습을 하자
　　호흡 하나 제대로 관찰하지 못하면서
　　무슨 수행을 하겠다는 말인가?

　　욕심 부리지 말고

그냥 호흡을 지켜보자

지나가면 지나가는 대로
짧으면 짧은 대로
알아차리기만 하자

이것보다 쉬운 것이 또 있을까?

자네!
왜 그리도 서두르는가?

호흡을 보다가는 어느새 더 빨리 성취하려는 욕심이 생겨
빠져 나올 줄 모르니

정신 차리게나

빠져나오는 연습
그냥 지켜보는 연습이라고 생각하세

○ 미얀마의 기후

미얀마는 더운 나라입니다. 면적은 남북한 합친 것의 3배정도 됩니다. 계절은 크게 우기, 겨울, 여름으로 나뉩니다. 겨울이라 하여도 최고로 낮은 온도가 13도 정도 되니 우리나라 가을 날씨 정도라 할까요? 우기는 비가 많이 오는 계절로 6월부터 9월까지, 겨울은 10월부터 1월까지, 그리고 여름은 2월부터 5월까지입니다. 가장 더운 기간은 4월과 5월 두 달인데 더울 때는 숲속일지라도 섭씨 37도를 넘나듭니다. 그러나 수행을 열심히 하는 수행자에게는 문제가 될 수 없습니다.

○ 미얀마의 음식(파아옥 명상센터)

채식을 위주로 하는데 재가 불자인 신도들이 고기를 가지고 와서 공양을 올리는 경우, 수행자가 원하면 받고 그렇지 않으면 받지 않아도 됩니다. 초기 불전 중의 하나인 법구경에 고기를 먹는 것에 대한 대목이 나옵니다. 부처님 당시의 수행자들은 재가자들에게 공양을 받아서 생활을 하였습니다. 그런데 걸식을 하는데 고기를 준다고 받지 않으면 신도의 신심이 떨어지고 음식을 다시 준비해야 하는 번거로움이 있으므로 주는 대로 받는 것이 원칙이라 하였습니다. 그리고 부처님의 사촌동생인 데와닷따(Devadattā)가 고기를 먹지 말자고 건의하였을 때에도 부처님께서는 위의 이유 등을 들어 용납지 않으셨습니다. 파아옥에서도 이 원칙을 지킵니다.

하지만 농경국가인 한국이나 중국 등은 고기를 먹으면 자비의 종자가 끊어진다고 하여 관습적으로 먹지 않고 있습니다. 이러한 관습은 선원청규 등의 규약에 근거를 둔 것인데 환경이 다르면 목적을 위배하지 않는 범위에서 계율도 해석을 달리 할 수 있다는 견해에서 비롯된 것입니다. 예를 들면 한국의 불교는 중국의 영향을 많이 받았습니다. 중국도 처음에는 인도의 스님들이 생활하던 것처럼 걸식을 하였습니다. 그런데 어느 해 흉년이 들자 음식을 구하지 못한 스님들이 추위 속에서 굶어죽고 얼어 죽는 사건이 발생하였습니다. 이에 한 스님이 황제에게 건의하여 큰 산 하나를 하사받아 이곳에 총림을 만들어 걸식과 유행을 하지 않고 농사를 직접 지어 먹고 서로 함께 사는 스님들끼리 지켜야 할 내부운영규칙 같은 것을 만들었습니다. 이것이 청규 혹은 선원청규라 하는 것입니다. 이러한 규약들은 초기불교의 율장과는 다른 것들로 중국이나 한국의 특수한 환경을 반영한 것들이 포함되게 됩니다. 대표적인 것이 '하루 일하지 않으면 하루 먹지 않는다'는 말이 있는데 이는 농사 혹은 의료와 같은 생업을 하면 안 된다는 초기불교 율장의 내용과 어긋나는 것이지만 지금은 당연시 되고 있습니다. 이러한 이유 말고도 고기를 먹으면 성욕이 강화되어 수행에 지장을 줄 수 있으므로 조심해야 한다는 이치적인 이유도 있다고 합니다.

이렇게 하나의 계율을 놓고도 달리 해석하는 것을 보면 종교도 환경의 산물인 듯합니다.

파아옥에 처음 도착하여 미얀마의 음식을 먹어보니 기름에 볶은 채소와 같은 것이 대부분이어서 매큼한 것을 즐겨 먹던 저로서는 음식으로 인한 고생을 많이 하였습니다. 마치 여러 종류의 채소를 프라이팬에 넣어 기름을 많이 넣고 볶다가 다 익기 전에 그릇에 담아 놓은 것과 같았기 때문입니다.

○ 들숨과 날숨에 마음을 챙기는 명상법 - 아나빠나 사띠

수행일기에 나와 있는 들숨과 날숨에 마음을 챙기는 명상법, 아
나빠나 사띠는 호흡의 접촉점을 찾고 그 지점에서 호흡이 들고 나
는 것을 지켜보는 수행입니다. 이렇게 호흡을 지켜보고 있으면 스
트레스와 같은 산란한 마음이 가라앉고 몸과 마음이 고요하고 평
온한 상태가 됩니다. 스트레스가 쌓이면 스트레스로부터 벗어나려
고 하지 말고 다만 호흡을 지켜보면 마음의 법칙에 따라 스트레스
는 자연스럽게 없어진다는 것입니다. 이렇게 번뇌로부터 벗어남은
물론 마음집중의 힘이 커지면 호흡과 하나 되는 경지가 오는데 이
때 마음의 빛이 뜹니다. 이것에 마음이 하나가 된 상태에서 희열과
행복감이 있다면 그것을 선정이라 부릅니다.

그렇다면 불교에서 이러한 선정수행이 왜 필요할까요? 상응부
아나루따 경(Sanyutta nikaya XVIII, Anaruddha Sutta)에 *"나는 단지
과거에도, 현재에도, 그리고 미래에도 괴로움과 괴로움의 소멸에
대해서만 가르쳤고, 가르치고, 가르칠 것이다.'*라고 붓다께서는 말
씀하고 계십니다.

붓다께서는 고통이란 태어남이라고 하셨습니다. 왜냐하면 태어
났기 때문에 늙고, 병들고, 죽고, 사랑하는 사람과 헤어지고, 미워
하는 사람과 만나야 되며, 내 몸과 마음이 나의 의지와는 무관하게
그들이 원하는 대로 달려가기 때문에 태어남이 고통이라 하신 것
입니다. 이러한 태어남이 계속적으로 반복되는 것을 윤회라 하며,
윤회에서 벗어나 다시 태어나지 않는 행복한 상태를 '최상의

행복' 이라는 의미를 가진 열반(nibbāna, 닙바나)이라고 합니다. 초
기경에는 열반이란 탐욕과 성냄 그리고 어리석음의 불이 완전히
꺼진 상태라고 설명합니다. 주석서에서는 갈애라 불리는 얽힘에서
떠나는 것이 열반이라고 정의합니다. 아무튼 불교의 목표는 바로
이 닙바나의 성취, 즉 고통의 소멸이 됩니다.

그런데 고통을 소멸시키는 데에 단계가 있습니다.

첫 번째는 도덕적인 삶을 사는 것입니다. 도덕적인 삶이란 살아
있는 생명을 죽이지 않는 것이며, 거짓말하지 않고, 삿된 음행을
하지 않고, 남이 주지 않는 것은 갖지 않는 것이며, 정신을 흐리게
하는 술이나 마약을 하지 않는 것입니다.

이렇게 살면 스트레스가 일어나는 것을 예방할 수 있습니다. 스
트레스가 없으면 마음속에 뉘우치거나 후회하는 마음이 없고, 후회
하는 마음이 없으면 마음에 즐거움이 생기며 즐거운 마음은 기쁨
을 만듭니다. 기쁨은 마음을 쉬게 하는 작용이 있습니다. 마음이
쉬게 될 때 마음속에 행복감이 충만하게 됩니다. 이 행복감이 선정
을 일으키는 원인이 되는 것입니다. 이렇게 붓다의 가르침은 행복
한 상태에 도달하기 위한 인간의 심리적 변화를 꿰뚫고 있습니다.

선정을 얻을 수 있다면 마음의 집중력이 커져서 내 몸과 마음의
실체를 있는 그대로 볼 수 있는 힘이 생기고 이로 인한 통찰적인
지혜를 얻어서 참다운 행복에 도달할 수 있는 것입니다.

아나빠나 사띠는 바로 선정을 개발하기 위한 수행법이며, 마음집
중력을 높이는 수행법이고 마음을 통제하는 Mind control법입니다.

○ 아나빠나 사띠(anapanasati) - 들숨과 날숨에 마음을 챙기는 명상

이 명상법은 부처님께서 깨달음을 얻기 전이나 깨달으신 후에도 시간이 날 때마다 하셨다고 합니다. 2006년 2월 말경 KBS에서 '마음'이라는 주제로 6부작을 방영한 적이 있습니다. 그 프로그램에서는 바로 이 수행법의 효과에 대해서 많은 시간을 할애하고 있는데 성인병 특히 고혈압, 당뇨와 같은 육체적인 질병은 물론 정신적인 우울증과 불안감에 많은 효과가 있음을 보여주고 있습니다. 광속으로 변화해가고 있는 시대에 살고 있는 현대인들은 극심한 스트레스를 효과적으로 관리하는 지혜가 필요한데 2,500여년 전 붓다의 가르침이 빛을 보는 시대가 되었습니다.

(1) 앉는 자세

① 먼저 허리를 곧게 폅니다. 머리를 곧게 세우고 머리끝에 있는 백회혈에서 구슬을 놓으면 항문으로 구슬이 곧게 떨어질 수 있도록 곧게 세웁니다. 하지만 너무 힘을 주면 무리가 오니까 자연스럽게 펴는 것이 중요합니다.

② 다리는 평좌를 합니다. 한국 선방에서 하는 양쪽 다리를 서로 겹치게 꼬고 앉는 결가부좌는 오랜 시간 앉아 있기 힘이 듭니다. 그래서 양쪽 다리를 겹치지 않게 앉는 평좌로 앉습니다.

③ 손의 위치와 자세는 어떤 자세로도 무방하나 가볍게 양손의 엄지와 검지 사이를 교차시켜 가볍게 몸쪽에 붙여서 다리 위에 올려놓습니다.

④ 눈은 가볍게 감습니다. 화두를 잡을 때는 혼침에 빠지는 것을 방지하기 위하여 눈을 반쯤 뜹니다마는 여기서는 가볍게 감습니다. 마음 집중의 힘을 높이고 마음에서 뜨는 빛을 보기 위함입니다.

⑤ 뒤쪽 엉덩이 쪽에는 손가락 두 개 정도 높이로 고여주면, 무게중심이 앞쪽으로 이동하고 장시간 앉아 있는데 허리가 펴져서 도움이 됩니다.

(2) 호흡을 관찰하는 법

① 아나빠나 사띠는 호흡을 통제하는 호흡법이 아닙니다. 단지 있는 그대로 호흡을 아는 것이 중요합니다. 자연스러운 호흡을 알아차리도록 하십시오.

② 먼저 콧구멍 안쪽과 콧구멍 입구, 그리고 윗입술 위, 콧구멍 아래 부위에 호흡이 부딪치는 지점을 찾으십시오.

③ 어느 부위든 호흡이 부딪치는 지점을 찾으시고, 그 지점에서 호흡이 들고 나는 것을 알아차리기만 하십시오.

④ 전혀 호흡의 부딪침을 느끼지 못하겠거든 두세 번 의도적으로 강하게 숨을 쉬면서 접촉점을 발견하고 그 자리에서 호흡의 들고 남을 알아차리면 됩니다.

⑤ 처음에는 콧구멍 안쪽, 콧구멍 입구, 그리고 웃입술 위쪽의 콧구멍 아래 부분 어디에서든 부딪침을 찾아보십시오. 하지만 숨이 넘어가는 기도, 혹은 목구멍, 혹은 허파 혹은 상상으로 단전까지 호흡이 내려가는 것을 따라가거나 상상해서는 안 됩니다. 망상에 빠지기 쉽고 때로는 고통을 동반하기 때문입니다.

⑥ 접촉점에서 망상 없이 호흡을 끊임없이 알아차림하는 것을 1시간 연속할 때까지 계속하십시오.

⑦ 3회 연속 1시간 이상 끊임없는 알아차림이 계속되면 마음집중으로 인한 빛이 뜰 것입니다.

▌ 물의 축제[띤쟌]와 단기출가

> 세속의 근심걱정 다 여의고
> 생사의 온갖 것을 모두 떠나서
> 얽힘에서 이미 벗어난 이
> 그에게 고통은 없다 - 법구경

미얀마의 설에 해당하는 물의 축제가 시작되는 날이다. 오늘부터 6일간 일제히 상가와 시장이 철시를 하고 휴일에 들어간다. 물의 축제는 아열대지방인 미얀마에서 처음으로 비가 떨어지는 시기에 시작한다. 무더위가 기승을 부리는 곳에서 비는 생동감을 느끼게 하고, 열뇌로부터 벗어나게 한다. 따라서 비가 오기 시작하는 시점을 일 년의 시작으로 삼는다. 이때 오는 비를 망고샤워라 한다. 망고가 익어가는 계절에 비가 망고를 씻어 주므로 망고샤워라 한다.

축제기간 중에는 길거리에 오가는 사람들이 서로에게 물을 뿌려준다. 이렇게 그들은 물을 뿌리며 모르는 사람들과 교류하고 소통한다. 이 기간은 아이들을 위한 축제이기도 하다. 요즈음은 물을 플라스틱 물총으로 뿌리기도 하고 떼를 지어 물싸움을 하기도 한다. 점잖은 어르신들도 이 아이들과 청년들의 유쾌한 물뿌림에 화를 내지 않는다. 하지만 나이가 너무 많은 어른 성직자들에게는 삼가한다. 때때로 차창 밖으로 몸을 내놓고 소리를 지르며 물을 뿌리는 모습도 보인다.

오늘은 비가 내리지 않았지만 본격적인 연휴에 들어가는 날이다. 오늘 따라 휴가를 이용하여 단기출가한 사람들이 많아서 명상홀인 시마홀이 공사 중임에도 불구하고 개방을 하였다. 미얀마 남자는 결혼 전에 승려로서 단기출가의 경험이 있어야 결혼의 결격사유가 없다고 하니 과연 불교국가라 할만하다. 90%가 불교신자인 미얀마에서 출가는 젊은 이들이 일상을 탈출하는 방편임은 물론 삶의 탈출구로서 이용되는 듯 하다. 많은 젊은이들로 경내가 붐빈다. 평소 750명 정도의 대중이 이런 축제 기간 중에는 1,450여명으로 늘어난다.

출가! 얼마나 많은 사람들이 마음에 품고 있을까? 한국에서는 한번 출가하면 속퇴하기도 힘들고 출가하기도 어렵다. 6개월의 행자생활과 비구계를 받기까지의 수습기간 같은 것을 생각하면 선뜻 엄두를 못 낸다.

그러나 미얀마에서는 수행처를 찾아와 출가를 원하는 수행자에게 독신을 증명하는 이혼증명서를 요구하지 않는다. 수행처의 계율을 잘 지킬 수 있냐고 물어보는 것이 전부다. 즉 수행처에 들어와서 오래 있으면 장기출가자이고, 기간이 짧으면 단기출가다. 다만 계를 받으면 엄격히 지켜야 한다. 남방가사를 입고 술집에 들어가 술을 마시면 주민이 경찰에 신고하여 잡아간다. 즉 출가와 속퇴는 자유롭되 가사를 입으면 계율은 철저히 지킨다는 점이 특이하다. 법구경에도 부처님 당시에 7번이나 출가와 속퇴를 반복하는 비구이야기가 나오니 우리와 비교가 된다.

▌ 공양받기가 부끄러워

새벽 3시 반에 일어나 자리에 앉았다. 허리가 구부러지고 정신이 혼미해져서 혼침에 빠지길 몇 번이나 하였던가. 공양시간을 알리는 목탁이 울린다. 발우에 죽을 받아 나오는데 복도 한 켠에서 무릎을 꿇고 앉아 지나가는 수행자들에게 연신 이마를 바닥에 대고 절을 하는 사람이 있다. 머리를 깎고 갈색법복을 입고 있는 미얀마의 여자 수행자이다.

미얀마에는 비구니가 없다. 엄격한 계율 때문에 비구니는 없어졌고 비구니보다 낮은 샤야레이라고 부르는 수행자가 남아 있다. 내가 그 옆을 지나가니 역시 합장을 하고 절을 한다.

부끄럽다. 공부의 진전도 없이 아침공양을 받은 것도 죄송스러운데 절까지 받다니 더욱 죄송한 마음이 울컥 올라온다. 요즘은 매 공양시간마다 부끄럽고 죄송스러워 이 복도를 지나가는 것이 커다란 압력이 되었다. 신도들은 마음에서 우러나는 존경심을 수행자들에게 올린다. 나는 그들의 합장 예경하는 모습에서 공양을 받을 만한 자격이 있는지 되돌아볼 수밖에 없다.

"한 방울의 물에도 천지의 은혜가 스며있고, 한 알의 곡식에도 만인의 노고가 담겨있습니다. 나는 이 공양을 받는데 덕행은 온전하며 결함은 없는지 생각해 봅니다"라는 게송이 떠오른다. 세계는 모두 거미줄처럼 연결되어 있고 나와 너도 하나의 그물코가 되어 서로 연결되어 있다.

그러므로 그분들의 절하는 마음이 어찌 나에게 전달되지 않겠는가. 한국에서 공양을 할 때 외우던 오관게[吾觀偈]를 적어보니 마음이 새롭다.

計功多少量彼來處　이 음식이 어디에서 왔고 깃든 공덕 얼마인지 헤아려보니

忖己德行全缺應供　내 덕행으로는 마땅히 공양 받기가 부끄럽네

防心離過貪等爲宗　마음을 다스려 탐욕 등으로부터 벗어나는 것을 으뜸으로 삼고

正思良藥爲療形枯　오로지 몸이 마르는 것을 막는 약으로 여겨

爲成道業應受此食　도업을 이루기 위하여 이 음식을 받습니다.

　공양간에서 오두막인 꾸띠로 돌아오는 길에도 오가는 신도들이 스님을 보면 한편에 비켜서서 합장의 예를 올린다. 유치원에 다닐 법한 어린 꼬마가 흙 묻은 이마를 땅에 대고 합장한다. 돌아보는 순간 새까만 눈동자와 눈이 마주쳤다. 나도 모르게 콧등이 시큰해진다.

　오늘 수행 인터뷰에서는 명상시 항상 왼편으로 치우쳐 떠오르는 빛을 한가운데로 옮겨도 좋은지를 물어 보았다. 그러나 스님께서는 윗입술 위와 콧구멍 아래 부분에서 빛과 호흡이 하나로 통합되었냐고만 물어 보신다. 그래서 일치되었다고 말씀드렸더니 빛의 밝기를 물어보신다. 그리 밝지 않다고 하였더니 마음으로 만들어지는 것이 아니므로 그냥 호흡만 알라고 하셨다.

O 빛이 보인다구요?

호흡에 마음을 집중하여 한 시간 연속, 망상 없이 집중이 가능하고, 3일 연속 이러한 현상이 계속되면 호흡이 들고 나는 자리에 빛이 뜹니다. 이를 표상[nimitta, 表相]라고 합니다. 즉 마음집중의 힘이 커지면 명상을 할 때 빛을 보게 되는 것입니다. 능엄경에 빛을 보는 것은 수행에 도움이 되지 않으니 무시하라는 이야기가 있습니다. 그러나 이때의 빛은 몸과 마음이 끊어진 자리, 즉 닙바나를 명확히 보아야 하는데 떠오른 빛을 닙바나라고 오해하는 것을 경계한 것입니다.

따라서 호흡으로 떠오른 빛은 선정삼매에 들기 위한 조건의 하나이지 피해야 할 대상이 아닙니다. 다만 명상 중 빛을 보았다면 다음의 조건이 만족되어야 선정삼매에 들 수 있는 조건이 충족된 것입니다.

첫째, 호흡을 관하던 자리에서 떠오른 빛이어야 합니다.
둘째, 떠오른 빛이 적어도 30분 이상 안정적으로 유지되고 있어야 합니다.
셋째, 빛은 충분히 밝아 마음집중을 유지하기 충분해야 합니다.
넷째, 빛은 호흡과 일치되어 통합되어 있어야 합니다.

여기서 네 번째 조건인 호흡과 일치된 빛이 중요합니다. 마음집중이 강하면 집중된 마음의 힘이 빛을 뜨게 하는데 호흡을 원인으로 한 빛이 아니면 선정에 들지 못합니다. 즉 선정에 들기 위해서는 호흡과 통합된 빛, 즉 호흡의 움직임과 일치되는 빛, 호흡을 원인으로 한 빛이 필요합니다.

안정된 빛인 니밋따가 뜬다는 것은 선정수행에서 필수적입니다. 전생에 이 수행법에 대한 바라밀(공덕)이 있고 충분한 시간과 노력을 투자하여 마음집중을 이룬 수행자는 니밋따를 얻을 수 있습니다.

그러나 니밋따가 뜨지 않는다고 수행을 그만두면 다른 수행법으로 성공한다는 보장도 없으니 포기하지 마십시오. 니밋따가 뜨던 뜨지 않던 호흡에 마음을 얹고 지켜보기만 하십시오. 그 순간만큼은 삶의 무게에서 자유로워질 것이며 자리에 앉는 시간만큼 마음의 오염원으로부터 멀어지게 될 것입니다. 이러한 과정 자체가 곧 수행이며 결과입니다.

선정을 얻기 위해서는 감각적 욕망, 악의, 해태와 혼침 등의 오염으로부터 자유로워야 합니다. 욕망이나 악의 대신에 명상주제와 함께 하는 것이 수행입니다. 그래서 호흡을 보는 아나빠나 사띠는 과정 자체가 수행입니다. 그냥 있는 그대로의 현상, 내 몸의 현상 중 하나인 호흡을 있는 그대로 지켜보는 것은 바로 나 자신을 위한 투자입니다. 이 수행법의 효과를 미국의 타임지[2003년]는 다음과 같이 소개하고 있습니다.

O 왜 명상인가? - 명상수행의 효과

허버트 벤슨 하버드 의대 교수는 1967년 명상 수행자 36명을 대상으로 한 실험에서, 명상을 하는 동안 평소에 비해 호흡 때 산소를 17% 덜 쓰고 1분당 심장박동수가 3회 떨어지며, 쎄타 뇌파(θ, 취침 직전 보이는 뇌파)가 증가하는 등 심리적 안정을 찾는다는 사실을 알아냈다.

리처드 데이비슨 위스콘신대 교수는 명상이 전액골 앞에 있는 대뇌피질(이마 바로 뒷부분)의 기능을 우뇌에서 좌뇌로 이전시키며, 이는 스트레스를 일으킬 수 있는 결단의 순간으로부터 만족감을 높이는 수용 태세로의 이전을 의미한다고 최근 연구 결과를 설명했다.

과학자들은 명상 수행이 뇌 안의 신경세포로 하여금 집중력과 관계된 뇌 활동을 왕성하게 한다고 주장한다. 심리학자들은 명상이 반(反)사회적 심성을 바로잡는다고 말한다. 시애틀 근교의 한 교정시설에서 하루 11시간씩 열흘간 오흡에 집중하는 위빠사나 명상을 중증 약물중독자들에게 실시한 결과 2년 내 재수감률이 56%로, 비(非)명상수행자의 평균 재범률 75%보다 훨씬 낮았다. 명상비명상 집단을 비교연구한 전문가들은 명상이 전립선암 전이를 늦추고, 건선(乾癬피부병) 치료에 효과적이며, 독감 예방주사 후 훨씬 많은 항체를 생성토록 하는 것으로 미뤄 면역체계를 건강하게 한다고 주장한다.

항(抗)유방암 면역세포 형성, 혈압 저하, 성력(발기) 강화에도 명상의 효능이 발견됐다고 학자들은 말한다. 여러분도 읽지만 마시고 바로 오흡을 지켜보십시오.

▌주지 않는 것은 갖지 않겠습니다

　매 공양 때마다 재가자들이 합장을 하고 탁발을 하는 공양홀 입구에 서있다. 상좌부 스님들은 가져온 발우를 그들에게 주면 그들이 받아서 이마에 댄 후 다시 스님에게 드린다.

　"주지 않는 것은 갖지 않겠습니다."라는 계율 때문이다. 발우 안에는 먼지나 미생물이나 물방울 같은 것이 있을 수 있다. 그런데 이 발우에 음식을 받아먹는다면 음식을 먹을 때 그것들을 함께 먹게 된다. 그렇게 되면 주지 않는 것을 먹게 되는 결과가 된다. 그래서 이 계율을 지키기 위하여 그들은 빈 발우를 재가자에게 주었다가 다시 받으면 그 속에 든 것이 무엇이든 간에 남에게 받은 것이 되므로 계율을 지킬 수 있게 되는 것이다.

　어찌 보면 참으로 이해되지 않지만 상좌부 스님들은 이렇게 살아가고 있다. 한국에서는 아침마다 스님들이 종을 치면서 외우는 게송 중에

自從今身至佛身　지금부터 이 내 몸이 부처를 이룰 때까지

堅持禁戒不毁犯　계율을 굳게 지녀 훼손하고 범하지 않겠습니다

唯願諸佛作證明　오직 원컨대 모든 부처님께서는 증명하여 주십시오

從使身命終不退　신명이 다하도록 물러나지 않겠습니다

하는 게송이 있다. 아침마다 계율지킴의 각오를 되새기는 것이다. 하지만 이렇게 까지 철저하지는 않다. 계율의 정신만 유지하면 문제 삼지 않는다. 오히려 출가하여 가장 먼저 배우는 '초발심자경문'이라는 글에

'善知持犯開遮'라는 말이 있다. 계율을 언제는 지키고 언제는 열어도 좋은지를 잘 알아야 한다는 것이다. 좋게 말하면 계율의 정신을 돌이켜 보고 문자에 얽매여 계율의 정신을 어기면 안 된다는 사상이다. 그러나 상좌부 불교에서는 문자 그대로 행하고 지켜야지 조금이라도 벗어나면 안 된다. 조금의 방심이 나중에 큰 둑을 무너뜨린다는 생각이 깔려 있다.

상좌부 계율을 해석한 책 중에 개미를 죽이면 선정에 들 수 없다 - 문구를 보았다. 이 분들은 이것을 그대로 믿는다. 계율은 지키라고 있는 것이고 위반하면 마음이 불편하고 후회하는 마음이 생겨서 선정에 들지 못하므로 아예 처음부터 계율을 어길 생각을 안 하는 것이다.

나는 개인적으로 이것에 전적으로 동의한다. 내 마음이 번거로운 세상사에서 벗어나고, 다른 사람을 배려한 날은 마음이 고요하고 수행의 진척이 있는데 그렇지 않으면 많은 망상이 떠올라 나를 괴롭히는 경험을 하곤 했기 때문이다. 이곳의 수행자들은 선정을 얻기 위하여 얼마나 많은 시간과 나날을 보내고 있는가? 모든 것을 걸고 하는 수행이다. 선정을 통해 지혜를 얻고 고통소멸의 길을 가는 수행자들에게 이보다 절박한 일은 있을 수 없다.

▌ 놓는 연습

> 이 세상에 대한 미련을 모두 버린 채
> 바람처럼 물처럼 살아가고 있는 사람,
> 이 모든 집착에서
> 영원히 벗어나 버린 사람,
> 그를 일컬어 진정한 브라만이라 한다 - 법구경

눈을 떠보니 새벽 2시, 조금씩 이곳의 생활에 적응이 되는 듯하다. 자리에서 일어나 앉았다. 비몽사몽! 정신을 다시 차려보니 새벽 4시30분. 앉았다 눕기를 반복하였다. 결심이 무른 탓이겠지. 어제는 한 호흡도 놓치지 않으려고 신경을 너무 썼나 앞머리 쪽에 무거운 통증이 있다. 수행은 거문고 줄처럼 적당한 긴장과 이완이라는 균형이 필요하다 하였는데 어찌 이렇게도 어려운가. 조그마한 수행의 진보를 보일만 하면 브레이크가 걸린다.

수행의 핵심은 놓는 것이다. 집착하면 병이 된다. 명상도 마찬가지다. 지금 하고 있는 호흡을 알아차림하는 명상도 다만 한 호흡도 놓치지 않고 제3자의 입장에서 그냥 예리하면서도 자연스럽게 지켜만 보면 되는 것이다. 그러나 수행을 하다 보면 때로는 멍한 상태에서 무의식적으로 들숨, 날숨 하면서 되뇌고 있거나 보다 자세하게 들여다보려고 미세하게 호흡을 통제하고 있는 자신을 발견하곤 한다. 욕심이 붙어서 그렇다. 두 경우 모두 수행의 진보가 없다. 왜냐하면 불교수행의 핵심은 '있는 그대로의 모습'을 보는 것이기 때문이다.

그래서 들숨과 날숨을 알아차리는 이 수행 역시 방하착! 놓아 버리는 연습이 되는 것이다. 놓으면 보인다고 했는데 자꾸만 욕심이 앞선다. 욕심을 버리고 의도하지 않고 오로지 호흡만 지켜보는 것인데… 지켜보기만 하면 호흡은 미세해지고 마음은 가라앉는 것인데 자꾸만 이놈의 욕심 때문에 그르치게 된다. 오늘도 놓는 연습을 해보자!

■ 과일의 황제 "두리안"

시내에 나갔다가 오는 길에 두리안을 샀다. 일회용 김밥상자 2개 정도 크기의 상자에 과육만 담아 놓은 것이다. 우리 돈으로 1500원정도 주었다. 두리안은 여기 와서 옆의 꾸띠에 살고 계시던 디팡스님에게 몇 번 얻어먹은 것이 전부인데 먹을수록 맛이 있어 산 것이다.

며칠 전 디팡스님이 불러 가보니 시장에서 사온 두리안이 두 통이나 있었다. 점심공양을 한 다음이었지만 12시가 넘기 전에 먹자는 것이다. 여기는 12시가 넘어 음식을 먹으면 오후 불식의 계율을 범하는 것이 되기 때문이다. 스님께서는 한 통을 갈라 과육을 꺼내더니 먹으라고 하신다.

"내 걱정 말고 모두 드세요. 나는 남은 이 한 통을 먹으렵니다" 하셔서 옆에 계신 한국스님과 맛나게 먹었다. 그런데 남은 한 통을 가르시던 스님이 "속이 왜 이렇지?"
하셔서 옆의 스님이 그것을 보시더니

"에이! 그거 썩었네." 아쉬움이 남은 디팡스님은 연신 그 썩은 두리안의 냄새를 맡아 보시며 썩은 것은 아닌 것 같은데… 하면서 눈을 떼지 못한다. 옆의 스님이 "스님! 그냥 버리세요!"를 몇 번 해도 자꾸만 눈길을 주신다.

두리안은 과거 이순자 여사도 좋아한다는 과일이라고 어느 방송사 오락프로그램에 소개된 적이 있다. 과일의 황제라고 연예인들이 웃고 떠들며 먹는 모습이 기억이 나는데 한국에서는 한번 먹으려면 5만 원 이상 주어야 한다. 그래서 디팡스님이 여기서나 실컷 먹어 보자고 사

오신 것인데 일이 이렇게 되었다.

손님들이 좋은 것은 다 먹고 남은 한 통은 썩어 버렸으니 이를 어쩌
랴. 마침 그릇에 한쪽이 남아 있기에

"이것 스님 드시오."

하니 손에 묻은 것까지 쪽쪽 소리를 내며 맛있게 드신다. 기대가 크셨
을 터인데….

"스님~ 제가 다음에 한번 준비할 터이니 기분 푸세요."

하니 빙긋 웃으신다. 이 약속이 지켜지기 전에 그 스님은 귀국하셨다.

○ 호흡을 통해 선정에 드는 요령 10가지

1. 먼저 수행자가 행복해야 한다.
행복해야 마음집중이 된다. 집중된 마음은 수행자를 행복하게 만든다. 이러한 심리를 먼저 이해하라.

2. 자연스러운 호흡이 중요하다.
마치 하늘을 나는 새가 코끝에 스치는 바람을 맞으며 활강하는 것처럼 마음에 자유를 만끽하며 호흡을 알아차리라. 힘을 들여 강제적으로, 억지로 알아차림하면 스트레스를 받게 되고, 증가된 스트레스는 집중을 방해한다.

3. 항상 깨어 있는 시간에는 호흡과 함께 하라.
명상시간만 호흡을 관찰하고 나머지 시간에 다른 일이나 망상을 한다면 집중력을 얻기 어렵다. 직장생활을 하는 현대인들에게는 어려운 이야기가 되겠지만 가능한 호흡과 함께하는 시간을 늘리면 된다.

4. 따라서 이야기, 듣기. 일기, 토론 등은 집중을 방해하므로 하지 마라[집중 수행시]

5. 망상이나 다른 것들이 머릿속을 메우는 것을 허용하지 마라.
이것은 마음의 태도를 말하는 것으로 어찌 망상이나 다른 생각이 없겠냐마는 이러한 태도를 견지하라는 것이다. 마음 자세가 바뀌면 몸도 바뀐다.

6. 어항을 흔들지 마라.
당신은 어항이다. 어항속의 탁한 물도 시간이 지나면 가라앉아 맑은 물이 된다. 그러나 어항이 흔들리면 물은 다시 탁해지고 가라

앉는 데에는 또 다시 시간이 걸린다. 스스로도 흔들지 말고, 남이 흔들지도 못하게 하라.

7. 빛을 기대하지 마라.

기대하는 마음이 호흡에 대한 마음집중을 방해한다. 빛은 호흡에 대한 마음집중의 결과이므로 결과를 먼저 생각하면 앞과 뒤가 바뀌어 수행을 해도 진보가 없다. 결과를 얻기 어렵게 된다.

8. 마음이 방황한다면 이것을 알아차리고 가볍게 미소 지으라. 이 미소가 긴장을 풀어주고 수행을 이끄는 힘이 된다. 미소를 짓고는 다시 호흡으로 돌아오라. 원래 한 호흡 끝나기 전에 망상이 드는 것이 자연스러운 것이다. 이 미소는 당신의 마음을 긍정적으로 만들어 도움이 된다.

9. 볼록렌즈의 원리를 이해하라.

호흡을 알아차리는 수행에서 효과를 보기 위해서는 볼록렌즈를 통해 불을 얻는 원리를 이해하라. 볼록렌즈를 이용하여 햇빛을 모아 종이를 태우려면 초점이 맞춰진 상태에서 불이 붙을 만큼의 충분한 시간이 필요하다. 종이가 뜨거워지기 전에 렌즈를 움직이거나 초점을 흐린다면 불은 결코 붙지 않는다.

10. 자연스러움이 필요하다.

자연스러움이란 억지의 반대이고 완전히 마음을 놓아 버린 것과 반대이다. 즉 깨지기 쉬운 계란을 손에 쥐었을 때 꽉 쥐면 깨지고, 손에 힘을 주지 않으면 놓치는 것처럼 적당히 힘을 주는 것, 이것이 자연스러운 호흡이며, 호흡을 관찰하는 방법이다.

11. 수행은 즐겨야 한다. 즐기지 않으면 오래 갈 수 없다.

▌포살 - 빠띠목카

꽃의 향기가 제 아무리 짙더라도
그 향은 바람을 거슬러 퍼질 수 없다.
그러나 순수한 마음에서 풍기는
그 덕(德)의 향기는
바람을 멀리 거슬러
이 세상 끝까지 간다. - 법구경

꾸띠에서 명상을 하고 있는데 운집을 알리는 목탁이 울린다. 눈을 떠
보니 오후 3시 30분, 막 좌선에 들었는지라 일어나 보기도 뭐하고 해서
계속 명상을 하였다. 5시에 방선을 하고 명상홀에 올라가보니 명상홀에
상좌부 스님들이 부처님 성상을 향해 빼곡히 앉아서는 무엇인가를 암
송하고 있다. 알고 보니 오늘이 보름과 그믐에 한다는 포살일[빠띠목
카]이다. 한 달에 두 번 이렇게 모여서 비구계 227계[북방은 250계]를
암송하며 청정성을 회복한다. 어른스님이 묻는다.
　"범계를 한 사실이 있습니까? 있습니까? 있습니까?"
　이렇게 세 번을 묻고 아무런 답이 없으면 다음 항목의 계목을 암송한
다. 그러나 이렇게 하기는 시간이 매우 많이 소요되므로 사전에 범계한
사실이 있는 비구는 선배스님에게 이를 고하고 참회한 후에 이곳에 들
어와 처음에 위와 같이 물어보면 대중은 침묵으로 대답을 대신한다. 그
러면 한 스님이 227계의 계목을 암송해 내려간다. 이때 스님들은 재래식
화장실에서 쭈그리고 앉은 자세로 합장한 채 약 30여분을 진행한다.
　빠띠목카의 날에는 수행처의 모든 비구와 사미가 참석한다. 한참 어

린아이들인 사미들은 계목을 암송할 때 하품도 하고 밖의 베란다로 나가 소곤거린다. 자리에 앉을 때는 앞에서부터 법랍이 높은 비구가 앉는다. 사미는 비구와 거리를 두고 멀리 떨어져서 별도로 맨 뒤에 앉는다. 그러나 사미는 단지 보고 배우는 의미로 참석한다. 우스갯소리로 사미는 인원확인의 목적으로 참석한다. 율장에는 포살[빠띠목카]을 할 때에 비구 이외의 사람이 참석하면 그 행사는 무효가 된다고 하였으니 이 행사의 엄격성을 짐작할 듯하다.

227항목의 계목은 빠알리어로 암송하고 기타 주의 및 안내 사항은 미얀마 말로 한다. 그러나 외국인이 많으므로 영어 안내도 겸한다. 계목을 외우고 난 뒤에는 수행처에서 생활하며 주의해야 할 사항들을 전달받는데 오늘은 비구의 복장이 주제였다. 남방스님들이 입는 뗀깡이라는 가사는 바지역할을 하는 아래 천과 저고리 역할을 하는 두 쪽의 천으로 구성되어 있다. 그런데 아래쪽 천이 아무런 바느질 자욱이 없는 순수한 천으로 된 것은 범계니 입지 말라는 것이다. 즉 조각난 천을 모아 만든 것이면 괜찮은데 일반 천을 크게 잘라 그냥 입는 것은 계를 범하는 것이니 주의하라는 것이다.

가사는 흔히 '분소의'라 하여 화장터나 쓰레기통에서 주워 기워 입었다. 당연히 천 조각들을 모아서 꿰매어 입었으니 바느질 흔적이 뚜렷할 수밖에 없다. 남방불교에서는 이 전통을 유지하고 있으므로 바느질 자국이 없는 천을 두르는 것은 범계다.

절 안에서 남방가사를 입은 스님들이 이마를 마주대고 쭈그리고 앉아 합장을 한 채 무엇인가 중얼거리는 모습을 흔히 볼 수 있다. 알고 보니 바라이죄 등 큰 죄목을 제외한 소소한 범계사실을 자기보다 법랍이 높은 선배스님에게 시간과 장소를 가리지 않고 고백하고 참회하는 것이다. 구체적인 죄의 내용은 밝히지 않고 다만 빠알리어로 된 참회와 다짐의 게송을 암송하는 것이라 하였다. 그러나 죄목이 큰 경우는 20명 이상의 비구스님들이 모인 자리에서 잘못한 내용을 말하는 발로참회를 해야 한다. 이처럼 이곳 스님들의 계율을 지키기 위한 노력은 놀랍다. 시스템적이다.

세속의 기업과 조직에는 문화와 규범이 있다. 조직의 가치기준을 구성원들이 공유함으로써 사업의 특성에 맞는 행동과 사고를 개발하는 것이다. 이것을 보이지 않는 문화적 경쟁력이라고 한다. 청정한 승가에도 승가집단에 맞는 규범이 있다. 바로 이러한 규범과 가치를 보름에 한 번 행하는 포살을 통해 분위기를 청정하게 하고 승려로서의 위의를 유지해 나가는 것이다. 계율의 적용에 융통성이 많은 한국의 불교를 돌아보는 계가가 되었다.

상좌부 스님들은 어떠한 계목을 크게 범하였을 경우 오히려 환계를 하는 경우도 있다. 환계란 계를 반납하는 것이다. 이렇게 하는 이유는 계를 지키지 못한 채 세월이 흐르면 그것이 마음의 짐으로 남아 수행에 방해가 된다는 것이 이유다. 환계를 한 후 다시 계를 받는다. 이렇게 할 경우, 새로이 출가하는 것과 같으므로 법랍 1년차 스님이 되는 것이다. 그러므로 이곳에서는 법랍이 높으면 높은 만큼 인정을 받는다.

이렇게 계율지킴에 모두가 동참하는 것은 계율을 지킴이 곧 고통소멸의 조건이 되며, 자기의 수행을 증장시키는 전제조건이라는 믿음이 강하기 때문이다. 인생을 걸고 하는 수행에서 계율 때문에 수행의 진보가 없다면 누가 이를 어길 수 있을 것인가?

　율은 단속을 위함이고, 단속은 후회 없음을 위함이고, 후회 없음은 기쁨을 위함이고, 기쁨은 희열을 위함이고, 희열은 편안함을 위함이고, 편안함은 행복을 위함이고, 행복은 삼매를 위함이고, 삼매는 如實智見을 위함이고, 여실지견은 역겨움을 위함이고, 역겨움은 離慾을 위함이고, 離慾은 해탈을 위함이고, 해탈은 해탈지견을 위함이고, 해탈지견은 취착없는 완전한 열반을 위함이다. 율장에 나오는 말씀이다.

○ 도과성취를 위한 7청정

계율지킴을 통한 계청정은 도과를 성취하기 위해 얻어야 되는 첫 단계이다. 이렇게 도과에 이르기까지 7단계의 청정을 성취하여야 하는데 이를 칠청정이라 합니다.

1단계 : 계청정
2단계 : 심청정
3단계 : 견청정
4단계 : 의심을 극복함에 의한 청정
5단계 : 도와 도 아님에 대한 지와 견에 의한 청정
6단계 : 도닦음에 대한 앎과 봄에 의한 청정
7단계 : 닙바나를 알고 보는 지와 견에 의한 청정

앞의 것은 뒤의 것의 전제조건이 됩니다. 즉 계청정은 심청정의 전제조건이 됩니다. 상좌부에서 이야기하는 계의 청정은 다음의 4가지입니다.

첫째, 계목의 단속에 관한 계
둘째, 감각기능(根)의 단속에 관한 계
셋째, 생계의 청정에 관한 계
넷째, 필수품에 관한 계가 그것입니다.

여기서 계목이란 학습계율로서 그것을 보호하고 지키는 사람을 해탈케 하고 악처의 고통으로부터 벗어나게 하므로 계목이라고 한다 하였습니다. 남방비구계는 227계이고, 북방은 250계입니다.

감각기능의 단속에 관한 계는 비구가 마음챙김을 유지하면서 감각의 대상들을 대해야 하며 마음이 즐거운 대상에 달려가거나 싫어하는 대상을 향하여 적대감을 내며 동요하게 해서는 안 된다는 것을 의미합니다.

생계의 청정에 관한 계는 비구가 생필품을 얻는 방법에 대한 것입니다. 비구는 청정함과 정직한 생에 삶을 바친 출가자로서 적합하지 않은 방법으로 생필품을 얻어서는 안 된다는 것을 의미합니다.

필수품에 관한 계는 출가자에게 필요한 4가지 필수품인 의복, 탁발음식, 거처, 환자를 치료할 약품에 관한 것입니다. 이 계는 필수품을 사용하는 목적을 항상 반조해 보아서 탐욕스럽거나 나태해지는 마음을 방지한 후에 그것들을 사용해야 한다는 사항을 강조합니다.

┃ 참회 발원문

과거와 현재와 미래의 모든 부처님과 보살님!
그리고 불법을 보호하겠다고 서원하신 성중이시여!
태어난 이래, 남을 위한 선행이 별로 없는 욕심 많은 중생이
이렇게 머리 조아립니다.

전생에 지은 무슨 공덕이 있기에 만나기 어렵다는 부처님 가르침을 이곳
에서 만나 오늘도 가르침을 받고 있는 사문이 간곡한 청을 올리나이다.
부처님 법 만나기 어려움은 눈먼 거북의 비유를 통해 알고 있습니다.
온 세계가 물로 가득 차 있고, 그 물 위로 조그만 원반을 던져 놓았는데
때로는 바람이 동에서 서로 불고, 때로는 바람이 남에서 북으로 불어 출렁이
는데 바다 밑에서 살고 있던 눈먼 거북이 백 년에 한번 숨을 쉬기 위하여 물
위로 떠오를 때, 마침 그곳에 떠있는 원반에 목을 걸칠 확률만큼이나 어렵다
하였는데 저는 이렇게 부처님의 법을 배우고 있습니다.

그러나 마음속에는 욕심이 많아 탐내는 마음, 화내는 마음, 그리고 어리석
은 마음으로 차있어 명상 중에 불쑥불쑥 과거의 인연들과 있지도 않고 오지
도 않은 미래의 망상이 저를 괴롭힙니다.
천금 같은 시간은 흘러 이곳에 온 지도 어느덧 한 달이 되었습니다.
어금니를 물고 입술을 깨물며 각오를 다져도 시원치 않은 판에 떠오르는
잡념과 망상은 저를 괴롭힙니다.

그러나 여기서 물러설 일이 아니요, 저의 인연들을 힘들게 하고 여기에
와있는 만큼 도과를 성취하지 못하면 지을 죄가 다시 태산이니 걱정입니다.
바라옵건대, 과거에 뿌려놓은 많은 악업은 가볍게 하여 주시고 오직 현재
에 깨어있게 하십시오.

수행은 욕심이나 의욕만으로는 되는 일이 아님을 뼈저리게 느끼고 있나이다. 불보살님과 제 성현님들의 가피 없이 어찌 이룰 수 있겠나이까. 머리를 조아리고 뼈를 부딪치며 간절히 기원하옵니다.

이 인연의 끈을 놓치지 않도록 보살펴 주시옵고, 선정과 지혜를 얻을 수 있도록 보살펴 주옵소서.

시간을 알리는 목탁이 울릴 때마다 두 손을 모으고 기원하는바,

이 소리를 듣는 모든 유정과 무정들이 고통은 소멸되고 지혜는 증장되어 행복하게 하소서.

매일 매일 공양 때마다 무릎 꿇고 합장하며 기원하는 불자들의 꺼먼 눈망울에 더 이상 저려오는 죄의식을 느끼지 않게 하소서.

내일은 부처님 오신 날!

부처님 오신 뜻이 온 중생의 행복을 위한 일로 아는바, 저를 포함한 모든 수행자들이 수행을 성취해서 도과를 이루게 하옵소서.

인연이 있거나 인연이 없는 모든 유정과 무정의 중생들이 저마다의 틀을 깨고 행복의 세계를 향유하게 하옵소서.

수행의 공덕을 보다 많은 사람들과 함께 하게 하소서.

정명 우러러 고하나이다.

불기 2550년 5월 4일 저녁 미얀마 저녁예불 소리를 들으며 사룀.

* 수행의 진전이 없어 도와주십사 하는 마음으로 적어보며 기도한 내용을 옮겨 보았습니다.

■ 시키는 대로 하십시오

수천 번의 전쟁에서
수천 명의 사람과 싸워 이기는 것보다
자기와 싸워 이기는 것이
보다 훌륭한 최상의 정복자이다 - 법구경

점심공양을 마치고 꾸띠[오뚜막] 청소를 했다. 발우를 씻어 제자리에 놓고, 면도하다가 생긴 머리의 상처에 약도 바르고 나니 11시 40분. 이제 1시간 후면 오후 수행을 알리는 예비목탁이 울릴 것이다.

오늘 아침은 자연스러운 호흡을 약 40분정도 지켜보다가 빛이 흐려져서 의도적으로 호흡을 미세하게 하니 눈앞의 빛이 밝아졌다. 하지만 우 레와따 스님은 호흡을 통제하지 말고, 빛도 보지 말고, 있는 그대로의 호흡을 관찰하라 하였는데 시키는 대로 하지 않은 셈이다. 빛은 밝아졌지만 수행에 문제는 없는 것인지 궁금하여 점검 인터뷰를 하였다.

인터뷰는 매일 오전 9시에 외국 수행자들을 전담하는 레와따 스님이 하시는데, 120여명이나 되는 수행자들이 몰려오니 매우 힘들어하시는 모습이 역력하다. 지난 10여 일간 수행에 진전도 없고 출가 전의 일들이 자꾸 떠올라 집중도 되지 않고 하여 인터뷰를 하지 않았었다. 그랬더니 외국인 수행자들을 도와주고 있는 우 쿠무다 스님이 나를 볼 때마다 수행점검 인터뷰를 하라고 채근하신다.

어제도 하고 오늘도 찾아뵈니 레와따 스님이 의외라는 눈빛이다. 저 먼 이국에서 온 수행자의 머릿속에 무엇이 들어있는지도 궁금하겠거니 와 시키는 대로 하고는 있는 것인지 걱정스러워 하시는 빛이 역력하다.

이틀 전에도 인터뷰를 정기적으로 해야지 혼자 수행하면 안 된다고 하셔서 "인터뷰하는 자체가 스트레스"라고 하였더니 진전이 없으면 와 서 당신의 메타(자비)라도 받아 가라며 웃으셨다.

지도법사께서는 나에게 수차에 걸쳐 분석을 하지 말고 다만 깨어있 으라 하셨는데 나는 또 새로운 시도를 하였으니 얼마나 한심해 보이셨 을까. 아나빠나 사띠의 핵심은 선정에 들 때까지 오로지 자연스러운 호 흡을 한 순간도 놓치지 않고 깨어있는 것이다.

그런데 무슨 놈의 생각이 그리도 많은지 한 순간 집중이 될라치면 사 회에서의 일들이 떠올라 괴롭힌다. 오늘 아침도 호흡과 망상을 번갈아 보다가 아침수행을 마쳤다. 그러고도 모자라 얕은 호흡이 계속되자 미 세한 호흡이 중요하다는 생각으로 호흡을 미세하게 조절하는 우를 범 하고 만 것이다. 호흡을 통제하는 것이 아니라 단지 지켜만 본다는 수 행의 원칙을 깬 것이다. 이것을 의욕이라 해야 할까? 욕심이라 해야 할 까? 아니면 수행자의 자격이 모자란 것이냐? 지도받은 대로 하지 않고 있는 내 자신이 밉다.

외국인 제자를 바라보는 우 레와따 스님의 눈빛이 자꾸만 걸린다. 잠 시 쉬었다가 이번에는 시킨 대로 해야지. 이놈의 마음은 왜 이다지도 말을 듣지 않는가.

○ 수행성취의 조건

수행을 하다보면 뜻대로 되지 않습니다. 그래서 스승이 하라는 대로 하지 않고 나름대로 이렇게도 해보고 저렇게도 해보고 여러 가지 시도를 해봅니다. 그리고 분석을 해봅니다. 어찌 보면 이것이 자연스러운 일인지 모르겠습니다. 그러나 수행이 발전하려면 스승에 대한 믿음을 가지고 시키는 대로 하는 것이 중요합니다. **수행성취를 위한 조건**을 저의 경험과 깨달음에 이르는 37가지 도구[조도품]을 참고하여 정리하여 보았습니다.

① 경험이 있는 훌륭한 지도자를 만나야 합니다.

② 그 지도자에 대한 믿음이 흔들려서는 안 됩니다.

③ 명상주제 즉 수행법에 대한 믿음이 있어야 합니다.

④ 수행을 성취하려는 의지와 열의[chanda]가 있어야 합니다.

⑤ 언제나 명상주제와 함께 해야 합니다.[정진]

⑥ 올바른 의도를 가지고 해야 합니다.

⑦ 과거에 쌓은 수행 바라밀이 뒷받침되면 한결 수월할 것입니다.

⑧ 음식, 의복, 잠자리, 기후 등 적절한 수행환경이 필요합니다.

이중에서 ⑥ 수행에 대한 올바른 의도란 고통의 소멸, 즉 도과를 성취하여 행복한 삶을 사는 목적 이외의 것은 경계해야 합니다. 즉 수행을 생계의 수단으로 이용하는 것 등을 의미하는데 이런 경우 수행의 성취에 문제가 있을 듯합니다. 그리고 ⑦ 수행바라밀이란 전생에 해당 명상주제를 수행한 수행자는 수행의 성취가 빠르다는 의미입니다. 부처님께서는 근기에 따라 명상주제를 주셨는데 수행법과 수행자가 궁합이 맞으면, 즉 바라밀(공덕)이 있으면 더욱 빠른 수행성취가 가능하므로 하나의 조건이 된다는 생각입니다. ⑧의 음식 및 기후 등은 체력과도 직접 연관이 있으므로 중요합니다. 힘이 있어야 수행할 수 있습니다. 파거불행 노인불수[破車不行 老人不修]라 하였으니 부셔진 수레는 가지 못하고 늙은 노인은 닦지 못합니다. 초발심자경문에 있는 내용입니다.

■ 개미와 모기

殺生斷汝慈悲種   살생은 너의 **자비의 종자를 끊음**이요

割他皮肉宴親賓   다른 이의 가죽과 살을 베어내어 가족과 손님을 위한

                 잔치를 하면

異日三途還債處   다른 날 [지옥아귀축생] 삼도의 빚이 되어 돌아오니

只將性命作人情   다만 생명으로써 인정을 써야 할 것이다

                           - 석문의범 수계편 중에서

   이곳에서 가장 괴로운 것은 개미와 모기이다. 처음 배정받은 꾸띠(오두막)는 사람들이 많이 지나다니는 통로에 있었다. 오래 되어서 그러한지 움직일 때마다 삐걱거린다. 특히 침대는 한쪽이 약해서 드러누우면 휘청거려서 잠을 청하기가 편치 않다. 그런데 하루는 저녁수행을 마치고 불을 켜니 벽 모서리에 무엇인가 시커먼 것들이 한주먹 정도가 모여 있질 않은가? 자세히 보니 개미들이다. 처음 보는 장면에 겁도 나고 처리하기가 막막하였다. 죽이지는 못하겠고 모기향을 피운 후에 선풍기를 그쪽 방향으로 틀어 놓고 잠시 나갔다 돌아와 보니 거짓말처럼 깨끗하게 사라져버렸다. 사두! 사두! 사두!

   두 번째 옮긴 꾸띠는 꽤 깨끗하다. 그런데 이곳 역시 물주전자 근처에서 개미가 바글거렸다. 잠을 자다가 이놈들이 몸을 물어 잠을 깬다. 하기야 그놈들이 와서 물은 것인지 가만히 있는 그놈들을 내가 잠결에 깔아뭉갠 것인지 알 수는 없다. 참 많다. 그놈들에게 물린 자리는 쓰리

고 아프다. 명상할 때에 배, 등허리, 다리 가리지 않고 스멀거리며 기어
오른다.

특히 귓바퀴 같은데서 스멀거리면 참기 힘들다. 그리고 모기도 문제
다. 귓전에 왱~하는 소리가 들리고 조용하다가 갑자기 따끔하면 버틸
재간이 없어 벌떡 일어나 명상홀을 나올 수밖에 없다. 그래서 스님들을
도와주는 깝뻬야[수행자를 도와주는 재가자]에게 부탁하여 명상할 때
사용하는 1인용 모기장을 구입하였다. 명상할 때마다 이 명상용 모기장
을 사용하여 편안하게 명상할 수 있었다.

그런데 이놈의 개미는 만만치 않다. 그래서 보이는 대로 처리(?)하기
로 하였다. 문제는 이놈들을 극락세계로 모신(?) 날에는 마음이 편치 않
아 명상이 잘 되지 않았다.

그러다가 우연찮게 상좌부 계율 해설서를 살펴보는 계기가 있었는데
개미나 모기를 죽이고 스님들께 참회를 하지 않으면 선정에 들지 못한
다는 대목을 보았다. 걱정이 된다. 어쩌면 좋을까? 그래서 궁리 끝에 그
놈들이 보이는 대로 빗자루로 방바닥에 뚫린 구멍을 통해 쓸어 넣기로
하였다. 죽이지 않고 정리하는 방법을 찾은 셈이다. 다행히 나의 꾸띠
[오두막]는 나무로 지어진 것으로 방바닥이 땅위에서 1미터 정도 떠있
다. 바닥은 나무판을 잇대어 만들었는데 군데군데 구멍이 뚫어진 곳이
있어 이곳으로 쳐다보면 땅이 보인다. 그래서 이 구멍으로 개미를 쓸어
넣는다. 간혹 힘 조절에 실패하면 돌아가시는 경우가 있는데 그때는
'극락왕생하시오' 하며 기원을 해보지만 마음은 편치 않다. 살아있는 생
명을 죽이지 않겠습니다. 한국에서 받은 계율로 보면 不殺生이다. 그렇
지만 한국에서는 여름에 모기향을 피우고 모기약을 뿌린 후에 좌선에

드는 경우가 많은데 같은 계율인데도 해석하고 적용하는 형태에는 차이가 있다. 이런 모양을 보고 대승불교는 계율을 지키지 않는다고 할라치면 '우리는 불살생보다도 한 차원 더 발전시킨 방생의 계를 실천합니다.'라고 반론한다.

상좌부 스님들은 모기도 잡지 않는다.[1] 모기를 발견하면 잠자리채 같은 것으로 휘휘 저어 잡아서는 밖에서 놓아준다. 내 피를 빨아 먹은 모기를 살려주다니…. 처음은 이해가 되지 않았지만 인생의 전부를 걸고 수행하는 수행자에게 가르침을 어긴다는 것은 수행 전체가 성취될 수 없다는 불안감이 있으니 계율지킴은 당연한 일이지 싶다.

---

1) 이 말과 개미를 죽이면 선정에 들지 못한다는 말은 서로 통한다. 개미를 죽인다는 것은 개미와 한 방에서 함께 지내지 못한다는 말인데 개미, 모기, 전갈 등과 같은 살아있는 것들에게 자애의 마음으로 함께 지내지 못한다면 성냄의 마음이 일어나고 나를 둘러싼 수행환경에 만족하지 못하게 되어 끝내는 수행처를 떠나게 되는데 수행처를 떠나 어찌 선정에 들 수 있겠는가? 오로지 선정에 들려는 간절한 마음만이 불만족한 수행환경을 극복하는 열쇠가 될 것이다.

▌사시공양 때 우는 닭

若見滿鉢當願衆生   발우에 담긴 음식이 그득한 것을 보면 마땅히 중생이

具足成滿一切善法   일체의 선법이 구족하고 원만히 성취되길 원하오며

得香美食當願衆生   맛좋은 음식을 얻었을 때는 마땅히 중생들이

知節少欲情無所着   집착하는 마음이 없는 소욕과 절제를 알게되기를 원

합니다. - 반야심경 대심경중 임공발원(臨供發願)

이곳에서 식사는 하루에 두 번 아침과 점심을 먹는다. 아침은 5시 40
분경에 손가락으로 그어 자욱이 남지 않을 정도의 묽은 쌀죽을 먹고,
점심은 밥으로 오전 10시경에 먹는다. 원래 부처님 당시에는 하루에 한
끼만 먹었다고 한다. 그런데 부처님의 아들 라후라가 어린 나이에 출가
하여 배고픔을 이기지 못하고 울며 보채자 부처님께서는 울음을 그치
라는 '막제게[莫啼偈]'를 하시고 아침은 죽을 먹도록 허락하셨다고 한
다. 그 전통이 이곳에서는 지켜지고 있다.

그런데 닭들이 어떻게나 공양시간을 잘 아는지 식사시간이 되면 꼬
끼오 하고 소리를 지른다. 내가 사는 꾸띠 주위에는 수탉이 병아리 두
마리를 데리고 생활을 하고 있는데 그놈들도 점심시간을 어찌나 잘 아
는지 꾸띠에서 공양을 하려고 발우 뚜껑만 열면 '꼬끼오' 하며 홰를 치
고 난리다. 왜 그럴까 생각해보니 공양 후에 남은 음식을 습관적으로
산비탈에 버린 것이 원인인 듯하다. 일정한 시간에 이곳에 오면 먹이를

얻을 수 있다는 것을 알고 있으므로 먹이가 나오지 않으면 달라고 소란을 피우는 것이다.

　한국승방에서는 발우공양을 할 때 고춧가루하나, 밥알갱이 하나 밖으로 나가지 않고 모두 먹어야 한다. 그래서 스님들의 밥그릇을 씻은 설거지한 물을 모아 큰 통에 담아서는 그날 그곳의 어른스님에게 검사를 받는데, 조금이라도 고춧가루 같은 음식물이 떠있으면 그 물을 온 대중들이 다 나누어 마셔야 한다.

　그런데 이곳은 음식이 남으면 버린다. 탁발을 해서 공양물을 받기 때문이다. 탁발을 하기 위해 줄을 지어 스님들이 지나가면 신도들이 준비해온 음식을 스님의 발우에 넣어드린다. 발우에 자기가 공양할 음식이 충분하여도 재가자들은 공덕을 짓기 위하여 음식 위에 또 다른 음식을 올려놓는다. 그래도 음식을 받지 않으면 신도들의 신심이 떨어진다는 이유로 가능하면 음식을 받는다. 받은 음식이 많아 공양을 올리려는 신도를 피해 가는 경우도 있는데, 어떤 신도는 쫓아와서 그득한 발우 위에 또 음식물을 올려놓는 경우도 있다. 그래서 대부분의 경우 내가 먹는 음식의 양보다 많이 받게 된다. 이런 경우 남은 음식을 버리는 것이다.

　그렇지만 소중한 음식을 버리는 것은 문제가 되므로 탁발을 받고 돌아오는 장소에는 남는 음식을 다른 비구스님들을 위해서 덜어 놓는 곳이 마련되어 있다. 이곳은 비구계를 받은 스님들만 이용할 수 있고 사미나 재가수행자들은 그곳에 음식을 놓을 수 없다. 그리고 자기가 받은 음식이라 하여도 자기가 모두 먹기 전에는 양이 많다고 하여 일반인에게 음식을 덜어줄 수 없다. 공양을 올린 사람에게 공덕이 훼손된다는 이유다.

이곳에서는 짐승들에게 먹이를 주지 말라고 교육을 받는다. 그런데 남는 음식을 그냥 버리기는 아깝고 축생들에게 공덕이나 짓자는 의미에서 남은 음식을 몰래 숲속에서 처리한다. 오늘도 그렇게 하고나니 청설모 한 마리가 닭들과 함께 열심히 음식들을 주워 먹고 있다.

이 청설모는 마치 날다람쥐 같아서 나무와 나무를 건너뛰는 데는 선수다. 갑자기 양철로 된 지붕 위에서 쿵 우르르 하는 소리가 날 때면 이놈들이 나무에서 지붕으로, 지붕에서 다른 나뭇가지로 건너는 순간에 나는 소리다. 청설모의 꼬리 끝은 약간 검은데 한국의 고승 중에는 이놈들의 꼬리로 붓을 메어 쓰신 분이 있다고 들었다. 도력이 높은 스님이 붓이 닳아서 못쓸 무렵이면 이 청설모가 들어와 가만히 있다. 그러면 스님은 그놈 꼬리털을 몇 개 뽑아 붓을 메고 놓아 준다는 이야기다. 병아리 두 마리, 수탉 한 마리, 그리고 청설모, 나와 함께 살아가는 이곳의 식구들이다.

이제는 수행시간에 망상보다는 호흡에 집중하는 시간이 꽤 많이 늘었다. 선정은 모든 망상이 제거되어 명상주제에 마음이 하나 되고 선정의 마음이 함께하는 것이라 하였는데 조금씩 선정에 가까워지나 보다.

▌ 상좌부 사미계를 받다

❖ 4가지 필수품에 관한 게송

나는 옷을 입을 때마다 이 옷은 단지 추위와 더위를 피하고 모기와 해충, 바람과 태양으로부터 내 몸을 보호하고 부끄러운 곳을 가리기 위한 것뿐이라고 현명하게 생각하겠습니다.

나는 음식을 먹을 때 시간을 보내거나 자랑하거나 아름답게 꾸미거나 살찌우려고 먹는 것이 아니라 단지 이 몸을 유지하고 배고픔의 고통을 없애고 성스러운 수행자의 삶을 살기 위한 것이라고만 현명하게 생각하겠습니다. 이 음식으로 주림을 달래고 과식하지 않겠으며 나 자신을 잘 지켜 비난받지 않고 편안한 삶을 살아가겠습니다.

나는 내가 살고 있는 거주처는 단지 추위와 더위, 모기와 같은 해충, 바람과 태양, 기후의 변화에 따른 위험으로부터 보호받기 위한 것일 뿐이며 단지 홀로 수행하는 즐거움을 누리기 위한 것이라고만 현명하게 생각하겠습니다.

나는 의약품은 단지 병을 치료하여 아픈 괴로움을 완화시켜 병으로부터 최대한의 자유를 얻기 위할 것일 뿐이라고 현명하게 생각하겠습니다.

상좌부 사미십계를 받았다. 한국에서 출발하면서부터 상좌부스님으로서 생활해보고 싶었다. 그러나 남방불교 스님생활이 크게 다르고 생활패턴의 급격한 변화를 우려하여 막상 행동으로 옮기지 못했다. 그러던 중 최근에 크게 수행의 진전에 영향을 받는 일이 생겼다. 그래서 분위기도 바꾸어 줄 겸 상좌부계를 받았다. 법명은 무디따 난다[Shin Muditā Nanda]이다. Muditā는 자·비·희·사의 '희'로 '다른 사람의 성공을 함께 기뻐함'의 의미이고, Nanda는 '좋아하는 사람'의 의미다. 다른 존재의 잘됨과 성공을 함께 기뻐해 주는 사람의 의미라고 계사스님께서 종이에 써 주셨다.

　이런 일도 처음 있는 일이고 해서 특별하게 해주신 의식이라 하셨다. 아마도 계를 받을 때 빠알리어와 한국어를 섞어서 진행한 것을 두고 하신 말인 듯하다. 원래 빠알리어로만 진행되는데 오늘은 빠알리어로 진행한 다음에 한국어로 번역된 내용을 보고 한국어로도 진행하였다. 모르는 말을 외우는 것보다 한국말로 하니 훨씬 큰 의미와 감동으로 다가왔다.

　어제 저녁때 상좌부 계를 받았으면 좋겠다고 말씀드렸는데 전격적으로 오늘 오후 2시 30분에 수계식을 한 것이다. 외국인을 도와주는 우꾸무다 스님과 외국인 등록 사무소의 미얀마 비구 한 분, 그리고 이미 상좌부 계를 받은 한국스님 두 분도 참석하여 주셨다. 의식 중에 참석한 비구 스님들이 모두 함께 자애경을 읽어 주셨다. 무릎을 꿇고 앉아 눈을 감고 있으니 자애경을 암송하는 소리에 코끝이 찡하다. 그 포근함은 경험한 사람만이 알 듯하다. 의식은 약 2시간 정도 진행되었는데 앞에 1시간은 본 의식을 하고, 뒤의 1시간은 센터에서 상좌부 스님으로서 지켜야 할 사항을 적은 인쇄물의 내용을 외우고 숙지하였다. 우 쿤다다나 스님은 영어와 빠알리어로 된 일용의식집을 주시면서 **‘4가지 필수품에 관한 계송’**을 매일 아침저녁으로 한 번씩 읽으라 하셨다.

　대승불교의 스님이 상좌부 계를 받기 위해서는 대승계를 포기하고 남방계를 다시 받는다. 그러나 이곳 파아옥 명상센터의 규칙은 한번 상좌부 계를 받으면 다시는 대승불교의 스님으로 돌아가지 못하는 것을 전제로 한다. 마음공부를 하겠다고 이곳에 '도'를 찾아 왔지만 귀국하면 다시 한국스님으로 생활하여야 할 것은 뻔한 일 아닌가. 그래서 이곳의 방침은 알고 있지만 한국에서는 상좌부 스님이 생활하기 어려운 환경이라 다시 대승불교의 스님으로 돌아가야만 한다는 것을 솔직하게 말씀드렸다. 그리고 지금 나는 수행의 진보를 위하여 상좌부 스님이 되는 것이 필요하니 허락해 달라 요청하였다. 처음에는 내부규정을 이유로 난색을 표명하셔서 허락되지 않는 줄 알고 있었는데 진솔함이 통하였는지 오늘 전격적으로 수계식을 한 것이다. 계사 스님께서는 이곳의 규칙을 깰 수가 없으니 비구계가 아닌 사미계를 주겠다고 하신다. 공부하는데 이것이 무슨 문제가 되랴.

몇 년 전 이곳에서 상좌부계를 받은 한국스님이 한국에 갔다가 다시 왔는데 한국승복을 입고 왔다고 한다. 이것을 보신 이곳의 선원장 스님이 계율을 쉽게 바꾸는 것에 대하여 크게 걱정하시며 향후에는 상좌부계는 받으면 다시는 대승불교 스님으로 돌아가지 않는 것을 전제로 한다는 원칙을 정하셨다고 한다.

아무튼 오늘 수계식에 사용된 자료는 한국어, 영어, 빠알리어 3개의 언어로 되어 있었다. 우 꾸무다 스님이 기본적인 빠알리어를 가르쳐주시고 나는 그것을 수계식 때 3회씩 반복해서 암송하였다. 그런데 내가 암송하는 것이 서툴자 계사스님께서 먼저 한번 읽어 주시고 나는 그것을 세 번씩 반복, 암송하였다. 원래 외국인의 수계는 관례상 선원장이신 파아옥 사야도가 외국에서 돌아오시는 2달 후에나 가능하다는 것을 내가 특별히 간청하여 이뤄진 것이니 감회가 남다르다.

수계식이 진행되는 동안 가슴이 뭉클함을 느꼈다. 이러한 느낌이 계사 스님의 마음에 전달되었나 보다. 수계식을 마치고 돌아 나오는 나를 보시며 "무디따난다! 행복하라! Be Happy!" "수행이 성취되기를!" 하며 축복과 격려를 해주셨다.

○ 음식공양과 수계

　대승불교권인 한국의 발우는 4개이다. 그러나 미얀마 상좌부는 항아리같이 큰 발우 한 개만 사용한다. 한국은 "한 방울의 물에도 천지의 은혜가 숨어 있고~"라는 공양게를 외우고 공양을 시작하며 밥알 한 톨도 남기면 안 된다. 그러나 미얀마는 절약과 절제를 생활화하되 남은 음식은 조그만 비닐봉투에 넣어 버린다. 한국은 대중공양을 할 때나 재를 지내고 난 후에는 헌식대에 음식을 조금 놓아두어 짐승들이 먹는다. (원래는 스님들이 공양을 할 때 귀신들을 위해 일곱 낱의 밥을 손바닥 위에 올려놓고 이 일곱 알의 쌀알이 시방세계에 널리 두루하여 지옥, 아귀, 축생들은 배고픔과 갈증을 여의고 모든 번뇌를 다 여의어지이다 하고 게송을 외운다.) 그러나 수행처인 이곳은 짐승들에게 먹이 주는 것을 금한다. 멧돼지나 개, 고양이들이 몰려들어 소란스러우면 수행에 방해가 되기 때문이다. 특히 스님들에게 공양을 올려 공덕을 지으려는 신도들이 스님들의 탁발시간에 발우가 넘치도록 음식을 올린다. 받지 않으려고 살짝 비켜가도 때로는 따라 오며 공양을 올리는 경우가 있는데 이때는 거절하기 어렵다. 그런 경우 물에 젖지 않은 과일 등은 필요한 다른 스님들이 사용하도록 지정된 장소의 빈 그릇에 놓을 수 있지만 비구계를 받은 스님들만이 이용가능하다. 그렇기에 음식을 남긴다 하여도 큰 죄의식 없이 봉지에 싸서 버리는 것이 일상이다. 이렇게 함으로써 신자의 신심을 떨어뜨리지 않게 하는 데 더욱 큰 비중을 둔다.

○ 수계식

　미얀마 상좌부 불교는 수계가 자유롭다. 한국의 경우 행자생활 6

개월, 그리고 일정기간의 기초 득도과정 등의 어려운 관문이 있는데 상좌부는 계를 받겠다고 요청을 하면 다음날 혹은 며칠 뒤에 바로 계를 받을 수 있다. 대승불교의 비구계는 250계이지만 남방불교인 상좌부는 227계이다. 대승보살계는 심계라 하여 계율지킴이 중시되지만 하나하나의 계목을 지키기보다는 계율의 정신을 우선하여 '지킴과 여는 때'를 잘 알아야 한다고 강조한다. 그러나 상좌부의 경우는 계를 받기는 쉽지만 일단 받으면 철저하게 지켜야 한다. 이러한 분위기가 사회로 파급되어 상좌부 스님이 술집에 가면 경찰이 와서 잡아간다. 그래서 일단 가사를 걸쳤으면 철저히 계율을 지켜야 하고 그렇지 못하면 계를 반납한다. 사회생활을 하다가 수행생활을 하고 싶으면 다시 수행처로 와서 계를 받고 수행한다. 수계와 환계가 상대적으로 자유롭다. 다만 계를 받기 전에는 돈과 재산 등의 모든 것을 포기한다는 서약을 하고 수행처로 와서 청빈한 생활을 하여야 한다.

○ 4가지 필수품에 관한 회상

상좌부 불교에서는 출가생활에 필요한 네 가지 필수품만을 인정한다. 의복, 탁발음식, 침구와 좌구 등의 거주처, 환자를 치료할 약품이 그것이다. 위에 적어놓은 게송을 아침저녁으로 스님들이 외운다. 나도 계를 받고 계사스님께서 아침저녁으로 외우라고 하였다. 명상홀에서 대중스님들은 아침예불 및 명상이 끝난 후에 이 4가지 회상을 외운다. 법답게 바르게 구한 필수품이라 하여도 탐욕하는 마음이 생기지 않도록 마음을 다스리기 위함이다.

■ 일주일 단위로 계율을 점검받고

마음의 화를 살펴야 한다.
마음을 제어해야 한다.
마음의 악행을 버리고서
마음으로써 선행을 해야 한다. - 법구경

점심때 사미계를 다시 받았다. 계를 다시 받는다 라기보다는 일주일에 한번씩 계사스님에게 찾아가서 사미계를 암송하고 계율을 지키겠다는 다짐을 받는 것이다. 사미는 원래 스무 살 미만의 미성년 수행자를 의미하는데, 20세가 되면 자동으로 비구계를 받는다. 성인이 되면 계율을 지킬 수 있는 힘이 있고 대중생활을 책임 있게 해나갈 수 있는 것으로 보기 때문이다. 따라서 사미는 지켜야 할 계율이 10가지이고, 비구는 상좌부 227계를 수지하여야 한다.

미성년인 사미는 계율을 잘 지키지 못할 가능성이 있으므로 제도적으로 일주일에 한번 다시 계를 일러주어 경각심을 제도적으로 갖게 하는 것이다. 빠알리어로

"스님이시여! 계와 법을 이 사미에게 일러주소서!"

하고 청하면 계사스님께서

"삼보에 귀의합니다."

를 빠알리어로 하시고 사미들은 이를 따라서 한다. 세 번의 삼귀의가 끝이 나면

"지켜야 할 계율을 알고 있느냐?" 물은 다음 10가지 계율을 하나하나씩 선창하면 사미들은 복창한다. 마지막으로 "계율을 지키겠느냐?"를

빠알리어로 물으면 "아마, 반떼" 즉 "예, 스님"이라고 답하는 것으로 세 번 반복한다.

오늘은 좌선을 시작한 지 약 3시간 만에 망상이 일었다. 하지만 니밋 따[빛]는 밝게 빛났다. 그러나 얼마 전에 있었던 스님들 간의 좋지 않은 기억이 떠올라 가슴이 답답하고 화가 나서 눈을 뜨고 자리에서 일어날 뻔하였다. 마장이다. 어찌 마장임을 알면서 일어날 수 있으리오.

마장은 수행이 잘되고 있을 때 이를 방해하는 요인으로 마장인 줄 알면서 어쩔 수 없이 방해를 받게 된다. 하지만 나는 명상에서 깨지 않고 고비를 넘길 수 있었다. 이것을 어찌 나의 힘이라고만 할 것인가. 불보살님의 가피가 틀림없다. 오! 사두! 사두! 사두! 수행의 절박함을 경험하지 못한 사람은 이 순간의 느낌을 같이 할 수 없다.

돌이켜보면 나를 힘들게 했던 스님들이 원인이 되어 상좌부 계를 받게 된 것이니 나의 공부를 도와준 분들이다. 내가 이것을 마음 깊숙이 인정하지 못한 것이 원인이지 싶다. 보다 넓은 수행의 세계를 체험토록 해주신 분들이니 오히려 고맙고 은혜로운 분들인데…. 나를 성장시키고 발전시키는 사람들은 모두가 다 나의 스승인데 말이다. 철강왕이며 세계적 대부호였던 데일 카네기도 돈이 궁해 숙부를 찾아 갔을 때 숙부가 냉정히 거절한 것이 가슴에 한이 되어 원수를 갚겠다고 다짐한 결과 성공한 것이 아닌가. 카네기도 회고록에서 자기 인생의 스승을 숙부로 꼽고 가슴에 품고 살았으니 본받아야 할 일이다. 카네기의 숙부가 만약 그때 도움을 주었더라면 카네기의 성공은 없었을 것이라고 카네기는 회고하고 있다.

　내 경우와 다른 것이 무엇인가. 세계 최고의 부처님 법을 간직한 도량에서 이 못난 놈을 공부시키려고 자기들의 공부도 뒤로 미루고 나에게 피드백을 한 것 아닌가. 오히려 내가 고마워해야 할 일이다. 나는 지금 돈으로 살 수 없는 공부를 하고 있다.

　그러나 때로 불쑥 솟아오르는 울화는 오늘도 계속되고 있다. 이 번뇌가 스러지고 한 마음으로 명상주제에 마음을 붙이고 있을 때가 선정이다. 선정은 멀지 않은 듯하다. 그러나 넘어야 할 산, 극복해야 할 응어리는 아직 단단하다.

　옛날 눈 밝으신 조사님들은 응어리를 꺼내 보라 '할' 하시겠지만 머리와 가슴은 다르니 어찌하랴. 이를 극복하는 것이 수행이겠지. 바른 길을 가면 천신이 보호하고 그렇지 못하면 천신도 외면한다 하였으니 잊지 말아야지. 나 혼자만의 싸움도 아닌데 왜 이리 힘이 드는가. 보이지 않는 힘을 빌릴까 하여 자애경을 외우고 있다.

　"생명이 있거나 멀리 있거나 가까이 있거나 모든 이들이 정신적 고통으로부터 자유롭고 육체적 고통으로부터 자유롭기…."

　자애경을 읽으면 마음이 조금은 편해진다. 경을 읽고는 "내가 편안하고 행복하기…. 나와 인연이 있거나 생명이 있는 모든 존재들이 편안하고 행복하기…. 나를 힘들게 하는 분들도 수행의 성취가 있기…. 하루 빨리 고통에서 벗어나기…."

█ 선도 악도 생각 말라[不思善 不思惡]

> 내 몸에 상처가 없으면
> 독이 침범하지 못한다.
> 상처가 없으면 독이 침범하지 못하듯
> 악을 짓지 않으면 악은 없다 ─법구경

한동안 꾸띠에서 홀로 정진하였다. 그러나 오늘부터 시마홀[명상홀]에서 다시 수행을 시작하였다. 선정에 든다는 것이 왜 이리 힘이 드는가. 선정이란 명상주제와 하나 되어 마음속에 환희심과 행복감이 함께하는 상태인데 몸과 마음이 편치 않으니 어떻게 선정에 들겠는가. 며칠 전에 한국스님 한 분이 조언을 해준다.

"스님! 파아옥 사야도께서 그러시는데 수행자가 행복하고 즐겁지 않으면 선정에 못 든대요."

청정도론에도 나오는 말이다. 유의해야지. 아비담마(논장)나 선배 수행자들의 경험을 요약하면 탐욕스러운 마음도 버리고, 남을 해치려는 악심도 버리고, 나와 남이 함께 잘되기를 바라는 마음속에서 내 몸과 마음이 고요하고 평온해 질 때 선정에 드는 것이니 그래서 이것을 수행이라 하지 않았던가.

조석예불의 끝에 항상 나오는 말이 '자타일시성불도' '나도 다른 사람도 함께 성불할지이다' 하는 말이다. 이런 마음이 없으면 선정에 못 든다. 함께 행복해질 필요가 있다. 우리가 살고 있는 현상세계에서는 선도 없고 악도 없다. 다만 현상만 존재할 뿐이다. 어리석은 중생이 여기에 잣대를 대고 옳고 그름을 판단하여 괴로워한다.

　모든 존재는 서로에게 영향을 서로 주고받으며 존재할 뿐이다. '나 홀로'란 애초에 존재하지 않는다. 이것이 일어나면 저것이 일어나고 저것이 사라지면 이것도 사라질 뿐이다. 여기에 나의 잣대를 들이대어 선과 악을 구분 짓는 순간부터 고통은 시작된다. 충돌이 시작된다. 그래서 서로가 불행해진다.

　최근 벌어진 일들을 돌이켜 보면 나는 이런 어리석음을 범했다. 수행자가 수행에만 충실하면 되는 것을 있지도 않은 선악을 나의 기준으로 구분하는 데서 문제가 생겼다. 아! "불사선 불사악[不思善 不思惡]" "선도 생각하지 말고 악도 생각하지 말라." 나는 오늘 화두 하나를 풀었다. 사두! 사두! 사두!

○ 수행에 장애 없기를 바라지 말라!

수행에서 일정 수준의 발전이 있으면 반드시 장애가 생깁니다. 이를 마장이라고 합니다. 과거에 지은 공덕이 탁월한 경우를 제외하고 반드시 수행을 방해하는 요인이 생긴다는 것입니다. 부처님도 성도에 즈음하여 마라로부터 방해를 받으셨는데 범부인 우리들이야 오죽하겠습니까. 이때 수행자는 그것이 마장임을 알고 현명하게 극복해야 합니다. 여기에 굴복하면 수행은 끝입니다. 또다시 고통의 굴레 속으로 들어가야 합니다. 어떻게 잡은 수행의 기회인데 포기하려고 합니까.

도고마강[道高魔强] '도가 높으면 장애도 높다.' 명심해야겠습니다. 수행에서 물러나는 이유는 모두가 그럴 듯합니다. 그러나 이 합리적으로 보이는 이유에 속지 말아야겠습니다. 이를 극복하기 위해서는 '금생에 고통을 소멸하겠다'는 강한 의지가 필요해 보입니다. 수행의지를 다시 한 번 점검해야겠습니다.

○ 아나빠나 선정수행의 절차

1. 들숨과 날숨이 웃입술 위, 콧구멍 아래, 콧구멍 입구, 그리고 콧구멍 안쪽에서 숨이 부딪치는 지점인 접촉점을 찾는다.

2. 그 접촉점에서 숨이 들고 나는 것을 알아차린다.

3. 망상 없이 한 시간 이상 3회 연속 숨만 알 수 있으면 빛이 뜬다.

4. 빛이 호흡과 통합되었고 안정이 되었으면 빛과 함께한다. 이러한 전환시점은 수행의 성패를 좌우하므로 반드시 지도자와 협의해야 한다.

5. 니밋따(빛)로 마음을 옮긴 후 집중력이 강화되고, 빛이 점점 강해지게 되면 계속해서 빛과 함께 한다.

6. 만약 집중력이 떨어지고 빛이 흐려지면 다시 호흡으로 돌아온다.

7. 니밋따와 함께 할 때는 호흡은 잊어버려라.

8. 단지 호흡을 알던 그 자리에서 니밋따와 함께 머문다.

9. 니밋따의 색깔, 모양 모두 무시하고 단지 니밋따가 있다는 사실만 끊어짐 없이 알아차림하는 것이 중요하다.

10. 3시간까지 좌선시간을 단계적으로 늘려라. 가능하면 4시간까지 앉아 명상하라.

11. 알아차림이 완전히 통합되는 근접삼매 수준에서 초선에 들기 전까지는 망상 없이 알아차림하는 시간이 2시간 이상 되어야 한다.

특히 선정삼매수행을 할 때 유의사항은 다음과 같다.

첫째, 영양분이 있고 소화가 잘되는 좋은 음식을 먹고

둘째, 수행하기 좋은 날씨를 택하며

셋째, 행주좌와에 깨어 있을 수 있는 적당한 자세를 유지하고

넷째, 알맞게 정진하고

다섯째, 몸과 마음에 번뇌가 많은 사람을 만나지 말고
　　　　삼매에 든 사람과 가까이 지낸다.

여섯째, 몸과 입는 옷, 그리고 거처(수행처)를 깨끗이 한다.

일곱째, 마음을 누를 때는 눌러주고, 격려가 필요할 때는 치켜
준다.

여덟째, 굳은 신심과 윤회를 두려워하는 마음으로 산란하고 불편
한 마음을 조복받는다.

※ 수행단계를 정리해 보았습니다마는 위와 같은 수행은 경험이
　있는 수행자로부터 지도를 받아야 합니다. 말은 단순하지만
　모두 처음 경험하게 되는 것들로 혼자서 판단할 수 없기 때
　문입니다.

■ 바왕가를 확인하라

> 사람이 백 년을 산다고 해도
> 게으름을 피우고 정진하지 아니하면
> 힘써 정진하는
> 단 하루의 삶이 더 낫다 – 법구경

드디어 바왕가를 확인해보라고 하신다. 이로서 단계에 진입한 것이니 얼마나 기쁜가? 어떤 이들은 스승에게 인가를 받은 것이라고 자랑스럽게 말한다. 사실 인가란 표현은 적절치 않다. 인가란 선불교에서나 격외구를 가지고 스승과 제자 사이에 수행의 성취를 가늠하는 선문답을 통해 스승이 제자의 수행을 인정해주는 것을 말하는 것으로 남방불교에는 인가라는 제도가 없기 때문이다.

다만 파아옥 명상센터처럼 지도법사가 수행자의 수행내용을 2-3일에 한 번씩 인터뷰를 통해 확인하고 수행의 성취여부와 수준을 가늠한다. 스승은 경전 및 아비담마에 근거하여 성취시에 이러이러한 현상이 있다고 알려주면 수행자는 그에 맞추어 자기의 수행을 재어 보고 판단하면 그뿐이다. 또는 수행자가 자기의 성취내용을 지도법사에게 보고하면 지도법사는 확인할 사항을 질문하고 수행자는 답변한다. 그래서 요건이 충족되었으면 다음 진도를 나간다. 그렇기 때문에 남방에서 어느 큰스님에게 인가를 받았다고 하는 수행자가 있다면 한번 생각해 볼 일이다. 다음 과제를 받으니 기쁨이 크다. 주변의 한국수행자들도 모두 축하해 준다. 본 삼매에서는 어떠한 판단이나 계산을 할 수가 없다. 오로

지 명상주제인 빛에 몰입되어 있는 상태로 길게는 온 밤이 다가도록 선
정에 들기도 한다. 말로써 표현할 수 없으며 시간축약현상이 일어난다.

요즘은 한번 명상에 들어가면 4시간 혹은 4시간 30분정도 앉는다. 우
레와따 스님께서는 눈을 감으면 떠오르는 빛에 망상 없이 마음을 집중
하여 유지하는 시간을 처음에는 1시간 45분 정도를 요구하시다가 급기
야 어제는 2시간 30분을 요구하셨다. 잡념 없이 2시간 30분을 유지하는
것은 참으로 어렵다. 고도의 집중된 상태인 본 삼매에서만이 가능하기
때문이다.

만약 근접삼매와 본 삼매를 오가는 상태라면 이 목표는 달성될 수 없
다. 내가 어렵다고 스승님께 시간을 줄여달라고 할 수 있는 일이 아니
다. 이렇게 자신과 싸워 이기는 것이 수행이지 싶다. 지금 이 순간에 명
상주제에 깨어 있으면 그만인 것을 목표의 달성만을 생각하다보면 명
상주제와 함께 할 수 없다. 오늘은 이러한 마음속의 번뇌 때문에 1시간
30분 정도만 앉아야 했다.

꾸띠에 와서 조금 쉰 뒤에 다시 앉아 보니 3시간 정도 집중이 잘 된
다. 피곤감은 있었지만 마지막 30분정도는 자동으로 알아차림이 되었고
마음의 빛은 항상 밝았다.

오늘 아침은 시간을 절약하기 위하여 대중공양을 참석하지 않고 꾸
띠에서 라면을 끓여 먹었다. 이렇게 하면 공양간에 오고 가는 시간과
먹는 시간을 포함하여 약 1시간 정도를 절약할 수 있다. 이 시간을 활
용하여 아침에 3시간 10분 정도 명상을 하였다. 편안하고 집중이 잘 된
다. 스승님께서 자꾸 집중시간을 늘리라는 뜻은 안정되고 깊이 있는 선
정을 닦으라는 말씀으로 이해하였다. 어제도 인터뷰하고 오늘도 하였는
데 스님께서 어떠냐고 물어보신다.

"깊은 바다 밑에 들어가 있는 것처럼 귀울림 현상이 있었습니다. 온몸에 기분 좋은 미세한 진동이 있습니다. 기분 좋을 정도로 미약한 전기가 온몸을 감싸는 느낌이 있었으며 솜털이 돋는 듯한 느낌도 있었습니다. 기분이 좋습니다. 행복합니다. 나도 모르게 명상 중에 미소가 자동으로 번집니다. 그리고 명상이 끝난 후에도 온몸에 잔잔한 평화와 행복감이 여운처럼 남아 있습니다. 그리고 시간이 흘러가는 것을 느끼지 못합니다"라고 하니 스님께서는

"명상가의 모습은 스마일입니다."

하시면서 심장에서 마노의 문인 바왕가를 확인하라시며 다음 수행과제를 주셨다. 사두! 사두! 사두!

얼마나 기대하였던 일인가? 여기 온 지 삼 개월 만의 일이다. 한국의 은사스님과 가족들에게 기쁜 소식을 전하는 편지를 썼다. 뿌듯한 마음, 감사한 마음으로 저녁예불을 올렸다. 초선에 들 때까지는 저녁때 아무것도 입에 대지 않겠습니다! 하고 부처님께 약속을 하였는데 오늘은 배가 너무 고프다. 오후불식이라 과일주스 같은 것만 허용되는데 오늘은 한국에서 보내온 라면을 몰래 끓여 먹었다. "부처님! 죄송합니다. 오후불식의 지침을 어겼습니다만 이 라면 너무 맛있습니다."

   ※ 위의 내용은 필자와 지도법사가 그간 수차례의 인터뷰를 통해 수행정도를 가늠하고 확인한 후에 대화를 나눈 내용으로 선정에 든 여부를 판단하는 잣대가 아님을 유념하십시오.

▌마노의 문을 보다

> 스스로 깨달아 이룰 것을 잘 알아야
> 이것이 참으로 부처님의 제자니라
> 낮이나 밤이나 이것만 생각하여
> 한 마음으로 법(현상)을 관찰하라 —법구경

바왕가는 마노의 문(意門)이다. 오늘 이 마노의 문을 보았다. 충분한 선정을 개발한 후에 선정에서 나와서 니밋따를 본다. 마음집중의 빛이 아주 강할 때, 마음의 눈으로 심장을 본다. 바로 그 순간 바왕가가 나타난다. 그 바왕가 위에서 니밋따가 생기고 사라지는 것을 볼 수 있다. 니밋따가 실체라면 바왕가는 거울이고 그 위에 니밋따의 이미지가 나타나서는 사라진다. 그래서 어느 것이 니밋따이고 어느 것이 바왕가인지 구분할 수 있어야 한다. 심장토대에 의지하여 일어나는 마노의 문은 짧은 순간 니밋따보다 밝기 때문에 구분할 수 있다.

이제는 선정에서 나온 직후에 마노의 문에서 선정의 5요소가 존재하는 지를 확인하여야 한다. 사실 이 확인 작업이 끝나야 초선정에 든 것인지 알 수 있다. 그러나 관행적으로 바왕가를 확인하라는 지도스님의 지시가 있으면 초선에 든 것인지를 확인하라는 의미로 이해하면 된다.

지난 며칠 동안 참으로 많은 스트레스를 받았다. 바왕가를 보아야 선정의 요소를 확인할 수 있는데 마노의 문인 바왕가를 보지 못하였기 때문이다. 하지만 마노의 문을 본다는 것이 어디 그리 쉬운 일인가? 수천 번의 시도 끝에 성공했다. 그때의 기쁨을 어찌 말로 표현할 수 있을까.

　내일부터 하안거가 시작된다. 그래서인지 많은 신도들이 오셨다. 평상시와는 다르게 명상홀 중앙의 부처님 앞에 가지가지의 음식이 차려져 있다. 특이한 것은 빨간 플라스틱 컵에 물을 담아 올린 것하고 한 말짜리 발우에 공양을 올린 것이다. 하긴 부처님께서도 발우공양을 하셨으니 이렇게 공양하시는 것이 자연스럽겠다는 생각도 든다.

　점심공양 시간에 공양간에서 조그마한 쪽지에 빠알리어로 "이마스밈 찌하라 이맘 떼마삼 와삼 우뻬미"라고 적힌 쪽지를 스님들께 나눠주며 외우라고 한다. "이 수행처에서 우기 3개월을 보내겠습니다"라는 뜻이라고 한다. 오늘은 사미계를 반납하고 양곤으로 충치를 치료하러 갔던 한국스님이 건강한 모습으로 돌아왔다. 다시 보니 반갑다.

O 선정에 들었다는 것을 어떻게 알 수 있습니까?

선정에 들면 명상할 때 시간 축약현상을 느낄 수 있습니다. 4시간 명상하면 마치 두 시간 명상한 것과 같은 생각이 듭니다. 그리고 마음속에 환희심과 행복감이 함께 합니다. 즉 선정의 5요소가 함께하는 것이지요.

이 선정의 요소가 존재하면 선정에 들었다고 하는 것입니다. 다만 선정에 들었을 때는 이러한 판단을 할 수가 없습니다. 선정에서 나온 직후의 마음으로 이러한 심리상태의 존재유무를 확인해야 하는 것입니다.

이때 마노의 문(바왕가)에서 이러한 선정과 관련된 마음부수가 떠오르는 것을 확인하여야 합니다. 그런데 초심자는 개념도 어렵고 많이 혼란스럽습니다. 이를 해결하기 위해서는 경험 있는 선배수행자의 지도가 필요합니다. 그리고 명확한 아비담마의 지식도 갖고 있어야 합니다.

O 선정의 5요소

아비담마(논장)에 초선정에 든 수행자에게는 다음의 다섯 가지 마음부수가 있다고 합니다.

첫째, 위딱까(일으킨 생각, applied thought)

니밋따에 마음을 올려놓는 것으로 마음이 니밋따로 향하는 것을 말합니다.

둘째, 위짜라(지속적인 고찰, sustained thought)

　　마음이 니밋따를 조사하기 위하여 계속 살펴보는 것을 말
합니다. 마음이 니밋따에 고정되는 것으로 나타납니다.

셋째, 삐띠(희열, rapturous mind)

　　니밋따를 경험하는 데에서 우러나오는 내면의 기쁨을 말합
니다.

넷째, 수카(행복감, happiness)

　　니밋따를 경험하는 데에서 나오는 행복감을 말합니다.

다섯째, 에깍가따(집중, concentration)

　　바람이 없을 때 흔들림 없는 등불처럼 마음의 안정된 상
태를 의미하는데 행복감이 원인이 되어 마음이 고요하
고 산만하지 않은 상태를 말합니다.

　바로 마음속에 이러한 다섯 가지 현상이 나타나면 선정에 들었
다고 하는 것입니다. 이론적으로 이렇게 설명하지만 여러분은 실제
로 수행을 통해 경험하여야 이 의미를 보다 명확히 이해하실 수 있
습니다. 뜨겁다는 말만으로는 그 느낌을 정확히 전달할 수 없는 것
과 같습니다.

▌하안거 결재일

> 해서는 안 될 일 저질러 놓고
> 번뇌의 독으로 답답해 하네
> 착한 일은 즐겁고 복된 것
> 가는 곳마다 뉘우침 없다네 – 법구경

오늘은 하안거가 시작되는 날이다. 오후 2시 30분에 큰 법당에 모여 우기 3개월 동안 수행처를 떠나지 않고 머물며 수행할 것을 다짐하는 의식을 했다. 우선 "아라한이시며 최정각을 이루신 부처님께 귀의합니다." 라는 의미로 "나모 따사 바가와또 아라하또 삼마삼붓다사"를 세 번한다.

그리고는 Mahā Namakkāra Pāḷi를 외우고 가장 법랍이 높으신 스님부터 "이마스밈 위하레 이맘 테마삼 와삼 우뻬미" "나는 이번 우기 3개월 간을 이 수행처에 머물겠습니다." 라고 암송한다. 세 번을 소리 내어 외우면 나머지 400여 비구 스님들이 사두! 사두! 사두!라고 한다.

이렇게 어른 스님들부터 순서대로 하다가 법랍이 같은, 즉 보낸 안거의 수가 같은 스님이 여러 명이면 모두 한 번에 한다. 금번 안거에는 법랍이 31년차부터 19년차까지 년차별로 1명, 혹은 2명씩 되었다. 하지만 법랍 18~10년 사이는 거의 없고 10년 이하가 대부분이다. 비구와 사미는 구분해서 별도로 앉는다. 부처님 성상 앞부터 법랍 높은 분이 앉고 뒤로 갈수록 신참스님이 앉는다. 같은 줄이면 법랍이 높은 분이 오른 쪽이다.

좌변기가 없던 시절 재래식 화장실에 쭈그려 앉는 모습으로 앉아서 손을 모아 합장하고 위의 문장을 외운다. 어린 아이들이 포함되어 있는

사미의 경우는 진행을 보는 스님이 위의 구문을 조금씩 나누어 선창을
하면 따라서 한다.

　금번에 참석한 사미의 수는 약 30여명. 나처럼 40이 넘은 사람부터
10살에 이르기까지, 흑인에서 황인종까지 인종도 다양하다. 안거기간
중에는 외부출입을 할 수 없다. 그래서 안거기간 중에 최대로 움직일
수 있는 동선을 소임자가 나와서 알려주었다.
　큰 스크린에 빔프로젝터를 활용하여 미얀마, 영어, 중국어로 프레젠
테이션한다. 이곳은 상좌부불교의 전통을 세계에서 가장 잘 보존하여
그대로 실천하고 있는 부처님의 정법이 살아 있는 곳임에도 시스템은
매우 훌륭하고 스님들도 훌륭하시다. 계행과 수행이 높아 옆에 있어도
감화를 받는 느낌을 받는다.

　공양 때마다 남은 반찬과 밥을 꾸띠 바깥에 던져두면 닭들이 모여 들
어 먹는다. 짐승들에게 먹이를 주는 행위는 하지 못하게 되어 있지만
그냥 버리기도 아깝고 쳐다보는 닭들의 눈망울도 보기 민망하여 먹이
로 주곤 하였다. 이것이 습관이 되니 닭들도 이제는 아예 방문 앞으로
다가온다. 먹이를 주지 않으면 방문을 부리로 쪼아댄다. 그러면 주지 않
겠다고 마음을 먹었다가 안쓰러운 마음이 생겨 주곤 하였다. 그런데 어
제 이곳의 한 노장스님이 내가 닭에게 먹이를 주는 것을 보신 모양이
다. 오늘 점심공양을 받아 오는 데에 상좌부 스님 한 분이 그 이야기
를 하시면서 먹이를 주지 말라고 하였다. 얼굴이 화끈 달아올랐다. 그래
서 오늘은 아예 내 꾸띠의 문을 일찍 닫아걸고는 닭들을 모른 척하였
다. 닭들과 눈을 마주치지 않기 위해서다. 아마도 며칠간은 습관처럼 그
들은 나를 기다릴 것이다. 하지 말 것을….

▌궁즉통(窮卽通)

> 지혜 있는 이는 이 뜻을 잘 알아
> 경전과 계율을 지니고 닦아
> 부지런히 수행하여 마음을 맑혀
> 일체의 괴로움을 모두 다 벗어난다 - 법구경

이곳의 우기는 3개월로 7월부터 9월까지 거의 햇볕보기가 힘들다. 빨래를 해도 말리기 어려우므로 자주 할 수가 없다. 그리고 습기가 많아 옷이나 전자제품에 곰팡이가 핀다. 어쩌다 빨래를 해 널어도 마르지 않아 곤란하다.

그래서 머리를 쓴 것이 전기담요다. 전기담요를 켜놓고 반쯤 마른 빨래를 전기담요에 깔아 놓고 온도를 높이면 된다. 스위치를 켜놓고 명상홀에서 좌선을 하고 돌아오면 어느 정도 말라있다. 저녁 무렵이면 뽀송뽀송하게 마른다. 마른 빨래를 보면 기분이 좋다.

궁즉통, 궁하면 통한다고 하였는데 미얀마에서도 이 진리가 통하는 것 같다. 습기가 많다보니 전기 제품, 예를 들어 mp3, pmp, 노트북 등은 습기가 차서 고장이 나기 쉽다. 그래서 개폐가 용이한 비닐 팩 속에 넣어두고 써야 습기로 인한 고장을 막을 수 있고 노트북과 같이 크기가 큰 것은 매일 전기장판 위에 놓고 말려야 문제가 없다.

■ 장례식

삼 연 화 합 三緣和合	세 인연[부정 모혈 아업]이 화합하여
잠 시 성 유 暫時成有	잠시 동안 머물다가
사 대 이 산 四大離散	지·수·화·풍 사대가 흩어지니
홀 득 환 공 忽得還空	홀연히 공으로 돌아가네.
기 년 유 어 환 해 幾年遊於幻海	몇 년이나 미혹의 바다에서 헤메었는가
금 조 탈 각 今朝脫却	오늘아침 육신을 벗고 보니
경 쾌 여 봉 慶快如蓬	경쾌함이 봉래산과 같도다
대 중 차 도 大衆且道	대중들아! 다시 일러보아라!
모 령 향 십 마 처 거 某靈向什麼處去	죽은 이는 어느 곳으로 갔는고.
목 마 도 기 번 일 전 木馬倒騎飜一轉	목마가 거꾸러져 한번 구르고 일어나 달리니
대 홍 염 리 방 한 풍 大紅焰裡放寒風	타오르는 불꽃 속에서 찬바람이 이는구나!

- 석문의범 하화편

　오늘은 아랫절에서 사시던 스님이 돌아가셨다. 세수 76세에 법랍이 41년 되신 상좌부 사미스님이라고 한다. 지키지 못할 비구계를 받아 마음의 짐이 되기보다는 사미계만 지키겠다는 것이 이유다.

　이 분은 아랫절의 창건주였는데, 파아옥 명상센터가 세상에 알려져서 찾아오는 사람이 많아지자 아랫절을 파아옥 사야도에게 보시하셨다고

한다. 점심공양을 마치신 후에 넘어지셨는데 그대로 입적하시었다고 한
다. 돌아가신 모습이 편안해 보였다.

이곳도 스님이 돌아가시면 화장을 한다. 장례식은 기거하시던 꾸띠
(오두막)에서 신도들과 스님들이 모여서 경전을 암송한 후에 시신을 차
에 모시고 화장터로 옮긴다. 화장터까지의 거리는 약 400여 미터 정도
되는데 작은 트럭 범퍼 양쪽에 밧줄을 연결시켜서 사람들이 이 밧줄을
끌면서 이동한다. 밧줄의 길이만 100미터 정도 되어 보였다.

앞에는 스님들이 서고 밧줄을 잡아끄는 재가자들은 그 뒤를 따라간
다. 넓은 공터에 있는 화장터에는 1미터 정도 마른 장작을 쌓아놓고 그
위에 시신을 안치하고 불을 붙인다. 불길이 치솟는 하늘 위로는 흰 천
으로 차일이 쳐진다. 대나무 4개를 동서남북사방에 세우고 끝에다 흰
천으로 지붕을 만들었다. 높이는 6미터 정도 되는데 흔들리는 모습이
우리나라의 상여 지붕을 장식하는 차일과 같다.
참석자는 대부분 스님들로, 마지막 가시는 분의 얼굴을 보기 위하여
모여든다. 그러나 실상은 시신을 보며 무상을 체험하고 혐오감 수행을
하려고 온 것이다. 이러한 수행을 빠알리어로 아수바라 한다. 아수바는
혐오감이라는 뜻이다.

한국 남자수행자 8명 중에 6명이 참석하였다. 모두 오후명상을 하지
않고 온 것이다. 아마도 같은 심정이었으리라. 이곳도 화장이 끝난 후에
는 뼈 가루를 아무 곳에나 뿌린다고 한다. 그런데 절의 창건주라 그러
한지 요번에는 탑을 만들어 안치한다고 하였다. 오후 1시에 다비식을

시작하여 저녁 늦게까지 진행한다고 해서 나는 일찍 돌아와 오후 3시부터 2시간 자리에 앉았다. 장례식 때문인지 명상홀에는 10여 명의 수행자들이 있었는데 명상을 마치는 종소리에 눈을 떠보니 많은 사람들이 돌아와 명상을 하고 있었다.

○ 안거

빠알리어로 '와사'라고 합니다. 비의 계절, 우기(雨期)를 뜻하는 말입니다. 인도와 같은 남방에서는 거의 매일 비가 오는 몬순계절에 수행자들이 외출을 금하고 한 곳에 정착하여 좌선과 학습에 전념하는 것을 말하는 것입니다. 안거기간은 대개 여름우기 석 달 동안이며, 지방에 따라 그 시기는 달라집니다. 우안거(雨安居)는 석가모니 생존 당시부터 교단의 관습으로 이어져 온 것입니다. 빠알리어 율장의 하나인 마하왁가[대품]에는 부처님께서 우안거를 제정하게 된 배경을 다음과 같이 묘사하고 있습니다.

어느 때 세존께서는 라자가하의 벨루 숲에 있는 칼란다카니바파 동산에서 지내셨다. 그때 세존께서는 아직 우기의 안거를 규정하지 않으셨다. 그리하여 비구들은 겨울에도, 여름에도 그리고 우기에도 늘 유행(遊行)을 다니고 있었다. 이를 본 사람들이 못마땅하게 여기고 불평했다.

"어찌하여 저 샤키야족 성자의 제자들은 겨울에도, 여름에도 그리고 우기에도 늘 유행을 다니는가? 그들은 푸른 풀들을 짓밟고, 감관이 하나뿐인 생명들을 죽이고 많은 미세한 목숨들을 빼앗지 않는가? 실로 외도들은 그 교법은 잘못 설해져 있어도 우안거를 행하지 않는가? 나무 끝에 집을 짓고 사는 새들도 우안거를 행하고 있는데, 어찌하여 저 샤키야족 성자의 제자들은 겨울에도, 여름에도 그리고 우기에도 늘 유행을 다니면서 푸른 풀들을 짓밟고, 감관이 하나뿐인 생명을 죽이고, 많은 미세한 목숨들을 빼앗는가?"

비구들은 사람들이 이렇게 불평하는 소리를 듣고 그 사정을 세존께 아뢰었다. 이에 세존께서는 이러한 상황을 고려하여 안거를 행하라 하셨다.

[마하왁가2, 130쪽, 1998, 최봉수 옮김, 시공사]

　우리나라 사찰에서는 지금도 여름과 겨울, 각각 3달씩 하안거와 동안거를 합니다. 만약 미얀마에서 "당신은 안거가 어떻게 됩니까?" 하고 물으면 비록 하안거와 동안거 두 번을 지냈더라도 "한 번입니다."라고 대답해야 한다. 우안거밖에 없는 나라이므로 1안거를 법랍 1년으로 알고 있기 때문입니다.

▌ 사선정을 마치며

> 처자의 애정에만 집착하여
> 덧없는 노병사를 생각지 않으면
> 죽음의 사자가 졸지에 닥쳐와
> 홍수가 잠자고 있는 마을을 쓸어가듯 하리라 —법구경

한국에서 출발하면서 적어도 네 번째 선정인 사선정까지는 마치고 돌아오겠다던 목표가 오늘 이루어졌다. 사선정은 고요와 평온, 평정심으로 대표할 수 있는데 초선, 이선, 삼선, 사선 중에서 가장 고요하고 평온한 선정이다.

세 번째 선정인 삼선정이 미소를 머금은 평온한 휴식이라고 정의한다면 사선은 고요와 평온이라 정의할 수 있을 듯하다. 호흡도 따라서 가장 미세하다. 청정도론에는 사선정에 들면 호흡이 완전히 멈춘다고 되어 있다. 그런데 나의 경우는 집중이 매우 커지는 경우에 숨이 완전히 멈추는 경험을 몇 번 하였고, 그 이외에는 아주 미세한 호흡하에 있었던 것이 대부분이다. 선정에 들면 사실 숨이 있는지조차 모른다. 이런 경우는 호흡이 있는지 없는지 다만 빛과 함께 하는 경우로 고요함과 순일함 그 자체가 된다.

이곳에 온 지도 벌써 주말이면 4달이 된다. 1년을 예정하고 왔는데 7개월 정도 남은 셈이다. 이러다가는 위빳사나도 못 배우고 **사마타**만 배우고 가는 것은 아닌지 걱정이다. 그래서 지도하시는 레와따 스님에게

편지를 썼다. 사선정이 끝나면 다른 형태의 사마타 수행을 하지 않고 위빳사나를 배웠으면 한다는 내용이다.

즉 색계 사선정이 끝나면 무색계 사선정을 10개의 **까시나**를 통해 익혀야 하는데 무색계 선정을 닦지 않고 위빳사나를 배우고 싶다고 한 것이다. **무색계 선정**을 닦으면 마음집중력이 높아지고 죽어서 무색계 하늘에 태어날 가능성이 있으며, 멸진정에 들 수 있는 전제조건 중의 하나를 배울 수 있다는 장점은 있다.

하지만 나는 하늘에 태어남도 원치 않고 멸진정에 드는 것도 원치 않는다. 다만 바로 이번 생에 고통이 소멸하는 것을 원한다. 그래서 편지를 써서 보여 드린 것이다. 굳이 말로 하여도 되지만 나의 간절한 마음을 더욱 잘 표현하기 위해서였다.

우 레와따 스님께서는 편지를 읽어보시고 나를 한번 뚫어지게 쳐다보시더니 흔쾌히 OK! 하셨다. 드디어 **위빳사나다**.

■ 어머니의 손

> 이 일에는 아들딸도 믿을 수 없고
> 부모형제 또한 믿을 것 없나니
> 죽음에 다다라 핍박을 받을 적에
> 나를 구함이 그 누구이랴 -법구경

　오늘은 **사대수행**을 하였습니다. 사대란 인간을 구성하는 궁극적인 물질 중 4가지 요소로 지·수·화·풍[地·水·火·風]을 말합니다. 내 몸이 이러한 네 가지 요소로 구성되어 있다는 것을 알고 보는 것입니다. 이 수행을 하면 근접삼매까지 갈 수 있습니다. 사대수행을 통해 본 삼매에 근접하면 마음집중으로 인한 빛이 뜹니다. 이 빛에 마음을 집중하면 물질을 구성하는 단위인 원자나 분자에 해당하는 소립자[깔라파]를 볼 수 있습니다. 이 깔라파는 찰라생하고 찰라적으로 멸합니다. 이 깔라파를 통해 내 몸의 궁극적 실재인 물질을 보게 되는 것입니다.

　이 사대요소는 다시 12가지로 세분됩니다. 그 중에 거침(roughness)의 특성이 있습니다. 거침은 땅의 특징 중의 하나로 온몸에서 이 특성을 알아차려야 합니다. 혀를 윗입술에 문질러 보면 거친 감각을 체험할 수 있습니다. 손등을 팔뚝에 문질러 볼 때 그 느낌을 거침이라고 취합니다. 그러나 나에게는 그 거침이라는 것이 그렇게 하여도 최근 3일간 명확치 않았습니다. 그런데 오늘 아침 수행 중에 어머니의 손이 등허리를 긁어줄 때의 느낌이 거침이라는 생각이 번쩍 들었습니다.

그렇습니다. 저의 어머니는 평생 고생을 많이 하셔서 손가락 마디도 굵고 손 관리를 할 시간이 없으셔서 마치 가마니 표면과 같은 손을 갖고 계십니다. 그런 손으로 등을 긁으니 얼마나 시원하였겠습니까? 그때는 몰랐습니다. 그것이 고생의 표상인 줄을…. 눈물이 흐릅니다. 이 귀중한 시간, 명상에 집중해야 한다는 이성의 소리가 내면으로부터 나오지만 눈물을 막지 못합니다. 소리 없는 눈물이 뜨겁습니다. 모두가 눈을 감고 수행 중이라 창피함은 없지만 목구멍에서 치밀어 오르는 뜨거움을 참기 어려워 하마터면 소리를 낼 뻔하였습니다.

때마침 명상을 마치는 종이 울려서 부처님께 절을 올리는 것처럼 엎드려서 눈물을 닦았습니다. 어머니. 어머니…. 평생 무거운 업을 안으신 채 고생만 하신 어머니. 다시 태어나지 않았으면 좋겠다는 말씀을 넋두리처럼 하신 어머니. 공부를 하다 보니 어머니께서 원하시는 것이 바로 열반이라는 것을 알았습니다. 도과를 성취해야 가능하다는 것도 알았습니다.

나도 그것을 갈구하기에 이 먼 미얀마까지 온 것이지만…. 아직 어머니는 그것을 원하기만 하셨지 어찌해야 된다는 것은 모르고 계십니다. 돌아가면 이 수행의 힘으로 어머니부터 영향이 미치었으면 합니다.

행복하시길… 편안하시길… 그리고 다시 태어나지 않는 빠리닙바나를 체험하시길….

○ 사대수행[1]

사대수행은 위빳사나 수행의 첫 관문이지만 위빳사나 수행은 아닙니다. 왜냐하면 진정한 위빳사나는 궁극적 실재를 보면서 하는 것이기 때문입니다. 즉 사대수행은 위빳사나 수행을 하기 위한 필요조건입니다.

사대수행을 하면 이 몸이 지수화풍이라는 네 가지 큰 요소로 구성되어 있다는 것을 알 수 있습니다. 그리고 사대수행의 마지막 단계에 수행자는 마음의 집중력으로 인한 빛을 보게 될 것입니다. 이 빛에 마음을 집중하면 내 몸을 구성하는 가장 작은 단위인 원자나 분자에 해당하는 물질의 아원자 입자를 볼 수 있습니다. 이것을 깔라파라고 합니다. 이 깔라파는 18가지 구체적인 물질과 10가지의 추상적인 물질로 구성되어 있습니다. 그래서 하나의 빛의 알갱이 [깔라파]를 이렇게 구체적으로 쪼개어 볼 수 있어야 합니다. 만약 이 28가지를 볼 수 있다면 물질의 궁극적 실재[眞諦]를 본 것입니다. 즉 내 몸의 궁극적 실재를 본 것입니다. 이 궁극적 실재의 현상을 보면서 무상, 고, 무아를 수관한다면 이때부터가 물질에 관한 위빳사나를 하고 있다고 말할 수 있습니다.

이런 식으로 마음의 궁극적 실재, 마음부수의 궁극적 실재를 먼저 보고, 이를 가지고 위빳사나를 하는 것이 아비담마와 청정도론에서 정의한 위빳사나입니다. 만약 개념[관념]과 궁극적 실재를 분리하여 구분하지 않고서, 일어나는 모든 것에 대해 명상하는 것은 위빳사나의 방법이 아닙니다. 즉 개념[빤냐띠]은 위빳사나의 대상이 될 수 없고, 궁극적 실재만이 위빳사나의 대상이 되기 때문입니다.

○ 궁극적 실재
    궁극적 실재를 빠알리어로 빠라맛타(paramatta, 구경법)라고 하고, 한자로는 승의(勝義) 혹은 진제(眞諦)라고 합니다. 반대의 개념으로 속제(俗諦)가 있는데 세간에서 통용되는 진리를 뜻합니다.

    아비담마에 의하면 존재에는 두 가지가 있는데, 인습적인 존재와 궁극적인 존재가 있다고 합니다. 인습적인 것은 보통의 개념적인 생각들과 표현들입니다. 예를 들면 남자, 여자, 산, 나무, 집과 같은 개념들을 말하지요. 이러한 것들은 궁극적 확실성을 가지고 있지 않습니다. 궁극적인 것들이 모여서 이루어진 것들을 편의상 위와 같은 이름(개념)으로 부르고 있을 뿐입니다.

    궁극적인 것은 이와는 반대로 최종적인 것이요, 더 이상 분해할 수 없는 존재의 최소구성단위입니다. 이것을 불교에서는 담마(dhamma, 法) 혹은 다르마라고 합니다. 이러한 궁극적인 것들은 더 이상 분해되지 않는 실재입니다.

    예를 들면 '사람' '남자' '아파트' 등은 인습적인 것이지 구극의 단위가 아닙니다. '사람'이란 지·수·화·풍의 사대와 그에서 파생된 물질인 눈·귀·코·혀·몸 등과 마음, 이 마음과 같이 일어나는 여러 가지 정신작용[마음부수]들이라는 최소단위들이 모여서 이루어져 있기 때문입니다. 그러나 '사람'을 구성하고 있는 땅의 요소나 물의 요소, 느낌, 의도, 인식 등은 더 이상 분해되지 않는 궁극적 실재입니다.

그래서 위빳사나를 하려면 다음 세 가지 궁극적 실재를 보아야 합니다.

첫째, 물질(Rupa, 色), 여기에는 18가지 구체적인 물질이 있습니다.

둘째, 마음(Citta, 心), 마음은 단지 '대상을 아는 것'으로 한 가지입니다.

셋째, 마음부수(Cetasika, 心所), 마음부수는 마음과 함께 일어나서는 함께 멸하는 정신기능으로서 52가지가 있습니다.

이러한 개념들은 매우 어렵습니다. 그러나 이러한 것들을 모른다면 부처님의 가르침은 관념적인 것이 되고, 아는 것 같지만 표현하지 못하는 불교가 됩니다.

■ 항상 돌아보세요

어진 마음으로 배우기 즐겨하고
바른 마음으로 행동을 하여
정의와 지혜를 항상 닦으며
이것이 도를 행하는 삶이다 - 법구경

한국에서 온 스님 중에 리더의 역할을 많이 해 보신 선방수좌가 이곳
에서 수행 중이시다. 이 스님은 외부활동 못지않게 선방생활도 많이 하
신 스님으로 법랍이 10여년 된다. 오후 수행을 마치고 명상홀에서 나와
보니 재가신도들이 스님들께 생강차를 공양올리고 있어 준비된 의자에
앉았다. 그때 이 스님이 옆자리에 앉으시면서 "스님! 표정관리를 좀 하
소." 하신다. 사선정을 마치기 전의 내 모습과 사선정에 든 후에 내 모
습이 달라졌다는 것이다. 걸음도 빨리 걷고 웃음도 많아졌다는 것이다.
자칫하면 함께 공부하는 도반스님들이 오해할 수 있으니 조심하라는
것이다. 건방지다고 생각할 수 있다는 것이다. 사마타 수행을 기본으로
하는 수행터에서 의도한 것은 아니지만 나의 이러한 변화가 다른 수행
자의 마음을 흔들어 놓을 수 있겠다는 생각이 든다.

사마타 수행은 내부로 깊이 침잠하여 흔들림 없이 머물러야 한다. 그
런데 우리의 생각은 보면 보는 대로 들으면 듣는 대로 생각이 떠오르기
마련이다. 특히 행동범위가 좁은 수행터에서 서로에게 미치는 영향은
크다. 만약 수행을 같이 시작하였는데 어느 한 사람이 먼저 수행의 진
보가 있게 되면 나머지 사람은 큰 영향을 받는다. 이곳은 현재 내가 가

장 늦게 출발한 수행자인데 어떻게 하다 보니 선배 수행자보다 먼저 선정에 들어 사선정을 끝내었으니 이런 피드백은 당연한 것이다. 미처 생각지 못했던 일이다.

　늦게 수행을 시작한 수행자가 진도를 앞서 나가면 여러 가지 생각이 들 수 있다는 것을 고려하지 못하였다. 잘 지적해주셨다. 조심하고, 조심할 일이다. 이 스님 왈 "이제 스님은 웃지도 말고, 뭘 물어도 대중 앞에서는 모릅니다 하고 대답하십시오." 그리고 개인적으로 찾아오면 친절하게 가르쳐 주라는 코치도 해주신다. 스승이 따로 없다. 함께 하는 모든 이가 다 스승이다. 사두! 사두! 사두!

▌큰 사야도 돌아오신 날

> 마음에 때 없기를 언제나 생각하고
> 일마다 번뇌에 젖지 않으며
> 더 구할 것이 없는 자리, 거기 이르면
> 이를 일러 범지라 하네 - 법구경

파아옥 사야도가 해외 출장을 마치고 돌아오시는 날이다. 약 4개월간의 해외일정을 마치고 돌아오시는 날인데 사람들의 준비가 남다르다. 벌써 며칠 전부터 경내의 잡초를 제거하고 각 계단의 이끼를 제거하며 사야도 기거하시는 건물 주변에 잡초를 제거한다. 모두가 분주해 보인다. 일말의 긴장감이 돈다. 오늘은 앞 꾸띠(오두막)에 살고 계시는 노장 스님이 꾸띠 주변을 청소하신다. 그것을 보고 나도 내 꾸띠 주위를 청소하였다. 무엇이 이러한 차이를 만드는가? 무엇이 사람들을 움직이게 하는가? 주인이 돌아오기 때문일 것이다. 주인은 곧 주인공 아닌가? 경내에 감도는 일말의 긴장감이 외부의 객인 나에게도 전해지고 있다.

사야도가 오시면 나도 사야도에게 인터뷰를 해야 한다. 외국인은 모두 사야도께서 인터뷰를 하시기 때문이다. 그런데 처음 그분을 만나 뵙고 인사를 드릴 때, 나는 그분의 발음을 잘 알아듣지 못하였다. 영어로 인터뷰를 하시는데 알아듣기 힘들었다. 가능하면 현재 지도스님인 레와따 스님에게 계속 인터뷰를 부탁드려야겠다.

■ 한국에서 온 소포

願我所受香味觸
원 아 소 수 향 미 촉
원컨대 맛좋고 향기로운 음식을 받은 바

不住我身出毛孔
부 주 아 신 출 모 공
내 몸에 머물지 않고 털구멍으로 나와서

邊入法界衆生身
변 입 법 계 중 생 신
널리 법계의 중생의 몸에 들어가

等同法藥除煩惱
등 동 법 약 제 번 뇌
모두 같이 법의 약이 되어 번뇌를 제거하고

施者受者俱獲五常
시 자 수 자 구 획 오 상
베푼 자나 받는 이가 다 열반을 얻고

色力命安及無礙辯
색 력 명 안 급 무 애 변
몸은 힘이 있고 생활은 안락하며 걸림이 없는
변재를 얻게 하여 지이다 - 식당작법 회향게

오늘은 한국에서 소포를 받았다. 사가의 가족들이 보내준 것으로 김치, 마른 김, 땅콩과 라면, 일회용 햇반과 흑미밥이 각 한 개씩, 물만 넣고 끓이면 되는 국, 그리고 지퍼가 달린 밀봉이 가능한 비닐봉투가 들어 있었다.

지난달 말일자로 이곳에 온 지 꼭 4개월이 되었다. 처음에는 이렇게 편하게 수행만 하는 사람이 '무슨 염치가 있어 반찬 부탁을 할까'라는 생각이 있었다. 그러나 선정수행을 할 때 한 번 앉으면 4시간씩 아침과 저녁으로 계속해서 밀어붙이니 체력이 급속도로 떨어진다. 몸에서 이상 신호가 온다.

체력 떨어지는 것이 피부로 느껴지니 안 되겠다 싶어 급히 편지로 도

움을 요청하였다. 이곳의 식단은 철저한 채식위주다. 미얀마 음식 특성
상 기름을 많이 넣고 볶은 야채들이 반찬의 대부분으로 맵고 짠맛에 길
들여진 한국인의 입맛에는 그리 적합하지 않다. 특히 입이 짧은 나 같
은 경우는 고생을 많이 한다. 돌이켜보면 지난 4개월은 참으로 잘 버티
었다.

다행히 선정수행도 무사히 끝나고 소포도 적시에 배달되어 이제 한
달간은 에너지 걱정 없이 버틸 수 있겠지. 이곳의 식사는 아침에는 흰
쌀죽이 한 컵씩 나오는데 간혹 국수나 빵이 나오는 경우도 있다. 보통
아침 5시 30분경에 15분 정도 떨어져 있는 공양간으로 이동하여 탁발
을 한다. 명상센터 내에서 탁발을 하는 것이다. 재가자들이 직접 준비해
오거나 혹은 돈을 주면 이곳 센터에서 음식을 만들어 놓으면 스님들께
공양을 올리는 것은 시주자가 직접 올린다.

점심은 오전 10시경에 밥을 먹는다. 스님들은 모두 조그마한 단지 모
양의 둥그런 발우에 밥이며 국이며, 반찬을 한꺼번에 받는다. 공양간에
서 먹어도 되고 자기 꾸띠에 와서 먹어도 된다. 대부분의 한국스님들은
개인 꾸띠에서 먹는데 고추장이며, 된장을 보관해 놓고 그를 반찬삼아
먹는다. 이곳 생활에 적응을 잘하는 어떤 한국스님은 기름기가 많은 채
소를 받아서 된장을 넣고 직접 찌개를 끓여 먹는단다. 먹어본 적이 없
어 맛은 어떤지 모르겠다.

소포를 풀어보니 포장박스에서 김치냄새가 많이 난다. 다른 물건들에
김치냄새가 다 배었다. 이곳은 저녁을 먹지 않는 오후불식이므로 숙소

에 음식보관을 못한다. 그래서 상좌부 스님들은 아예 엄두를 내지 않는다. 대승불교 스님들은 그래도 마른 새우나, 아몬드 같은 땅콩을 드시거나 아주 일부 스님들은 간간히 밤에 라면을 끓여 드시기도 한다.

그러나 이러한 사항은 다른 수행자에게 영향을 미치므로 먹는다고 이야기하지도 않고 알아도 모른 척한다. 설혹 반찬이 남아있어도 권하기 어렵다. 상좌부 비구스님들의 경우 음식을 받아놓고 먹지 않은 채 하루 이상 보관하면 범계에 해당한다. 그러니 남는 반찬이라 하여 선심 쓰듯 권해도 받으려 하지 않는데 이를 잘 모르면 오해하기 쉽다.

한번은 한국에서 오신 스님이 고추장과 된장을 잔뜩 사 오셔서 한국 상좌부 스님들에게 한 통씩 나눠 주었는데 모두 받지 않았다. 왜냐하면 간장 등과 같은 음식물도 7일 이상 보관하면 계율에 위배되기 때문이다. 넉넉한 마음으로 준비하신 물건이 고스란히 남았다. 그때는 나도 상좌부 계를 받지 않고 있었던 터였으므로 넉넉하게 챙겼다.

아무튼 보내준 김치의 맛은 기막히게 좋은데 보관이 어렵다. 그래서 조금만 남겨 놓고 아랫절의 비구니 스님에게 보내어 대중공양을 부탁드렸다. 보내온 햇반은 데우지도 않고 뜯어 그 자리에서 김치를 반찬삼아 먹었는데 맛있어서 눈물이 다 날 지경이었다. 음식을 먹을 때는 다만 몸의 마름을 치유하고 법을 구할 것만 생각한다는 게송을 아침저녁으로 암송하지만 이 순간의 행복감은 어쩔 수 없다. 멀리 무더운 미얀마 하늘 아래서 먹는 김치 맛! 오랫동안 기억이 날 듯하다.

○ 사대수행[2]

사대수행은 이 몸이 지·수·화·풍이라는 네 가지 큰 요소로 구성되어 있다는 것을 알고 보는 수행입니다. 딱딱하고, 거칠고, 무겁고, 부드럽고, 매끄럽고, 가벼운 성질은 땅의 요소입니다. 흐르고 응집하는 성질은 물의 요소입니다. 뜨겁고 차가운 성질은 불의 요소, 지탱하고 밀어내는 성질(움직임)은 바람의 요소라 합니다. 모두 12가지로 나누어 볼 수 있습니다.

온몸에서 처음에는 12가지 요소를 하나하나씩 머리에서 발끝까지 관찰합니다. 나중에는 12개 요소 모두를 1분에 3회 정도 관찰할 수 있을 때까지 반복적으로 알아차림을 하는 수행을 합니다. 대개 이 정도면 마음의 빛이 뜹니다. 회색빛에서 집중이 좋아지면 흰색으로 바뀝니다. 아주 집중이 좋아지면 물처럼 투명해집니다. 물처럼 혹은 수정처럼 맑고 투명해지지 않았으면 6가지 땅의 요소, 2가지 물의 요소, 2가지 불의 요소, 2가지 바람의 요소를 한꺼번에 식별하여야 합니다.

즉 6가지 땅의 요소를 한 번에 가장 두드러진 현상은 놓치지 않고 가능하면 6가지 모두를 알아차리되 희미한 요소는 버립니다. 하지만 적어도 땅의 요소의 특징으로 딱딱하고 거친 요소는 반드시 관찰하여야 합니다. 다른 요소들은 모두 한 번에 관찰할 수 있도록 반복수행합니다. 이때는 의식을 머리에서 발끝으로 옮기는 것이 아니라 머리 끝 혹은 뒷목덜미(뒷어깨부분)에서 마치 비스듬히 내려

보는 것처럼 온몸을 한 번에 관찰합니다. 이때 알아차림의 대상부위에서 머리는 제외하여야 합니다. 만약 머리도 포함하여 관찰하면 두통이 생길 수도 있기 때문입니다.

이 단계까지 오면 대개는 빛이 투명해집니다. 이 투명한 빛을 가만히 응시하면 작은 입자들이 분포되어 있는 것이 보입니다. 이 입자들 사이를 뚫고 지나간다는 느낌으로 마음을 집중하면 작은 입자들로 쪼개어집니다. 이 좁쌀보다 작은 입자들이 깔라파입니다. 그런데 관찰을 하다보면 조금은 굵거나 큰 입자들이 보이는데 이것들은 깔라파가 아닙니다.

이때는 그것을 보면서 온몸의 사대를 관찰하면 그 덩어리가 보다 작은 입자[깔라파]로 쪼개어집니다. 깔라파는 물질의 덩어리를 의미합니다. 하지만 이것도 궁극적 실재(빠라맛타)는 아닙니다.

왜냐하면 이 하나의 깔라파는 사대요소와 감성기능, 심장요소, 생명기능, 남여를 구분 짓는 성의 요소와 영양소들로 구성되어 있을 수 있습니다. 이 구성요소들이 궁극적 실재입니다. 수행자는 이러한 구성요소를 구분하여야 합니다. 그래야만 이 내 몸의 궁극적 실재를 보고, 이것들의 생멸 속에서 무상, 고, 무아의 통찰지가 생기기 때문입니다. 사대명상에서는 하나의 깔라파에서 사대요소가 무엇인지까지만 구분합니다. 이 이외의 것을 구분하고 보는 것은 물질을 의미하는 루빠(rūpa, 色)명상에서 합니다.

▌ 무르익은 과일은 떨어지게 마련이다

> 저 위화사(衛華師) 풀잎이
> 익으면 스스로 떨어지듯이
> 음욕과 성냄과 어리석음 녹으면
> 생사의 문제가 스스로 해결되리라 - 법구경

생멸하는 소립자[깔라파]에서 사대요소 12 특성 중 8가지를 보았다. 매우 빠르게 생멸하는 깔라파에서 사대요소를 구분하기란 매우 어렵다. 고도의 집중과 통찰력이 필요하다. 번쩍하는 순간에 눈앞에서 생멸하는 깔라파의 성질을 통찰적 안목으로 이해하여야 한다. 칠판지우개를 햇빛이 드는 창가에서 털면 자욱한 먼지 입자들을 볼 수 있다. 이와 흡사하다. 다른 점은 이 하나 하나의 입자들이 생멸한다는 것이다. 빠르게 생멸하는 수많은 입자 가운데 하나를 주목하고 그 입자 속에서 사대의 특징을 관찰해야 한다. 장시간 집중하고 있으면 눈물이 난다. 집중하려는 노력 때문에 눈동자가 뻑뻑해서 울고, 보이지 않아 울고, 보여도 알아보지 못해서 운다.

나만 그런가 했더니 다른 선배수행자들도 그랬다고 한다. 눈 한번 깜박이는 사이에 모든 것이 지나간다. 순간을 놓치면 본질에 대한 통찰지가 생기지 않는다. 나의 의지대로 되는 것이 아니다. 0.001초보다도 빠르게 나타나서는 사라진다.

찰라간에 이것은 투명하고, 저것은 불투명하다고 결정해야 한다. 그리고 그 것들 속에서 대표적인 지·수·화·풍의 사대요소 8가지 특성을 식별해야 한다. 통찰적 지혜와 바라밀이 필요하다.

예를 들면 땅의 요소 중에 '거침'이라는 특징이 있다. 몸에서 이 특성을 관찰할 수는 있다. 그런데 어떻게 이 특성을 생멸하는 작은 입자들속에서 구분할 수 있다는 말인가. 답답하다.

그러나 오늘 생멸하는 입자 속에서 그 특징을 보았다. 몸에서 관찰하는 것과 똑같은 느낌으로 구분할 수 있었다. 이럴 수가! 희한한 일이다! 온몸에 전율이 밀려온다. 다른 사람은 말해도 믿지 않을 것이다. 그러나수행은 거짓이 없다.

깔라파를 구성하는 궁극적 요소를 본 것이다. 마음집중을 바탕으로끝없이 반복된 수행의 결과다. 오늘의 성취도 불보살님께서 도와주셨다고 생각한다. 오늘 새롭게 부여받은 명상 주제를 명상종료를 알리는 종소리가 울리는 순간에 보았기 때문이다. 물의 특성인 흐름과 응집, 불의특성인 뜨거움, 바람의 요소인 지탱과 미는 특성을 본 것이다. 종소리가나는 그 순간에, 그리고 그 여운이 가시기 전에 확연히 보았다. 시작한지 5일째 되는 날이다. 수행에서 이러한 기연은 필연인가. 아니면 우연인가.

지난 4일간은 투명한 것과 불투명한 깔라파를 구분하기도 어려웠다. 눈앞에 생멸하는 분명한 현상이 있음에도 처음 경험하는 세계에서 이것이 그것이라고 확신하지 못하였다는 것이 정확한 표현이다. 오늘 이것을구분하는 요령과 설명을 다시 들었다. 안 만큼 보인다는 것이 맞는 듯하다. 의욕이 앞서서 너무 무리하게 집중하고 있어서인지 힘이 매우 든다.

"의도를 버리세요. 단지 몸에서 사대요소를 보는 명상만 열심히 하십시오. 그냥 몸에서 사대요소를 열심히 구분하다가 보면 그 특성이 자연스럽게 인식됩니다." 오늘 점심때 선배수행자가 해준 조언이다. 과연 그대로였다. 무르익으면 과일은 떨어지게 마련이다. 사두! 사두! 사두!

■ 안팎의 깔라파를 분석하면서 - 물질]

세상 모든 것은 덧없는 것들
일어나면 반드시 쇠하는 법
무릇 태어남이란 그대로 죽음의 길
이것을 뛰어넘는 즐거움을 찾자 - 법구경

깔라파는 지·수·화·풍의 네 가지 요소와 색깔, 맛, 냄새, 영양소, 생명
기능요소, 남성과 여성을 구분 짓는 성 요소, 그리고 눈, 귀, 코, 혀, 몸
투명요소와 심장 불투명요소로 구성되어 있다. 이 투명하고 불투명한
물질들이 생멸을 거듭한다. 이 생멸하는 현상들은 마치 우주 쇼를 보는
것과 같다. 어떤 수행자는 전쟁터 같다고 표현하기도 한다. 끊임없이 새
로이 생겨나는 모습과 사라져가는 모습에서 죽음을 떠올리게 된다. 그
순간 눈앞은 포연이 자욱한 전쟁터가 된다.

존재란 무엇인가? 이 깔라파처럼 여러 개의 요소들이 서로 결합되어
있어, 무엇인가 존재한다는 실체로 여겨지지만 진실은 '실체처럼 보여
지는 것'이다. 변하지 않는 실체가 일정시간 존재하는 것이 아니다. 단
지 요소들만의 결합으로 인한 생멸이 거듭하는 것뿐이다. 하나의 입자
가 옆의 입자에 부딪쳐 새로운 존재를 탄생케 하고 사라지는 모습에서
인간의 모습을 본다. 혼자서 존재할 수 없는 우리의 삶. 다른 사람에게
의존해 있는 우리의 모습, 그리고 영원할 것만 같은 이 몸과 마음이 지
금 이 순간에 이미 새로운 존재로 변화해 가는 것. 빛보다 빠른 변화.
수없이 번쩍이며 사라져 가는 것들…. 이러한 것들 속에서 무슨 안주함
이 있는가. - 오후 한 시 수행을 마치고 쓰다.

○ 사대요소 명상 : 12가지 특징을 관찰하는 방법

1. 움직임 관찰 : 숨 쉴 때, 머리 꼭대기(백회혈) 동전만한 지점에서 무엇인가 밀고 나가는 느낌, 혹은 공기와의 접촉감을 알아차린다. 무엇인가 움직임의 특징이 인식되면 마음속에 분명해질 때까지 집중한다. 다음은 백회혈에서 가까이 있는 다른 부분으로 옮겨가서 그곳에서 움직임을 찾는다. 이런 식으로 머리, 목, 몸통, 팔, 다리, 그리고 발에서 움직임을 관찰한다. 마음을 둔 곳이 어느 부분이던지 쉽게 움직임을 관찰할 수 있을 때까지 계속한다. 만약 머리 꼭대기 중앙에서 숨 등의 움직임을 관찰할 수 없다면, 숨을 쉼에 따라 가슴이 들고 나는 움직임이나 배의 움직임을 알아차린다. 이것도 분명하지 않으면, 심장이 뜀에 따라 맥박이 뛰는 것을 관찰하거나 다른 형태의 움직임을 관찰한다. 관찰하는 순서를 머리에서 발끝까지 정해서 빠지는 부분이 없도록 한다.

2. 단단함 관찰 : 이를 꽉 물면 아랫니와 윗니가 맞닿으면서 단단함을 느낄 수 있다. 꽉 문 이빨의 힘을 풀고서 단단함을 느낀다. 이것을 느낄 수 있다면, 온몸에서 단단함을 머리끝에서 발끝까지 체계적으로 관찰한다. 의도적으로 몸에 힘을 주면 안 된다. 온몸에서 단단함을 관찰할 수 있을 때, 다시 온몸에서 움직임을 찾는다. 이 2가지 움직임과 단단함을 교대로 관찰한다. 먼저 온몸에서 움직임을 관찰하고, 다음에 온몸에서 단단함을 관찰한다. 만족하게 될 때까지 이 과정을 수십 번 반복한다.

3. 거침 관찰 : 이빨의 가장자리를 혀로 문질러보거나 손으로 팔

의 피부를 쓰다듬으며 거침을 느낀다. 같은 느낌을 온몸에서 관찰한다. 느낄 수 없다면 다시 움직임과 단단함을 찾아보고 나서 거침을 관찰해도 된다. 거침을 식별할 수 있을 때 움직임, 단단함, 거침을 한 번에 하나씩 머리에서 발끝까지 관찰한다.

4. 무거움 관찰 : 무릎 위에 한 손을 다른 한 손 위에 포개고서 위에 얹은 손이 무겁다는 것을 느낀다. 고개를 숙이고서 머리의 무거움을 느낀다. 온몸에서 무거움을 관찰할 때까지 체계적으로 수행한다. 무거움을 분명히 인식할 수 있으면 움직임, 단단함, 거침, 무거움을 온몸에서 차례로 만족할 때까지 관찰한다.

5. 지탱하는 성질 관찰 : 등에 힘을 풀고서, 몸을 앞으로 굽혔다가 쭉 펴져 곧바로 세운다. 몸을 쭉 펴게 하고 세우는 힘이 지탱하는 성질이다. 머리부터 발끝까지 온몸에서 지탱하는 성질을 관찰할 수 있을 때까지 수행한다. 이것이 어려우면, 무거움과 함께 지탱하는 성질을 관찰하는 것이 더 쉬울 수 있다. 지탱하는 성질을 쉽게 관찰할 수 있게 되면 온몸에서 움직임, 단단함, 거침, 무거움, 지탱하는 성질을 관찰한다.

6. 부드러움 관찰 : 혀로 아래 입술의 안쪽을 누를 때 그 느낌이 부드러움이다. 몸에서 힘을 빼고서 온몸에서 부드러움을 찾을 때까지 수행한다. 이제 움직임, 단단함, 거침, 무거움, 지탱, 부드러움을 온몸에서 관찰한다.

7. 매끄러움 관찰 : 입술을 침으로 적신 후에, 혀로 입술을 좌우로 핥을 때의 미끄러지는 느낌이 매끄러움이다. 온몸에서 매끄러움을 관찰할 때까지 앞에서 설명한 것처럼 수행한다. 그리고 나서 온몸에서 7가지 특징을 관찰한다.

8. 가벼움 : 하나의 손가락을 위아래로 까닥거릴 때의 느낌이 가벼움이다. 느낄 수 없다면, 다시 무거움을 찾는다. 무거움이 온몸에서 느껴지면 다시 손가락을 위아래로 까닥거림으로써 가벼움을 느낀다. 온몸에서 가벼움을 느낄 수 있을 때까지 수행한다. 그리고 앞에서 설명한 것처럼 8가지 특징을 관찰한다.

9. 따뜻함 관찰 : 열기감을 관찰한다. 이제 9가지 특징을 식별한다.

10. 차가움 관찰 : 숨이 콧구멍으로 들어갈 때 차가움을 느껴본다. 그래서 온몸에서 체계적으로 차가움을 관찰한다. 이제 10가지 특징을 반복적으로 식별한다.

11. 응집성 관찰 : 팔뚝이나 손목을 다른 쪽 손으로 감싸 누를 때의 압박감이 응집성이다. 몸이 피부, 살 그리고 힘줄로 어떻게 연결되어 있는가를 알아야 한다. 풍선 속의 물처럼 피는 피부에 의해 유지되고 있다. 몸을 땅에 굳건히 박고 서 있도록 하는 중력도 또한 응집이다. 이것이 분명하지 않다면, 온몸에서 10가지 특징을 다시 한 번에 하나씩 관찰한다. 거기에 능숙하게 되었을 때 응집의 특징 또한 분명해질 것이다. 그리고 나서 마치 온몸이 밧줄에 감겨져 있는 것처럼 느낀다면 이것을 응집으로 안다.

12. 흐름 식별 : 입을 다물고 눈을 감고 조용히 있으면 이빨과 이빨 사이로 침의 흐름을 느낄 수 있다. 이것이 흐름이다. 혈관 속의 피의 흐름, 폐 속으로 들어가는 공기의 흐름, 온몸의 온기의 흐름을 관찰함으로써 흐름을 식별한다. 이것이 분명하지 않다면, 응집과 함께 뜨거움, 움직임을 함께 관찰한다. 그러면 흐름을 관찰할 수 있다. 전처럼 이것을 개발한다.

▌루빠[色, 물질]명상을 마치며

> 거품처럼 보라.
> 신기루처럼 보라.
> 이렇게 세상을 바라보는 이를
> 죽음의 왕은 찾아내지 못한다 - 법구경

고통은 집착에서 비롯된다. 나와 나의 것에 대한 집착 때문이다. 내 몸과 마음에 대한 집착 때문이다. 몸은 물질들로 구성되어 있다. 고통으로부터 벗어나려면 내 몸과 마음의 궁극적 실체를 보아야 한다. 내 몸의 궁극적 실체를 보는 것이 루빠(물질, 色) 명상이라 하는데 오늘 끝을 내었다.

어제와 오늘은 집중적으로 이 궁극적 물질들의 생멸을 육문[눈, 귀, 코, 혀, 몸, 심장]에서 보고 온몸 전체에서 한 번에 보는 수행을 하였다. 다른 사람들의 몸에서도 보는 수행을 하였다. 내 몸의 여섯 감각기관을 구성하는 물질들을 가만히 바라보고 있으면 그것들은 생멸한다. 매우 빠르게 생멸한다. 보고 있으면 허무함 때문에 눈물이 난다.

실체가 없는 것인 줄을 알면서도 보려고 다가가면 이미 사라진다. 보이기 때문에 있다고 생각하는 순간 이미 그것은 사라지고 없다. 한편에서는 사라지고 다른 한편에서는 생겨난다. 새롭게 나타나는 놈들은 나 보란 듯이 빛을 밝히지만 곧 사라진다. 어떤 놈은 내가 눈길을 주기도 전에 사라진다. 겨우 생겨나나보다 하는 순간에 사라지는 놈도 있다.

　밝은 빛을 발하던 놈도 자세히 볼라치면 어느덧 사라져 흔적도 없다. 생멸이 너무 빨라 육안으로 식별하기 어렵다. 집중된 명상의 힘과 통찰력이 필요하다. 서로 잘났다고 튀어 오르는 순간 사라진다. 수도 없이 생겨났다가는 사라진다. 서로 섞여서 서로가 부딪치면서 하나의 빛이라는 형상으로 보여지기도 하지만 들여다보면 아무것도 없다.

　잡으려 해도 잡을 수 없다. 생멸이 빠르기 때문에 잡을 수 없고, 현상만 있고 실체가 없기 때문에 잡을 수 없다. 나는 여태껏 이것을 잡으려고 몸부림쳐 왔다. 귀를 보면 귀는 없고 물질의 생멸만 있다. 몸을 보면 몸은 없고 물질의 생멸만 있다.

　이러한 모습에서 나의 지나온 삶이 클로즈업되고 우리 이웃들의 삶이 겹쳐져 보인다. 그리고 끊임없이 변화해 가는 모습에서 허무함이 느껴진다. 움켜쥐려는 욕망은 강한데 잡을 수 있는 것이 아니어서…. 눈물이 난다. 궁극적 실체를 보려고 집중해서 눈물이 난다. 물질의 궁극적 실체가 나에게 다가오는 모습이 덧없어서 눈물이 난다. 몸을 보지만 몸은 없고 생멸하는 물질만 있다. 흐르는 눈물 속에서도 물질들의 생멸은 계속된다.

　보기 싫어 외면을 해도 외면할 수가 없다. 누적된 명상의 힘으로 천지사방 어느 곳을 보아도 생멸만이 거듭될 뿐이다. 잠을 청하려고 누워도 보인다. 심지어는 눈을 뜨고 계단을 올라갈 때도 깔라파의 생멸이 보인다. 내 몸을 보아도 그렇고 남의 몸을 보아도 그러하다.

　다른 사람의 몸을 보기 위하여 눈을 감으면, 사람이 아니라 앞의 물질은 어떠한가 라는 생각이 자동으로 든다. 나도 없고 스님도 없고, 인간도 없고, 나비도 없고, 나무도 없고 돌도 없고 산도 없다. 오로지 끊임없이 변화해 가는 물질들의 생멸만 있을 뿐이다. 외부의 많은 것들은 무생물을 포함해서 기본적인 팔원소, 구원소 등으로 구성되어 그 물질들도 예외 없이 생멸을 거듭한다. 생명이 없는 돌 같은 것을 보면 하이얀 팔원소 깔라파들만 생멸할 뿐이다. 지도하시는 스님께서 이제는 어떠한 자세에서도 '물질, 물질' 하면서 '이것이 물질이다' '이것이 담마다'라는 것을 끊임없이 명상하라고 하신다.

　아침명상을 마치고 화장실에 다녀오는데 나비 한 마리가 갑자기 눈앞으로 지나간다. 순간적으로 '물질!' 하는 생각과 함께 '나는 사람이라는 형상으로, 너는 나비라는 형상으로 조건 지워진 존재!'라는 생각이 온몸을 감싼다. 궁극적인 실재는 모두 같다. 사람으로, 나비로 조건지워져 있을 뿐이다. 사람과 나비는 관념에 불과하다. 물질만이 존재한다. 실체는 없다. 다만 궁극적인 물질들로 조건지워져 그 조건이 해체되면 스러져간다. 이것이 실상이다. 그 겉모습, 육안으로 보이는 일반적인 모습은 멀쩡하게 존재하는 것 같지만 그 속에는 끊임없이 엄청난 속도로 생멸하는 궁극적 실재만이 존재한다.

　눈앞에 펼쳐지는 나무와 돌과 흙과 하늘과 바람과 구름과 물들이 모두 기본적인 궁극적 실재로서 하나이다. 다만 서로에게 의존해서 영향을 주고받으며 변화해 갈 뿐이다. 일순 걸음을 멈추었다. 그리고 명상홀에서 내 꾸띠로 내려오는 계단을 밟으며 이것도 역시 궁극적 실재의 생멸이 거듭되는 존재인데, 어디에 네가 있고, 어디에 나가 있으며, 어떻게 너와 나를 구분할 수 있나. 구분도 할 수 없는데 이렇게 조건지워진 존재들이 서로가 잘났다고 더 잘살아 보겠다고 경쟁하고 집착하고 있는 것이 가슴으로 들어온다.

최근 이틀간 명상시간에 눈물을 많이 흘려서 그런지 오늘은 오른쪽 가슴이 조금 뻐근하다. 눈이 많이 아프고 뻑뻑하다. 껌뻑일 때 눈이 거칠거칠하다. 물질의 궁극적 실재를 보면서 안과 밖, 너와 나, 생물과 무생물의 경계가 모두가 근본적인 물질들의 존재로 상호작용을 하며 끊임없이 변화해간다는 것을 이해하였다.

'인연에 따라 조건 지워진 존재들!'이라는 통찰을 주는 이 루빠수행! 참으로 대단하고 장하신 수행법이다. 참으로 훌륭하신 부처님의 가르침이시다. 통찰지를 얻을 때만이 수행의 힘은 커진다. 다음은 마음을 볼 차례이다.

오늘은 수행점검시간에 우 레와따 스님께서 계사스님에게 가서 다음 수행주제인 나마(정신)수행 매뉴얼을 받으라고 하셨다. 그리고 그중에서 마음부수 34가지가 무엇인지를 외워오라 하였다. 자료를 받아보니 약 400여 쪽인데 복사된 것이 없으므로 복사를 해서 사용하라 하신다. 이곳의 방침은 수행자들은 복사기를 이용하지 못한다. 그러나 계사스님이 여기 주지스님인지라 말 한마디로 통과되었다.

외국인 수행자 등록사무소에서 근무하시는 스님께서 복사하는 것을 도와 주셨다. 하지만 양이 많아 중간 이후부터는 내가 직접 복사했다. 이곳은 시주물에 의존하여 생활하는지라 많은 복사지를 사용하는 것이 미안하고 죄송스럽다. 이렇게 양이 많으면 외부에 복사를 맡겨야 하는데 개인의 욕심만 채운 듯하다. 아까 계사스님께서 어디에서 복사를 할 것이냐는 질문에 무심코 '복사실이 생각이 나서' 복사실에서 할 것이라 하였더니 OK하셨다. 원칙에 위배된 결정을 하신 것은 아닌지 걱정이 된다. 귀국할 때 복사용지를 구입하시라고 보시를 좀 해야겠다.

○ 루빠[色, 물질]명상이란 무엇인가?

루빠명상이란 물질을 보는 명상이다. 물질은 내 몸을 구성하므로 몸을 보는 명상이다. 내 몸은 소립자들인 깔라빠들의 모임에 불과하다. 물질은 색·수·상·행·식이라는 오온에서 색[色]을 의미한다. 나머지 수/상/행/식은 정신이다. 이 정신은 물질 토대인 색[色]에 의존해서 일어난다. 예를 들면 안식(眼識)은 눈의 감성요소라는 물질에 의존해서 일어난다. 이식(耳識)은 귀의 감성요소라는 물질에 의존해서 일어난다. 의식(意識)이 일어나는 것은 마노의 문 [바왕가]이고, 이것이 의존하는 물질은 심장토대이다. 이것을 보기 위하여 물질을 구성하는 요소를 관찰해야 한다. 루빠[물질]명상은 깔라빠를 구성하고 있는 궁극적 물질[요소]들을 보는 것이다.

○ 깔라빠와 궁극적 물질 사이에 어떤 차이가 있습니까?

깔라빠는 아원자입자 혹은 소립자를 의미한다. 이 물질의 집합체라고 불리는 깔라빠는 궁극적 요소들로 구성되어 있다. 하나의 깔라빠에는 적어도 8가지 물질이 있다. 땅의 요소, 물의 요소, 불의 요소, 바람의 요소, 색깔, 냄새, 맛, 영양소이다. 이 8가지 물질이 궁극적 물질이다. 어떤 깔라빠에는 생명기능을 포함해서 9가지 물질이 있다. 어떤 깔라빠에는 성, 심장요소를 포함해서 10가지 물질이 있다. 이 8, 9 또는 이 10가지 등의 요소들이 궁극적 물질(법)이고, 깔라빠는 개념(빤낫띠)이다.

○ 물질(色, rūpa)은 어떻게 생겨나는가?

업, 마음, 온도, 음식 때문에 생긴다. 업에서 생긴 물질은 눈·귀·

코·혀·몸·심장 십원소 깔라파가 있다. 이들은 생명기능을 가지고 있기 때문에 살아있으며 이들의 영양소는 업에서 생긴다. 즉 전생의 마지막 죽음의 순간에 떠오른 업, 업의 표상 혹은 태어날 곳의 표상 중의 하나가 금생으로의 재생을 일으킨다. 인간으로 재생하는 물질은 선업으로부터 발생한 것이지만 재생 그 자체는 갈애, 취착 그리고 무명을 조건으로 일어난다. 업에서 생긴 물질은 살아있는 내내 생성된다. 모든 물질의 기초이다. 한 심찰나에서 3번 일어난다.

마음에서 생긴 물질은 8가지 궁극적 실재로 구성되어 있다. 영양소는 마음에서 생긴 것이고, 심장토대에 의존해서 일어난 마음에 의해서만 생겨난다. 예를 들어 성내는 마음은 불의 요소가 우세한 마음에서 생긴 물질을 생성한다. 화를 낼 때 열이 나는 것은 이 때문이다. 훌륭한 수행자의 얼굴과 피부가 빛나는 것은 바로 수행자의 수승한 마음에서 비롯된다.

온도에서 생긴 물질은 8원소로 구성되어 있다. 생명기능이 없기 때문에 무생물이다. 이 깔라파의 영양소는 온도로 생긴 것이다. 온도는 불의 요소에서 나온다. 모든 깔라파의 불의 요소는 온도로 생긴 깔라파를 생성하고 그 새로 생겨난 깔라파는 다시 새로운 온도에서 생긴 깔라파를 생성한다.

예를 들어 식물의 물질은 온도에서 생긴 물질이고, 처음에는 씨 속의 불의 요소에서 생겨난다. 식물의 성장은 온도에서 생긴 물질들이 계속해서 재생되는 것뿐이다. 그것은 토양, 태양, 물로부터 나오는 불의 요소로부터 나온다. 또한 돌, 금속, 광물 혹은 단단한 나무에서의 불의 요소는 아주 강해서 많은 물질을 발생시킨다. 그래서 그런 물질은 오래 유지된다. 그러나 무른 나무, 식물, 살, 음식은 불의 요소가 약하다. 이러한 물질은 곧 쇠퇴한다. 물질이 쇠퇴한다는 것은 불의 요소가 더 이상 새로운 물질을 생성하지 않는다는 것을 의미한다. 음식에서 생긴 물질도 8원소깔라파로 먹는 음식이나 물에서 생겨난다.

▌마음의 인식과정을 보다

> 있는 것은 모두 다 없어지는 것
> 높은 것은 반드시 떨어지는 것
> 모이면 반드시 흩어지는 것
> 태어난 것은 반드시 죽어 가는 것 -법구경

오늘로서 초선정의 마음을 분석한지 11일째 되는 날이다. 마음의 생멸을 보았으니 이것만 해도 큰 수확이다. 2년 전에 열반하신 우 실라난다 스님은 1초에 마음은 백만번 이상 생멸한다고 하시었다. 그리고 최근 미국 콜로라도에 있는 원자력 연구소 과학자들의 연구결과 물질은 1초에 90억 번 진동한다고 한다. 우 실라난다 스님은 물질이 한번 진동할 때 마음은 최대 17번 더 빠르게 생멸한다고 말씀하셨다. 2,500여년 전에 이미 아비담마에서 이러한 궁극적 실재의 현상을 발견해 놓았으니 참으로 대단하지 않은가.

나는 지난 9월 7일, 마음의 생멸을 보았다. 인식과정을 본 것이다. 인식과정이란 마음이 대상을 인식하는 과정을 말한다. 여기서의 마음이란 대상을 '단지' 인식하는 기능을 뜻한다. 피아노 건반을 한 번에 왼쪽에서 오른쪽으로 좌악 훑는 것처럼 빠르다. 이 짧은 인식과정이 끝나면 곧 바로 다른 인식과정이 시작된다.

소리, 형체, 냄새나 다른 마음의 대상에 대한 인식이 끝나면 또 다른 인식과정이 일어나서는 사라진다. 단속적이지만 너무 빨라서 연속으로

느껴진다. 마음을 집중하면 길을 걸으면서도 지각과 감각, 그리고 대상
이 바뀌는 것이 뚜렷하게 다가온다. 수행의 힘은 대단하다. 오늘부터 제
2선정에 해당하는 마음을 분석한다.

■ 탁발

이 세상에 대한 미련을 모두 버린 채
바람처럼 물처럼 살아가고 있는 사람,
이 모든 집착에서
영원히 벗어나 버린 사람,
그를 일컬어 진정한 브라만이라 한다 - 법구경

오늘은 평상시보다 일찍 아침공양을 하였다. 근처 마을로 수행자 전체가 탁발을 갔기 때문이다. 평소는 명상센터 내에서 재가자들이 준비한 음식을 가지고 와서 공양을 올리므로 수행처 안에서 탁발을 하고 오늘은 마을로 직접 나가서 탁발을 한다. 아침 6시 30분. 공양간 앞에 준비된 버스를 탔다.

약 10분정도 이동하여 목적지에 도착하였다. 황금빛으로 우뚝 솟은 파고다가 눈앞으로 다가온다. 규모가 큰 사찰이다. 황금빛의 탑은 높이가 약 50미터 정도 되어 보인다. 상층부는 7층으로 반지모양의 고리를 쌓아 올렸다. 그 위에 다시 같은 모양의 반지들이 6층으로 쌓여진 것처럼 보인다. 그 위에는 한 층에 종 10여개 이상씩을 배열하고 이것을 다시 6층으로 쌓아 올렸다. 맨 위에는 반짝거리는 보석으로 장엄해 놓았다. 그리고 땅과 닿은 부분은 8각형 모양으로 위의 7층이 시작되는 곳까지 약 20여 미터 높이를 지름 30미터에서 40미터 정도의 거대한 돔을 만들어 놓았다.

모두가 황금색이다. 그리고 그 파고다를 중심으로 하여 동서남북 사
방에 조그만 법당이 있고 각각에 세 분씩의 부처님을 모셔놓았다. 그
앞에서 불자들이 향을 올린다. 이 사방의 열린 법당 사이에는 또 다시
조그마한 파고다가 있는데 중앙의 큰 파고다를 축소해 놓은 형상이다.

입구에는 속리산 법주사의 팔상전과 같은 모양의 콘크리트 건물이
있었는데 이 건물 외벽에는 각종 조각품들을 달아 놓았다. 구름모양, 비
천상과 같은 불꽃 모양 등이 우리나라 대웅전의 보개나 닷집과 같은 모
양이다. 지붕 위에는 탑의 모양이 조성되어 있다. 안에는 눈이 매우 큰
성상을 모셔놓았다. 불전함도 2미터 정도 크기의 유리로 되어 돈이 모
두 보이게 만들어 놓았다. 미얀마 불상의 특징은 백옥이나 흰 돌을 주
재료로 한다. 그러한 불상 위에다 옷을 입혀 놓은 경우도 있고 염주를
걸어 놓기도 한다.

이렇게 절 안에서부터 시작된 탁발은 약 2시간 동안에 걸쳐서 진행
되었다. 인근 사찰에서 오신 스님까지 합쳐 약 1,000여명의 상좌부 스
님들이 동참하였다. 스님 한 분에 재가자 한 명이 따라 다녔다. 초등학
생부터 청년들로 구성된 재가자들은 스님의 발우를 들고 함께 이동하
며 탁발을 한다. 일렬로 서서 이동을 하는데 스님들은 그냥 걸어가고
쌀(공양물)을 받는 것은 스님 옆에서 함께 이동하는 재가자가 대신 받
는다.

길가에 나와 있는 신자들이 스님들의 발우에 쌀을 한 수저씩 공양을
올린다. 여기는 이모작이라 2월에 추수를 한번하고 9월말에 추수를 하

여 처음 추수한 쌀을 승가에 공양하는 것이라 하였다. 길가에는 걸음마를 시작한 어린이, 초등학생, 가정주부와 할머니, 아저씨에 이르기까지 각 계층의 사람들이 쌀을 양푼에 담아가지고 나와 한 수저씩을 지나가는 스님의 발우에 퍼준다. 중간 중간에는 발우에 가득 찬 쌀을 담는 쌀자루가 마련되어 있어 그곳에다 발우를 비우며 마을을 돈다.

1,000명의 스님과 발우를 들어주는 재가자 1,000명, 그리고 집 앞에 나와서 공양을 올리는 수많은 마을 사람들, 모두가 함께하는 축제 같다. 마을축제에 스님이 오히려 동원된 듯한 느낌이다. 그러나 마을 곳곳에서 길에 앉아 합장하고 있는 모습을 볼 때나, 이마를 땅에 대고 절을 하는 모습을 보면 마음이 경건해진다. 그러한 모습을 볼 때마다 잘해야지 하는 생각이 들고 저들을 속이면 안 된다는 생각이 든다. 제대로 수행을 해야겠다는 생각뿐이다. 탁발은 맨발로 하는데 간혹 고르지 못한 마을길에 작은 돌이라도 밟히면 발바닥이 아프다. 옆에서 도우미로 나온 학생과 청년들도 모두 맨발이다.

미얀마는 일 년 내내 더운 나라라 그러한지 대부분 나무로 집을 짓는다. 2층집이 대부분이고 1층은 그냥 기둥만 서 있고 벽은 없다. 살림은 2층에서 살지만 간혹 1층도 사용하는 집도 있다. 집과 집이 바짝 붙어 있고 창문이 많아 사생활 보호가 안 될 듯싶다. 2시간여의 탁발이 끝이 났다. 돌아올 때는 마을 사람들이 준비한 경운기와 트럭을 타고 돌아왔다.

탁발, 부처님 당시부터 음식을 구하는 수단이었다. 무소유 정신과 탐

욕에서 벗어나려는 노력의 일환으로 시작된 것이다. 초기 경전의 하나
인 법구경에 거룩한 스님들께 공양을 올리는 경우, 공양을 올리는 신자
들이 발우를 대신 들고 정사까지 동행하거나 집까지 모셔가는 경우가
많이 나온다. 오늘의 행사도 이 대목을 연상케 하였으니 좋은 공부가
되었다.

■ 나에게 어떤 복이 있기에

> 이 세상에 대한 애착을 모두 버린 채
> 바람처럼 물처럼 가고 있는 사람,
> 그리하여 애착의 마음이
> 조금도 남아 있지 않은 사람,
> 그를 일컬어 진정한 브라만이라 한다 - 법구경

이곳에 온 지 만으로 6개월이 지났다. 화살과 같이 빨리 흘러간 시간. 그래서 옛사람이 흐르는 세월은 돌불(石火)과 같다고 했나보다. 약 3주 전에 새로 이사 온 꾸띠는 온통 벽이 유리로 되어 있는데 유리문을 열어놓으면 건물 전체가 한쪽 면을 제외하고는 바람이 들어올 수 있도록 설계되었다. 그리고 개인 화장실을 겸한 욕실이 있다. 특히 산꼭대기에 위치하고 있어 전망도 좋다. 방금 전에 산 밑이 바라다 보이는 베란다에서 좌선을 마치고 들어오니 상쾌하다. 차 한 잔 가지고 다시 창가에 앉았다. 파아란 하늘이 제법 높아 보이고 걸쳐진 구름도 하얗다. 저 멀리 흰 구름 앞으로 꺼먼 점 같은 것들이 움직인다. 새들인가 보다. 햇볕도 좋고 바람도 좋다.

나는 어떤 복이 있기에 이런 행복을 누리는가. 남들이 모두 부러워하는 대기업의 인사팀장과 연수팀장 자리를 내놓고 아내와 아이들과 어머니와 형제를 뒤로하고 이곳에 왔다. 1년 기한으로 왔는데 시간이 꽤 흘렀다. 그러나 아직도 이곳에 온 지 얼마 되지 않은 기분이다. 돌아갈 날이 지나간 날보다 적게 남았다는 생각에 마음이 급하다. 집 생각, 그리고 출가 전의 직장생활이 전혀 생각나지 않는 것은 아니지만 얼마나 이러한 수행생활을 갈구해 왔던가 하는 생각이 문득 든다.

이곳 선원은 미얀마 비구스님이 300여명, 전 세계에서 나처럼 찾아온 비구수행자들이 약 100여명, 그리고 여자 요기들도 250여명이 된다. 해외에서 온 사람들은 아침예불이나 저녁예불에 반드시 참석하지 않아도 누가 뭐라고 그러는 사람이 없다. 나도 이곳으로 꾸띠를 옮기고 나서는 대중이 함께 하는 예불에 참석하지 않고 대신 꾸띠에서 명상을 한다.

주변에는 인접한 꾸띠 세 채가 있다. 한 곳은 한국의 거사가 상좌부계를 받고 생활하는 곳이고, 한 곳은 베트남 스님이 살고 있다. 서로 간에 생활을 조심스럽게 하고 있어 누가 있는지도 모를 정도로 고요하다. 간혹 오두막에서 달그락거리는 소리가 나면 차를 끓이고 있구나 하고 짐작하는 정도다. 쿵 하는 소리가 나면 좌선을 마치고 경행하러 나오는구나 하고 알 수 있다. 얼마 전 베트남 스님에게 이곳 명상센터의 예불 CD를 빌려 녹음한 적이 있다. 그 답례로 오늘 갖고 있던 차를 조금 나눠드렸다.

이틀 후면 3개월간의 우기 안거가 끝나는 해제날이다. 나는 안거기간 중 궁극적 물질에 대한 분석을 마치고 정신과 마음을 분석하는 나마[Nāma, 정신]명상 중이다. 대략 반 정도 지나간 것 같고, 매 좌선 때마다 향상되는 기쁨이 새록새록하다.

잔속의 차를 마저 털어 넣었다. 눈앞으로 나뭇잎이 날아간다. 고정불변 하는 실체는 없으며 모든 것은 변화해 간다는 생각이 언뜻 든다. 시간이 급하다. 다시 앉아야겠다.

○ 정신(나마) 명상

나마(Nāma, 정신)수행은 마음과 마음부수를 보는 수행입니다. 마음(識)은 인식과정을 보는 것이고 마음부수는 매심찰라에 함께하는 마음부수(심소)의 생멸을 보는 것입니다.

몸을 구성하는 물질이 한번 생멸할 때 마음은 최대 17번 생멸할 수 있습니다. 그래서 깔라파의 생멸 속에서 한번 생멸할 때 그것을 볼 수 있게 됩니다.

각각의 심찰라에 함께하는 마음부수를 알고 볼 수 있게 되면 궁극적 실재인 마음과 마음부수가 인식과정에 따라 생멸하는 것을 볼 수 있게 된 것입니다. 이것을 보며 무상, 고, 무아를 수관하는 것이 위빳사나입니다.

이렇게 궁극적 실재를 보면서 윗빳사나를 하지 않고 개념[반냐띠]을 대상으로 하는 위빳사나는 진짜 위빳사나가 아닙니다.[마하띠까]

▌ 해제

> 어진 마음으로 배우기를 즐겨하고
> 바른 마음으로 행동을 하며
> 선정과 지혜를 항상 닦으면
> 이것을 일러 도를 행하는 삶 - 법구경

오늘은 해제일. 지난 3개월간의 우기안거를 끝내는 날이다. 오늘도 부처님 재세시의 관례에 따라 지난 3개월간 서로 간에 불편하게 지냈던 것, 잘못된 행위 등을 동료수행자들에게 물어보고 잘못된 행위가 있으면 반성하는 자자(pavāraṇā)를 행하고 자애경을 독송하는 순서로 진행되었다. 모두 500여명의 비구가 참석하였다.

사미도 20여명이 참석은 하였지만 자자는 비구들만 하였다. 율장 대품[마하왁가]에는 자자행사에 비구가 아닌 사미, 비구니, 남녀추니, 계를 범한 자 등은 참석할 수 없고, 만약 이들이 참석한 자리에서 자자를 행하면 무효가 된다고 하였다. 법도에 맞게 청정하게 생활한 비구계를 수지한 수행자만이 참석의 자격이 있는 것이다.

약 50분간 결제 때와 마찬가지로 법랍 순서대로 앞에서부터, 그리고 왼쪽부터 앉았다. 법랍 순으로 세 번씩 개인별로 금번 안거기간 중 나에게 잘못이 있었습니까? 하고 빠알리어로 물으면 없다는 대답으로 대중들이 "사두! 사두! 사두!"를 하였다. 법랍이 같은 사람이 여러 명이면 동시에 한다. 의식이 끝난 후 혹시 자자를 하지 않은 사람은 없는지를 확인한다. 누락된 사람이 있으면 다시 자자를 행하였다. 이렇게 해서 청정한 비구들의 3개월간의 안거는 끝이 났다. 포살과 마찬가지로 이 자자가 진행되기 전에 "당신들은 청정합니까?" "계를 범하지는 않았습니까?"라고 세 번 묻는다. 긍정한다는 의미로 모두 침묵을 지킨다.

이 순간의 침묵을 지키기 위하여 범계를 한 비구는 모두 자자가 열리는 장소에 들어오기 전에 선배 수행자에게 참회를 함으로써 청정성을 회복하고 이 장소에 들어온다. 사소한 내용의 범계인 경우, 선배스님에게 참회를 하면 범계로부터 벗어난 것으로 인정을 받는다. 이러한 참회와 반성의 과정을 수없이 반복하면서 수행자 내부에는 보이지 않는 승가의 가치관과 행동규범이 정립되는 것이다. 계율이 엄격하게 지켜지는 상좌부 선원답게 경건하고도 장엄한 분위기 속에서 진행되었다.

이러한 청정한 비구스님들 사이로 아침과 점심때 발우를 받쳐 들고 걸어 나올 때면 나의 청정성과 그간의 공부를 자연스럽게 반성하게 된다. '나는 이 공양을 받을 자격이 있는가?' 하고 되묻게 되는 것이다. 이 성스러운 분들 사이로 지나가는 것에 때로는 죄송한 마음이 든다. 이 분위기는 참으로 성스럽고 장엄하다. 이렇게 계행청정을 바탕으로 이곳에서는 마음의 청정을 확보하는 것이다. 불교는 참으로 이래야 한다는 생각이 든다. 해제의식은 약 1시간에 걸쳐 진행되었다.

끝난 후에 명상홀 밖으로 나와 보니 신도들이 음료수를 준비해 놓았다. 미리 준비된 의자에 앉아 한 잔씩 음료수 공양을 받은 후 꾸띠로 돌아오는데 바람도 시원하고 발걸음도 가볍다. 명상홀을 빠져 나오는 수행자들의 손에는 신도들이 보시한 영양제 한 통, 향 한 묶음 그리고 우 레와따 스님이 쓰신 '깨어나라 세상이여!'라는 법문집 한 권씩이 들려 있었다.

○ 자자의식 Pavāraṇa

3개월간의 우안거가 끝이나 면 그간의 잘못된 점이나 반성할 점을 대중스님들께 고하고 지적을 받으면 참회하는 의식이 자자이다. 빠와라나라고 하는데 아래의 문장을 빠알리어로 암송하면 대중스님들은 인정한다는 의미로 "사두! 사두! 사두!"를 한다. 하는 방법은 법랍 순으로 아래 구문을 외우고 대중들이 문제가 없을 경우 "사두!"를 외침으로써 의식이 종료된다.

사회자가 "이번 3개월간의 우안거를 마치신 분들은 다음을 암송하여 주십시오."라고 하면 법랍 순으로 아래의 사항을 빠알리어로 암송하고 대중들의 승인하는 것을 반복한다.

존경하는 대중스님들이시여, 승가 대중스님들께서는 의심스러운 것을 보거나 듣거나 혹은 의심나는 것이 있으면 저를 일깨워주시고 자비심으로 지도하여 주십시오, 저의 과오가 발견되면 고치도록 하겠습니다,

두 번째로 요청합니다, 존경하는 대중스님들이시여, 승가 대중스님들께서는 의심스러운 것을 보거나 듣거나 혹은 의심나는 것이 있으면 저를 일깨워주시고 자비심으로 지도하여 주십시오, 저의 과오가 발견되면 고치도록 하겠습니다,

세 번째로 요청합니다, 존경하는 대중스님들이시여, 승가 대중스님들께서는 의심스러운 것을 보거나 듣거나 혹은 의심나는 것이 있으면 저를 일깨워주시고 자비심으로 지도하여 주십시오, 저의 과오가 발견되면 고치도록 하겠습니다,

▶ 대중 : 사두! 사두! 사두!

모두 마치고 나면 사회자는 다음과 같이 3개월간의 우안거를 마치지 못한 비구스님들을 위하여 다음을 암송하게 합니다.

"만약 3개월간의 우안거를 완전하게 마치지 못한 비구스님들은 다음을 선언하십시오." 하면

Parisuddho aham bhante parisuddho'ti mam dharetha. (3번)

"존경하는 대중스님들이시여, 저는 완전하게 청정합니다. 저는 완전하게 청정하다고 알아주십시오." (3번)

▌카티나

^{불 조 전 래 지 차 의}
佛祖傳來只此依   부처님과 조사께서 다만 이 옷을 전하셨으니

^{아 손 천 재 신 귀 의}
亞孫千載信歸依   어린 후손들이 천년을 믿고 귀의하였네

^{열 봉 조 엽 분 명 재}
裂縫條葉分明在   조각천을 잇대어 꿰매었음이 분명하니

^{천 상 인 간 하 자 희}
天上人間荷者稀   천상과 인간 어디에 이리 희귀한 것 있을꼬

        － 석문의범 가사점안의식중 가사송(袈裟頌)

오늘 오후 4시에 500여 비구들이 모여서 카티나[Kaṭhina] 행사를 하였다. 카티나란 안거가 끝난 뒤 몇 개월간 임시적으로 입을 수 있는 가사를 말한다. 이것을 입으면 평상시에는 허용되지 않던 일들이 허용된다. 엄격한 불교 교단에 다소간의 융통성이 마련된 것이다. 부처님 당시에는 모든 이들에게 이것을 허용한 것이 아니라 승단내의 덕 높으신 비구에게만 허용하였다. 이 옷을 받으면 다음의 다섯 가지가 정당화된다.

첫째, 허락을 구하거나 알리지 않고도 마을에 탁발하러 갈 수 있다.

둘째, 삼의(아래/위/대가사)를 지니지 않고 마을에 걸식하러 갈 수 있다.

셋째, 4인 이상의 비구가 모여 함께 먹을 수 있는 별중식을 해도 좋다.

넷째, 필요한 만큼 법의(法衣)를 가져도 좋다.

다섯째, 어떤 곳에 법의가 있다면 어떤 법의라도 자신의 것으로 삼아도 좋다.

이와 같은 율장의 규정에 따라 이곳 파아옥에서도 안거가 끝난 지 5일이 지난 오늘 이 행사를 한 것이다. 오늘의 행사는 두 가지로 나누어 진행되었다. 10년 이상의 비구들은 별도로 아랫절에 모여 이 행사를 하

였는데 윗 절, 아랫절, 중간절의 대표자에게 카티나 옷을 주었다고 한다. 승단내의 덕 높은 비구에게 지급한다는 율장의 규정을 지키기 위한 것으로 보인다. 오후 4시에는 시마홀에서 모든 비구와 사미들에게 가사 2벌씩 지급되었다. 오전 행사는 신도들에게 계를 주는 수계의식과 자애경 암송이 있었다.

오후 4시에 까티나 옷을 받고 보니 기존에 입던 가사와 다름이 없다. 안거가 끝난 후에 위에서 언급한 다섯 가지 권리를 행사할 수 있도록 하는 것에 더욱 큰 의미를 두는 듯하다. 하지만 부처님 당시에는 법의의 재료인 옷감을 받아 임시 의복을 만들어 입었다고 하며, 새로 받은 천으로 기존에 입던 법의가 해진 곳을 꿰매어 입었다고 한다.

카티나 옷을 나눠주기 전에 "존경하는 스님들이시여, 카티나 옷이 배포되었습니다. 나는 이것이 올바르게 배포되었음을 알고 있습니다."라고 빨리어로 세 번씩 법랍 순으로 암송하면 나머지 비구대중들이 "사두, 사두, 사두"를 복창한다. 분배과정이 투명하게 이루어졌음을 인정하는 의식이다.

승단의 화합을 저해하는 요인을 사전에 방지하는 기능도 있는 것 같다. 사미에게도 카티나 옷이 해당되느냐고 이곳 관리책임자인 U Kundadana 스님에게 여쭤보니 3개월간의 안거를 지냈으면 2벌의 옷을 가질 권리가 있다고 답하셨다. 내 옆에 앉아 있던 사미스님에게 "영원한 사미, permanent samanera!"라고 말을 건네시며 웃으신다. 스님들에게 올려지는 많은 공양물에서 미얀마의 불심을 느낄 수 있다.

○ 늙은 선원장의 참회

얼마 전 파아옥 사야도께서 미국과 영국에서 명상지도를 마치고 돌아오셨다. 그런데 전 비구를 모이게 하여 가보니 상가디세사(승 잔죄)를 범하였으므로 전 대중들에게 이를 고하고 참회하기 위함이 란다. 계를 범한 날로부터 계율을 위반하였다고 다른 수행자들에게 고하지 않으면 바로 고하지 않은 기간을 포함하여 해당되는 기간 만큼 빠리와사라 하여 매일 4명 이상의 비구에게 고하고 참회해야 한다.

늙은 선원장께서는 그 기간을 대중과 격리하여 홀로 보내시고 그날이 지나자 이제는 전 비구스님들이 있는 자리에서 참회를 6일 간 계속하기로 하였다. 그런데 6일이 지났음에도 7일차에 모이라고 하여 가보니 대중에게 참회할 때 어느 비구 한 분이 참석하지 않아 서 하루 더 대중참회를 한다고 하였다. 즉 대중참회는 승가전원이 참석하여 불참자가 없는 가운데 이뤄져야 한다는 율장의 내용을 실천하고 있었던 것이다.

가슴이 서늘하다. 추상과 같다면 이를 두고 한 말일 것이다. 어 느 누구도 숨소리 하나 내지 않는다. 이 추상같은 분위기가 이곳을 청정수행 도량으로 만들고 있다.

늙은 선원장의 참회는 약 한 달 정도 대중과 유리된 생활을 하 면서 개인참회기간을 가졌고, 전 비구대중들에게 74세의 늙은 선원장은 무릎을 꿇고 죄를 참회하셨다. 이때 모든 비구는 정면의 성상을 향해 앉고, 74살의 늙은 선원장은 대중의 맨 뒷자리에 앉으셔서 3분간 대중의 뒤를 보며 참회를 하셨다.

참으로 엄숙하고 숙연하다. 명상센터의 최고 어른이 스스로 잘못을 참회하니 어느 누가 계율을 범하려고 하겠는가? 훌륭한 스승은 말이 아닌 행동으로 한다. 도는 말에 있지 않고 행동에 있기 때문이다. 훌륭한 스승은 수행의 전부다.

■ 고양이와 닭과 멧돼지

○ 고양이 이야기

　오늘은 가을 날씨다. 맑은 바람과 따사한 햇살이 좋다. 아침공양을 받고 꾸띠로 돌아와 보니, 고양이 한 마리가 마루에 앉아 있다. 꼬리가 조금 잘려 나가 뒤쪽이 약간 뭉툭한 느낌이 드는 회색과 검정색이 섞인 고양이다. 반찬으로 나온 콩을 조금 떼어 비닐봉투 위에 얹어 주었더니 꽤 잘 먹는다. 그래서 빵을 조금 쪼개어 꾸띠 밖의 공터에 놓아 주었더니 냉큼 달려가서는 먹는다. 그런데 오늘따라 이상하게도 주변의 청설모도 찍찍거리고 이름 모를 새들까지 몹시도 울어댄다.

　왜 그런가 생각을 해보니 이 고양이가 가지 않고 꾸띠 마루에 앉아 있으니 자기들의 영역을 침범한 것이라고 역정을 내는 듯하다. 고양이와 청설모, 고양이와 새들은 서로 간에 천적이 아닌가. 그래서 청설모는 지붕 위에서 이리저리 뛰어 다니며 찍찍거리고 새들은 새들끼리 찍찍거리는 것이다. 한참 동안 소란스럽던 차에 옆의 꾸띠에 사시는 베트남 스님이 돌아오셨다. 반갑게 인사를 하니, 어느 틈에 이 고양이가 날쌔게 이 스님의 꾸띠 마루로 뛰어 들어가 앉는 것이 아닌가.

　"참! 그놈 처세술도 기막히구나!"

　그런데 베트남 스님이 그 고양이를 안더니 나에게 와서 손가락으로 고양이를 가리키며 한번 보라고 한다. 그리고는 무엇인가를 몸에서 뜯어냈다. 가만히 보니 아주 작은 벌레들이다. 귀 끝에도 벌레들에 갉아 먹힌 상처가 있다. 아마도 이 스님이 고양이를 볼 때마다 그 벌레들을 잡아준 듯하다. 그러니 보자마자 반갑게 맞이할 수밖에…. 오늘은 내 꾸띠에서 밥을 얻어먹었지만 스님의 꾸띠에 자주 들렀던 것이 분명하다.

오후 좌선을 마치고 나가 보니 그놈이 오후의 햇볕을 즐기며 마루에서 자고 있다. 새근거리는 모습이 정겹다는 생각이 들면서도 빨리 짐승의 탈을 벗어야 하는데 "언제 탈을 벗으려는고?" 하는 생각이 든다. 이렇게 도인 같은 생각을 하다가 문득 이놈 몸에 붙어 있는 벌레들이 전염병을 옮기면 어떡하나 하는 생각 때문에 마음이 불편해진다. 어느새 도인은 간데없고 나의 안위만을 걱정하는 심약한 중생만이 있다.

한번 더 명상을 하고 나가 보니 그분은 여전히 오수를 즐기고 있다. 어찌 자고 있는 놈을 내칠 수 있으리오. 물끄러미 쳐다보고 있던 차에 베트남 스님이 마침 또 어디를 갔다 오시기에
"스님 고양이 여기 있으니 데려 가시오."
그랬더니 자유를 가진 고양이가 왜 내 고양이냐고 되물으신다. 그러면서 그 스님이 "냐용~" 하면서 고양이 울음소리를 내니 고양이가 벌떡 일어나 두리번거린다. 내가 손뼉을 딱! 하고 치며 "으흠!" 하니 냉큼 일어나 그 스님 꾸띠로 들어간다. 짐승들도 저 좋아하는 사람은 알아보는 모양이다.

혹시나 하는 마음으로 그놈이 누웠던 자리를 비로 쓸어 내었다. 모든 생명체와 무생물들은 오직 물질뿐인 것을 보았지만 여전히 내 마음에는 나와 너의 구분이 있고, 나와 고양이가 있다. 그래서 '나'를 보호하려고 '그' 고양이로부터 떨어져 나왔을지도 모르는 벌레들을 쓸어내고 있는 것이다. 아직 수행은 시작도 안하였구나 하는 생각이 든다. 빨랫줄에 걸린 천 조각이 햇볕과 함께 흔들리고 있다.

○ 닭 이야기

오늘 아침 명상은 꾸띠에서 하였는데 꾹꾹거리는 닭소리 때문에 신경이 많이 쓰였다. 조용히 하라고 방바닥을 쾅하고 쳐보아도 소용이 없었다. 옆 꾸띠 스님도 많이 거슬렸던지 소리를 질렀다. 공양시간에 남은 음식을 숲속에 버리니 그것을 찾아 먹으려고 모여든 것이다. 내가 행한 행위의 결과다. 남은 음식을 숲속에 던질 때는 '이것을 먹고 고통에서 벗어나십시오! 그래서 공양올린 분의 공덕이 손상되지 않게 하소서!' 하고 발원을 하지만 이제는 몰려든 짐승들 때문에 수행에 방해를 받고 있다.

미얀마의 닭들은 한국에서 보던 닭과는 다르다. 3미터 이상의 나무를 날아오르고 10미터 이상을 날아다니고 날아가다가 방향도 전환을 한다. 용불용설, 쓰면 사용할 수 있고 사용하지 않으면 쓸 수 없다는 이론은 맞는 듯하다. 이들의 행동은 꿩처럼 빠르다. 간혹 높은 나뭇가지에 올라가 의젓하게 앉아 있는 것을 볼 때면 저것이 닭이 맞나 하는 생각이 든다.

○ 멧돼지 이야기

이곳에는 멧돼지가 무리를 지어 산다. 언젠가 산책을 하다가 멧돼지 소리를 들었다. 거친 숨소리가 바로 무릎에 와 닿는 것처럼 가까이 느껴졌는데 숲이 우거져 보이지 않았다. 길은 산속의 외길로 슬리퍼를 신고 포행을 나왔던 터이라 위험하다고 하더라도 도망가기가 마땅치 않다. 어찌나 긴장을 하였던지 손에 땀이 난다. 다행히 아무 일없이 돌아왔으나 그때를 생각하면 지금도 가슴이 두근거린다. 거친 숨결이 피부에 와 닿는듯한 느낌을 받으며 귓가에 푸르륵 거리는 소리를 들으면 머리가 쭈뼛해진다. 이놈들은 힘이 어찌나 좋은지 사람을 물면 넓적다리 정도는 가볍게 뼈가 부서진다고 한다. 이런 일이 있은 후부터는 사람 키만 한 대나무를 하나 구해서 짚고 다닌다. 사람들은 다니면서 벌레들을 밟아 죽이지 않으려고 쿵쿵거리며 다니는 죽장이라고 하겠지만 이런 경험을 한 나는 만일의 경우를 대비하여 들고 다니는 무기다. 힘없는 대나무이지만 들고 있으면 든든하다. 푸하하.

한번은 옆의 베트남 스님과 멧돼지 이야기를 한 적이 있다. 아래 꾸띠에 강아지가 여러 마리 있었는데, 어느 날 멧돼지가 모두 먹었다고 한다. 그래서 걱정이 되어 이곳 미얀마 스님에게 산책 중에 멧돼지를 만나면 어떻게 하냐고 물었더니 그냥 가던 길을 가라고 한다. 멧돼지는 사람을 만나면 먼저 도망가는 습성이 있지만 소리를 지르거나 무엇을 던지면 달려든다고 한다. 그러면서 꾸띠 주변에 먹을 것을 놓아두지 말라고 충고한다. 먹을 것이 있으면 그것을 먹으려고 밤에 내려온단다. 왜 짐승에게 먹이를 주지 말라는지 이제야 이곳의 방침을 알 것 같다.

멧돼지는 보통 떼를 지어 다닌다. 언젠가 달 밝은 밤에 꾸띠 밑에서 푸룩거리는 소리가 나서 나가보니 큰 놈 4마리, 새끼 3마리, 모두 7마리가 일정한 거리를 두고 땅을 파며 쩝쩝거리고 무엇인가를 먹었다. 손전등으로 비추니 어둠속으로 서서히 사라져 갔다. 그 이후로 밤만 되면 내 꾸띠 근처로 내려와서 쩝쩝거리는 소리에 잠을 여러 번 깨었다. 그래서 숲속에 남은 공양물을 던져 주는 것을 그만 두었더니 그 이후로는 나타나지 않았다. 먹이가 없으면 짐승도 없다.

○ 나마(정신)명상의 절차 및 방법(1)

나마(정신)명상은 마음과 마음부수를 보는 것이다. 마음은 단지 대상을 안다고 해서 마음이다. 단지 대상을 알아차리는 역할만 하므로 알음알이라 한다. 색·수·상·행·식에서 식[識]에 해당한다. 마음부수는 심소라 하기도 하는데 마음과 같이 일어나서 마음이 사라질 때 같이 사라지며 마음과 같은 대상을 취하고 각자에 해당하는 역할과 기능을 수행한다. 오온인 색·수·상·행·식에서 수[受, 느낌], 상[想, 인식], 행[行, 의도]에 해당한다.

그러므로 나마명상은 정신의 궁극적 실재인 빠라맛타를 보는 것이다. 우리는 남자, 여자, 사람, 존재, 금, 은 등과 같은 개념을 대상으로 해서 일어난 마음을 식별하는 것은 가능하다. 하지만 이것들은 개념[관념]덩어리이지 궁극적 실재가 아니다.

나마(정신)명상은 개념에 대한 명상이 아니라 개념을 대상으로 해서 일어난 정신의 궁극적 실재(nāma paramattha)들을 식별하는 것이다. 위빠사나 단계에서는 대상과 대상을 취하는 담마 둘 모두에 대해 위빳사나[내관]를 해야 하므로 먼저 물질을 대상으로 해서 일어나는 정신을 식별하는 것을 가르친다.

사마타 수행자는 개념(예: 니밋따)을 대상으로 해서 일어난 선정(jhāna dhamma), 선정과 결합된 현상(jhāna sampayutta dhamma)인 선정에서의 정신(jhāna nāma)을 식별할 수 있다. 그래서 사마타

수행자는 선정의 마음을 식별하는 것으로부터 나마(정신)명상을
시작한다.

즉 선정을 인식하는 과정을 보고, 각 인식과정에 딸린 마음부수
를 식별하고, 이에 능숙하게 되면 안·이·비·설·신·의라는 육문인식
과정을 보는 것으로 확대하여 나간다. 그리고는 각 과정에서 함께
일어나는 마음부수를 식별한다. 이 육문인식과정에는 열반에 도움
이 되는 유익한 마음과 도움이 되지 않는 불선한 마음이 존재하는
데 이를 상황별로 구별하여 마음과 마음부수를 구분하는 수행을
한다. 이것을 흔히 마음을 본다고 하는 명상인 나마(정신)명상이다.

1) 마음이란 무엇인가?

'대상을 아는 것'이 마음이며, '이것으로 인해 안다고 해서' 마음
이다. '단지 알고 있는 그 자체가 마음이다'라고 아비담마에서는
정의하고 있다. 이 마음은 찰라생하고 찰라멸하며 거듭되는 흐름이
다. 원인과 조건에 따라 매순간 생겼다가는 사라지고 또 다른 조건
에서 다시 생겼다가는 사라지기를 거듭한다. 연기(緣起)하고 천류
(遷流)해 가는 과정이다.

그래서 상좌부에서의 마음은 불변하는 실체도 아니고, 생각 너머
에 존재하는 '진아[眞我]'니 '대아[大我]'니 하는 일체의 존재론적
발상과는 상관이 없다.

2) 마음의 인식과정＝변화하고 흘러가는 마음에도 법칙이 있다

모든 중생의 마음은 동일한 법칙에 의하여 인식되고 흘러간다. 그래서 마음에는 정해진 법칙[Niyāma]이 있다. 이 마음의 인식과정은 눈·귀·코·혀·몸·마노라는 감각기관을 통하여 다음과 같은 동일한 과정을 통해 일어난다. 눈인 안문인식과정을 보면 다음과 같다.

① 전향(āvajjana) : 각각의 감각의 문에 나타난 대상에 주의를 돌리는 마음이 생기고

② 안식(cakkhu viññāṇa) : 눈의 토대에 의존한 색깔을 아는 마음

③ 받아들임(sampaṭicchana) : 그 후에 대상을 받아들이는 마음

④ 조사(santīraṇa) : 대상을 조사하는 마음이 생긴다.

⑤ 결정(votthapana) : 즐겁거나 괴롭거나 원하거나 원하지 않거나 간에 대상의 결정하는 마음이 있은 다음에

⑥ 자와나(javana) : 대상을 연속해서 경험하면서 빠르게 일어나는 마음 [7번]

⑦ 등록(tadārammaṇa) : 자와나의 대상을 계속 알고자 하는 마음 [2번]이 연속해서 일어난다. 이러한 오문인식과정이 끝나면 또 다른 의문인식과정이 일어난다. 이것은 의문전향－자와나[7]－등록[2]이라는 과정을 거치며 일어난다.[세부적인 것은 아비담마길라잡이, 초기불전연구원, 대림 각묵스님 참조]

3) 마음부수란 무엇인가?

마음과 함께 동시에 일어나고, 동시에 사라지며, 마음과 동일한 대상과 토대를 갖는 것으로 52 종류가 있다. 자세한 내용은 아비담마를 참조하십시오.

■ 스승

이른바 장로(長老)라 함은
반드시 나이 많은 것이 아니니
아무리 늙어서 머리털이 희어도
그것은 한낱 어리석은 늙은이 뿐이다 －법구경

며칠 전 한국 은사스님으로부터 특급 우편으로 편지를 받았다. 내용인 즉 11월 15일부터 21일 사이에 성지 순례차 이곳 명상센터를 방문하신다는 것이다. 편지의 내용은 짧았지만 나를 생각하시는 마음이 느껴진다. 무릇 수행자는 내 몸과 마음에서 일어나는 실재를 대상으로 항상 깨어 있어야 한다. 하지만 편지를 읽어 내려가며 코끝이 찡함은 어쩔 수 없다. 편지를 읽고 난 후 은사님의 평안하심을 기원하였다. 시공을 초월하여 이 내 마음이 은사님에게 전달되었을 것이 분명하다. 불가에서 은사는 아버지와 같다. 출가를 시켜주신 분이므로 나를 다시 태어나게 하신 분이다. 모쪼록 무사히 다녀가시고 무엇인가를 남기시는 여행이 되기를 빌어본다.

3일 전 또 한 분의 스승님이 멀리 출장을 가셨다. 바로 이곳 명상센터에서 나를 지도해주고 계시는 U Revata스님이시다. 항상 자비로운 미소와 자상한 지도로 그 은혜가 크다. 미얀마 양곤 근처에 파아옥 지부가 있는데 그곳에 까띠나 행사를 주관하러 가신다고 하였다. 29일 돌아오신다니 무사여행을 빌어본다. 이런 경우 수행자는 매우 곤혹스럽다.

　일정 수준에 오른 수행자는 지속적인 수행점검과 지도를 받아야 하는데, 이렇게 지도하시는 스승이 자리를 비우게 되면 걱정이 앞선다. 이를 알고 계신 스승 또한 마음이 편치 않을 듯싶다. 한번 지도자의 길로 접어든 분은 개인생활을 포기하여야 한다. 특히 생사를 걸고 임하는 수행의 경우 더욱 그렇다.

　스승이란 오늘의 나를 있게 한 분이다. 따라서 스승과의 궁합이 잘 맞아야 수행의 진도도 있고 성취도 있다. 스승은 나의 본성을 꿰뚫어 보고 근기에 맞게 수행방법과 지도를 결정한다. 재촉할 때는 재촉해야 하고, 제자가 무리하게 밀어붙일 때에는 속도를 늦출 수 있도록 조절해 주어야 한다. 그래서 먼 여행을 무사히 끝낼 수 있도록 안내해주어야 한다. 스승이 없으면 나도 없다. 성취도 없다. 특히 법을 받는 자리에서는 한 치의 틈도 허용되지 않는다. 허용되어서도 안 된다.

　그래서 이마에 주름이진 늙은 학승이 젊은 스승에게 합장의 예를 갖추고 법을 묻는다. 비록 법랍이 낮은 사람이 스승이라도 이렇게 예를 갖춘다. 그리하면 법랍이 낮은 스승이 선배스님에게 지도해야 할 경우에는 선배에게 합장을 하고 법을 지도한다. 지도를 받은 선배스님은 부처님에게 예를 올리는 것으로 스승에 대한 예를 대신한다.

　먼 길을 떠나는 스승께 무사히 다녀오시라는 인사를 드리지 못하였다. 나의 수행진도와 지도만 받았다. 마음에 걸린다. 다녀오시면 반가이 인사드려야겠다.

■ 불나방과 촛불에 대한 심상

> 어리석은 사람은 탐욕에 몸이 묶여
> 저 언덕 건너갈 길 아득하여라
> 탐애의 욕망에 끄달리다가
> 남을 해치고 나도 해치네 - 법구경

불을 보고 날아드는 작은 벌레를 불나방이라 합니다. 오늘 저녁 명상을 끝내고 책을 보려고 하는데 전기가 나갔습니다. 미얀마는 전기사정이 좋은 편이 아닙니다. 오후에 전기가 나가면 해질녘쯤 들어오는 것이 예사입니다.

초로 어둠을 밝혀 놓으니, 빠찍 빠직하는 소리가 들립니다. 촛불에 불나방과 작은 날파리들이 촛불에 날개와 몸이 타는 소리입니다. 피워 놓은 모기향에 떨어지는 날파리들보다 촛불에 날개가 타서 떨어지는 날벌레들이 더 많아 보입니다.

여름철에 모기나 날파리를 퇴치하기 위해 켜놓은 형광등형 살충기에 부딪치는 소리하고는 다릅니다. 느낌도 다릅니다. 심지어 어느 놈은 초를 타고 올라가 마지막에 불꽃에 데이는 놈도 있습니다. 불을 탐하는 것이 이놈들의 본성인가 봅니다. 죽을지도 모르고 그냥 달려듭니다. 결국은 날개에 불이 붙어 죽습니다. 불꽃에 데인 놈들이 책상 위로 떨어집니다.

개미가 이들을 날쌔게 물고는 사라집니다. 생과 사가 교차되는 전쟁터 같습니다. 그렇다고 개미를 탓할 수 없습니다. 그놈은 이것을 물어가지 않으면 오늘 저녁 굶는 것이고, 며칠 굶었다면 죽을지도 모를 일이기 때문입니다. 이들에게 이것은 분명 생사의 문제일 것입니다. 여기에는 더럽고 지저분한 일이 더 이상 없습니다.

그래서 이런 꼴 안 보려고 아예 초저녁부터 불을 끄고 명상합니다. 하지만 쳐놓은 모기장 사이로 어떻게 들어왔는지도 모르게 들어와서는 난리를 칩니다. 천장에는 작은 도마뱀들이 영역 싸움을 벌이고 있습니다. 싸울 때는 소리를 크게 내기 때문에 알 수 있습니다. 불빛을 보고 날아든 날파리들이 방충망에 붙습니다. 그러면 도마뱀은 이놈들을 지켜보다가 잡아먹습니다. 날파리는 불빛에 매료되어 도마뱀이 접근해도 도망가지 않다가 결국은 먹혀버립니다.

보기에도 서늘한 이런 장면을 늘 보니까 이제는 예삿일이 되었습니다. 그러나 갑자기 나간 전기 덕분에 날개가 타서 죽는 불나방을 가까이서 보게 되었습니다. 날개는 타버렸지만 몸통은 아직도 살아 꿈틀대는데 개미들이 이놈들을 입에 물고는 어디론가 끌고 갑니다.

이 모습을 보니 갈망과 집착이라는 단어가 떠오릅니다. 우리가 생을 유지하는 원동력은 생에 대한 갈망과 집착일 것입니다. 이 갈망과 집착은 생을 일으키지만 역시 죽음과 고통으로 우리를 몰고 가는 원동력이기도 합니다. 죽을지도 모르면서 달려드는 것은 우리가 미처 죽음을 생각하지도 않고 삶을 살아가는 것과 같다는 생각이 듭니다.

언제나 이 자리에 이 모습으로 존재할 것 같다는 생각으로 죽음은 아예 생각도 않습니다. 하려 하지도 않습니다. 떠올라도 외면합니다.

그러나 진실은 갈망과 집착이 고통의 원천이며 죽음의 길이란 것을 불나방을 보면서 배웁니다. 좀 더 삶의 본질을 민감하게 꿰뚫어 보는 자만이 이에 대한 준비와 대처를 할 수 있습니다. 불을 보면 무섭다는 생각을 하며 멀리하려고 노력할 것입니다. 그래서 나는 지금 조금씩 불의 유혹으로부터 멀어지는 연습을 하고 있는 것입니다.

불나방은 죽어가면서 죽는 이유를 알고나 있는지 궁금합니다. 만물의 영장이라는 사람은 적어도 이 문제는 생각해 보아야겠습니다. 그리고 그 다음은 어찌되는지도 생각해 보아야겠습니다. 그래야 우리가 길지도 않은 이생에서의 삶을 헛되이 보내지 않을 수 있기 때문입니다.

<성공하는 사람의 일곱 가지 조건>이라는 책을 쓰신 스티븐 코비 박사님도 죽음을 생각하면서 자기가 어떤 생을 산 사람으로 기억되었으면 좋겠는지, 누가 나의 가장 소중한 사람인지를 생각해보고 목표를 잡으라고 조언합니다. 그러나 우리는 이것을 뛰어넘는 고민을 해야 합니다.

어떻게 하면 이 고통의 세계에서 벗어날 지를 진지하게 고민하여야 합니다. 고통과 스트레스의 실체와 원인을 규명하고 행복한 존재가 되기 위한 노력을 해야 합니다. 이 노력에는 종교도 없고 종파의 구분도 필요가 없습니다. 공동의 관심사이기 때문입니다.

　고통스러운 금생이 끝난 후에 보다 나은 다음 생을 준비하자는 이야기가 결코 아닙니다. 윤회의 본질은 바로 지금 이 순간에도 있다는 사실을 아는 것입니다. 그래서 바로 지금 이 자리에서 되풀이 되는 윤회를 멈추어야 합니다.

　우리의 마음은 1초에 백만 번 이상 생멸을 거듭한다고 합니다. 이성적으로는 멈추고 싶지만 관성의 법칙에 의하여 나의 몸과 마음은 끊임없이 일어나서는 사라지기를 반복합니다. 이것이 윤회입니다.

　돌고 도는 고통스러운 생각과 의미 없이 되풀이 되는 일상에서 벗어나야 합니다. 이것이 윤회의 고리를 끊는 것입니다. 몸과 마음이 찰라생하고 찰라멸하는 것은 조금만 수행하면 볼 수 있습니다.

　우리는 이미 지나간 과거와 오지 않은 미래에 매달려 생각이 꼬리에 꼬리를 물고 일어납니다. 이 망상의 고리에 사로잡혀 있는지도 모르고 고통을 받습니다.

　하루에도 이런 실체가 없는 생각들이 반복적으로 떠올라 우리를 괴롭힙니다. 어떤 분은 '일을 하면 행복합니다'라고 말씀합니다. 이 분은 이러한 과거와 미래의 망상이 얼마나 고통스럽다는 것을 체험하신 분입니다. 그래서 일을 하는 동안은 이러한 것으로부터 자유로울 수 있으므로 행복감을 느끼는 것입니다.

그래서 돌고 도는 것을 윤회를 설명하기 위하여 굳이 다음 생을 거론할 필요도 없습니다. 우리는 바로 지금 이 자리에서 윤회를 거듭하고 있기 때문입니다.

부처님께서는 이러한 스트레스와 고통의 원인은 바로 갈망과 집착이라는 것을 통찰지로 관찰하셨습니다. 우리도 이것을 분명히 보아야 합니다. 그래야 고통으로부터 자유롭게 됩니다. 마치 불을 보고도 뛰어들지 않는 나방처럼 말입니다. 전기가 다시 들어왔습니다. 이제 촛불이 꺼질 터이니 아직 살아 있는 놈들은 조금 더 생을 연장할 듯합니다.

○ 나마(정신)명상의 절차 및 방법(2)

정신을 식별하는 방법에는 접촉(phassa)으로 시작해서 식별하는 방법, 느낌(vedana)으로 시작해서 식별하는 방법, 식(viññāṇa)으로 시작하는 식별하는 방법 세 가지가 있다.

위빳사나 수행자라면 이미 통찰지로 물질(rūpa dhamma)에 관한 식별을 완벽하게 할 수 있어야 한다. 왜냐하면 오온(五蘊)을 가진 존재의 정신은 눈 투명요소, 귀 투명요소, 코 투명요소, 혀 투명요소, 몸 투명요소, 심장불투명요소(바왕가 의존물질) 중 하나에 의지해서 끊임없이 일어나기 때문이다.

그래서 수행자가 아직 물질토대와 바왕가를 식별할 수 없다면, 정신의 견고한 덩어리(nāma ghana)를 깨뜨릴 수 없고 궁극적 실재(paramattha)를 깨닫는 통찰지를 얻을 수 없다.

물질을 완전히 식별한 사람[루빠명상]에게는 위의 정신을 식별하는 세 가지 방법 중 하나의 방법 또는 세 가지 방법 모두에 의해서 정신이 통찰지에 분명하게 떠오른다. 그래서 물질을 이미 완전히 식별한 수행자만이 정신을 식별해야 한다.

물질을 완전하게 식별하지 않고 물질의 한 두 개만 식별하고 정신을 식별하려고 한다면 수행은 퇴보할 것이라고 청정도론(XVIII)은 지적하고 있다. 파아옥에서는 선정수행을 기초로 위빳사나를 하므로 선정의 정신부터 분석하게 한다.

① 초선정에 든다.
② 초선정에서 나오자마자 다시 초선정에 든다.
③ 그리고 초선정에 드는 과정을 지켜본다.
④ 반복적으로 초선정에 드는 인식과정을 본다.
⑤ 각 인식과정에 해당하는 마음부수를 본다.
⑥ 처음에는 마음부수 하나씩 보고 익숙해지면 하나씩을 더 추가한다.
⑦ 그리하여 완전히 볼 수 있을 때까지 계속해서 반복한다.

▌모르면 보시도 할 수 없다

> 차라리 불에 달군 돌을 삼키고
> 녹아 흐르는 쇳물을 마실지언정
> 계행이 없이
> 어찌 남의 보시를 받으리오 －법구경

얼마 전 상좌부 비구계를 받은 어느 스님께서 이곳 명상센터에 조그만 다리를 놓는데 사용하라고 일정액의 보시를 하겠다고 의사를 밝혔다. 그런데 이곳 소임을 맡은 스님으로부터 그 돈은 사용할 수 없다는 통보를 받았다고 한다. 이유는 계율에 위배된다는 것이다. 부정한 돈! 돈에도 깨끗한 돈이 있고 부정한 돈이 있다는 말인가?

사유인 즉 상좌부계를 받은 비구스님은 돈을 지니고 있을 수 없으며 보시를 받았다고 하더라도 보시를 받을 당시에 돈이라는 것을 알고 받으면 계율을 범한 것이 된다. 따라서 계율을 범한 사람의 돈, 혹은 범한 사람이 보시하는 것으로 공사를 하면 명상센터도 공덕이 되지 않고 그 다리를 지나다니는 사람도 공덕이 되지 않으니 받지 못하겠다는 것이다. 이것을 삼륜청정이라 한다. 즉 보시자, 보시하는 물건, 받는 자. 이렇게 셋이 모두 청정해야 공덕이 된다는 것을 그대로 실천하고 있는 것이다.

상좌부 계율에 따르면 상좌부 비구스님에게 보시를 할 때에도 ‘필수품’ 혹은 ‘생필품’ 등의 용어를 사용하여 ‘스님에게 보시하려고 합니다.’ 라고 표현해야지 ‘얼마의 돈을 보시하겠습니다.’라고 ‘돈’이라는 직접적인 표현이 들어가면 그 돈은 받을 수 없다. 계율에 위배되기 때문이다. 받아서 공덕이 되게 잘 쓰면 되지 돈에 무슨 부정함이 있겠는가라고 평소에 생각하는 사람은 이해하기 힘들다. 하지만 이러한 청정성 때문에 많은 사람들이 이곳을 귀의처로 믿고 있으니 청정성은 바로 이곳을 지키는 힘의 원천이라는 생각이 든다. 사실 그 스님이 돈을 직접 갖고 계셨던 것도 아니고 출가수행자를 도와주는 깝삐야(재가신도)가 갖고 있었으며 그 돈도 같은 나라 스님이 이곳에 오시면서 시주를 받아서 그 스님의 통장에 넣어둔 것이라 한다. 그러니 그것이 무슨 문제가 되냐고 물었더니 그것을 받을 때 이미 '돈'이라는 것을 알았기 때문에 안 된다는 것이다.

결과적으로 좋은 뜻으로 보시를 하여 공덕을 지으려는 의도가 이뤄지지 못하였다. 그 후 그 스님은 그 돈을 명상센터에서 알아서 처리하라고 일체를 위임함으로써 청정성을 지켰다는 후문이다.

▌ 밖의 세상도 나와 같구나

> 분노를 버리라 아만을 없애라
> 모든 번뇌를 멀리 여의어
> 저 명색에 물들지 않으면
> 원수를 만날 일 없네 -법구경

오늘은 나마수행 중에서 후회, 들뜸, 의심, 인색, 질투, 화와 같은 마음의 부정성들이 내 안에서 일어나는 것을 관찰하였다. 그리고 밖의 모든 중생들의 마음에서 이러한 마음의 부정성들이 일어나는 것을 보는 명상을 하였다. 다른 사람의 마음을 보는 것을 밖을 본다고 한다. 불교수행에서 안이란 나 자신을 말하며 밖이란 남을 말한다. 마음속에 있는 이러한 오염원들 때문에 나는 괴로워한다. 정신 차리지 않으면 끊임없이 샘물 솟듯 이러한 마음들이 흘러나와 나를 괴롭힌다. 이러한 마음들을 자세히 들여다보면 찰나적으로 일어나서는 사라진다. 이렇게 비 오듯 쏟아지는 마음들은 하나도 그냥 헛되이 사라지지 않고 그 힘을 남겨 둔다. 보이지 않는 에너지의 형태로 잠재해 있던 이것들이 무르익은 상태에서 조건이 성숙되면 과보로써 나타난다.

다른 사람들도 나와 같이 유익하지 않은 마음들을 소나기처럼 쏟아내고 있다. 그리고는 괴로워한다. 무엇 때문에 괴로워하는지도 모르면서 괴로워한다. 가슴이 아프다. 이렇게 쉴 새 없이 쏟아진 씨앗들은 때를 기다리고 있다. 우리는 그것들이 꽃을 피울 때를 기다린다는 사실도 모르고 있다. 그리고는 과보의 마음이 꽃을 피우면 괴로워하기를 반복한다. 주르륵… 주르륵… 끝도 없이 씨를 뿌린다.

아비담마에 의하면 오문인식과정의 경우 모두 17번의 심찰나가 생멸을 한다. 그 중에 직접적으로 영향을 주는 마음들이 14번 있다. 이중에 강한 힘으로 업을 형성하는 것은 속행[자와나]이라고 하는 일곱 번의 마음이 생멸한다. 그중 첫 번째 일어난 마음은 이번 생에 과보를 받고 맨 나중 것은 바로 다음 생에 과보를 받는다. 나머지 중간에 있는 5개의 마음들은 세세생생에 잠복해 있다가 그 업이 무르익으면 과보로서 나타난다. 이렇게 결과가 예정된 마음들이 쉼도 없이 강물처럼 흘러간다.

이것을 볼 수 있다면 무섭고 두려워서 나쁜 생각이 일어나는 것을 멈출 것이다. 그래서 수행이 필요하다. 이러한 수행을 나마명상[nāma kammatthana 정신분석명상]이라고 한다. 제대로 알아야지 고통에서 벗어날 수 있다.

┃ 문제는 나에게 있다

> 남을 때림이 곧 자신을 때리는 것
> 원수는 서로 만난다.
> 남을 헐뜯으면 돌아와 자기가 헐뜯기게 된다.
> 남에게 성을 내면 나에게 성냄이 돌아온다. ─법구경

어제 한 스님으로부터 기분 나쁜 소리를 들었다. 그러나 전처럼 힘들지는 않았다. 수행의 힘인가. 그런 일이 있은 직후 유익하지 않은 마음이 의도하지 않아도 일어나는 것을 명확하게 볼 수 있어 오히려 수행에 도움이 되었다.

불쾌하고 가슴 아픈 일들이 이제는 수행의 도구가 되었다. 참으로 훌륭한 일이다. 다행스럽게도 유익하지 않은 마음을 바라보는 명상을 진행하는 중이라 시기적으로도 적절하다. 하지만 마음을 바라보고 지켜보는 데에는 많은 힘이 필요하다.

평상시 명상할 때는 유익하지 않은 생각을 의도적으로 일으켜서 그것을 본다. 그러나 지금은 그렇게 하지 않아도 마음속에서 나쁜 생각이 스스로 일어나니 나는 그것을 지켜보고만 있으면 된다. 그런데 유익하지 않은 생각을 일부러 일으켜서 그것을 바라볼 때와 오늘처럼 현실 속에서 직면하는 것은 많이 다르다. 우선 의도를 가지고 마음을 조작하여 보는 경우는 그 힘이 미약하고 이성적으로 '그렇구나'라는 정도로 짐작한다.

하지만 일상생활에서 의도하지 않은 상태에서 일어나는 마음을 보는 것은 에너지가 크다. 그래서 확실히 볼 수 있기 때문에 효과는 큰데 지켜보는 초기에는 힘이 든다. 느낌이 강렬하기 때문이다. 자세히 들여다보면 느낌은 더욱 강렬하게 다가온다. 그러나 관찰하는 사이에 어느덧 제3자의 입장에서 지켜보는 나를 발견하게 되면 그 순간부터는 괴롭지 않다. 일어나서는 사라지는 생각들을 남을 보듯 보고 있기 때문이다.

우 레와따 스님께 수행의 힘이 대단하고 나쁜 악의가 나오는 것을 지켜보고 있다고 하였더니 "사악한 힘[wicked force]은 남에게 있는 것이 아니라 스님의 내부에 있습니다."라고 하신다. 무서운 말씀이다. 남이 나를 괴롭히는 것이 아니다. 내가 마음을 일으켜서 내가 받고 있는 것이다. 원인은 나에게 있다.

▌구름을 헤치고 나온 달처럼

> 사람이 전에는 악을 행하였더라도
> 선으로써 그것을 멸하면
> 이 사람이 세상을 비추는 것이
> 구름을 벗어난 달처럼 밝으리라 - 법구경

업은 의도다. 말과 생각과 몸으로 짓는 의도다. 알고도 짓고 모르고도 짓는다. 일부로도 짓는다. 이러한 마음은 일어나서는 사라진다. 하지만 그 힘은 사라지지 않고 남아 있다가 한 치의 어긋남도 없이 때가 되면 꽃을 피운다.

겉모양을 포장하면 남을 속일 수 있다. 그러나 속마음은 언젠가는 드러난다. 상대가 겉과 속이 다른 것을 알게 되면 우리는 상대를 이중인격이라고 부른다. 이러한 경험을 하게 되면 우리는 인간에 대한 비애를 느끼게 한다. 참으로 인자해 보이던 사람이 뒤에서는 자기를 모함하고 헐뜯은 장본인이란 것을 알면 더욱 그렇다. 어제는 이런 모습으로 나에게 다가왔던 분이 내 꾸띠를 찾아와 잘못을 인정하고 사과를 하였다. 이런 모습에서 나는 오히려 비굴함보다는 아름다운 수행자의 모습을 보았다. 이분은 공부가 많이 되신 분이구나 하는 생각이 든다.

나를 가만히 돌아보았다. 닫힌 마음속에 보호본능과 받은 만큼 되돌려주려는 반발심을 가지고 있다. 오만함이 자신감으로 표출되고 있으며 성취한 것을 남과 공유하지 않으려는 인색함이 있다. 가만히 나를 돌아

보니 수행자답지 못함으로 가득 차 있다.

　마음은 단속하지 않으면 언제나 그 틈을 비집고 들어오는 놈이 있다. 아직 녹아내리지 않은 업력에 의하여 '나'를 보호하려는 본능으로 '나'에게 '그'가 던져준 '말과 행위'를 곱씹어 보고 '나'의 입장에서 판단하고 평가하며 미래를 계획하고 있다. 악은 내 안에서 자라고 있는데 원인은 밖에서 찾는다. 이렇게 되면 수행은 저만큼 물러간다.

　'나'를 보호하려는 본능이 살아서 꿈틀거리며 몸부림을 친다. 땅바닥에 내던져진 저 물고기처럼 마라의 손아귀에서 벗어나기 위한 것처럼 발버둥치고 있다. 마라는 내 안에서 자라고 있는데 나약한 병아리가 밖에 나온 것처럼 외부의 적에 노출된 것처럼 두려움에 떨고 있다.

　이편과 저편 양변을 여윈 마음의 평온은 아직 멀었다. 매일 아침 예불할 때 외우는 12연기에 태어남이 고통이라 하였는데 바로 지금 이 순간에도 찰라생하고 찰나멸하는 윤회는 거듭되고 있다. 꿈에서도 헤매고 눈뜨고도 헤맨다. 구름을 헤치고 나온 달처럼 언제나 될 수 있을까.

○ 不思善! 不思惡!

처음 수행을 시작할 때나, 수행이 어느 정도 무르익으면 반드시 수행의 장애가 나타난다. 이를 마장이라 하였다. 마장이 나타나면 수행처에서 달아나기 위한 갖가지 핑계 거리를 찾는다. 세속에서 맺혔던 인연을 풀고 다시 수행을 하겠다는 이도 있고, 수행처 내의 수행자들과의 관계 때문에 못 견디고 수행처를 떠나기도 한다. 어떤 이는 오래 전에 잊혀졌던 기억 때문에 힘들어 하는 경우도 있다.

이런 것들을 극복하지 못하면 수행자는 수행처를 떠난다. 들어보면 모두가 나름의 이유를 가지고 있지만 결론은 수행을 멈춘다는 것이다. 나의 경우도 때로는 세속의 일로, 때로는 수행자들 사이의 갈등으로 괴로움이 많다. 그때마다 얼마나 힘들었던가?

돌이켜 보면 일체유심조[一切唯心造]이니 모든 것은 마음먹기에 달렸다. 원인은 나에게 있다는 것을 확철하게 알고 뚫고 지나가야 하는 수밖에 없다. 마장이라는 것을 알고 그런 마음이 다시 일어나지 않게 단속할 수밖에 없다.

정진의 힘은 위기감과 절절한 마음에서 나온다. 자기의 수행목표를 되짚어 보아야 한다. 수행을 해야 하는 절절한 목표가 살을 파고들어야 한다. 그래야 이 장벽을 넘을 수 있다. 모든 나타난 현상계에 대한 해석은 금물이다. 선도 생각하지 말고 악도 생각지 말아야 한다. 그래서 不思善! 不思惡!이다.

▌ 과거를 돌아보며

> 전생 일을 모두 다 알고
> 생사의 괴로움이 끊어진 곳도 알아
> 업에 의해 다시는 태어나지 않는
> 지혜로 그윽한 도를 통하고
> 지혜가 부처처럼 밝은 사람
> 그를 일러 범지라 하네 - 법구경

한국은 벌써 눈이 내렸다는 소리를 들었다. 전혀 다른 세계의 이야기 같이 들린다. 여기는 내리쬐는 태양에 머리가 뜨겁다. 3일 전부터 전생으로의 여행을 시작하였다. 첫째 날은 부처님께 물과 향을 올리고 간절한 마음으로 수행의 성취를 기원하였다. 그리고 시간을 거슬러 절할 때의 마음과 물과 향을 준비하는 과정을 단계적으로 기억해 내는 명상을 하였다.

즉 절하는 모습, 물과 향을 올리는 모습, 방안으로 들어오는 모습, 언덕길을 물을 가지고 올라오는 모습, 물을 받는 모습, 물을 뜨러 내려가는 모습 등을 시간을 거슬러 올라가며 하나도 놓치지 않으려는 마음으로 기억해 내는 것이다. 이런 식으로 방금 전에 있던 일을 하나도 빼지 않고 그때 나는 어떠한 생각과 행동을 하였는지를 시간을 거슬러 올라가며 기억해 내는 것을 반복하며 첫째 날을 보냈다.

어제부터는 본격적으로 기억을 더듬어 과거로 거슬러 올라가기 시작하였다. 17년간의 직장생활, 석사와 박사학위를 취득하기 위하여 공부하던 기간, 군대생활, 대학 4년, 고교3년, 중학3년, 초등6년 중 3번의 전학, 그리고 유년기, 두 살 때 엄마 등에 업혀서 극장 갔던 일, 한 살 때 아버지로 보이는 분이 치시던 목탁소리, 열려지는 어머니의 자궁, 10개월간의 태아, 그 속에서의 불안과 편안함, 빛과 어둠의 교차, 탯줄로 보이는 굵은 밧줄, 매달려 있는 완두콩 같은 나의 모습, 다시 교차되는 밝음과 어둠. 그리고는 허공과 같은 공간의 이미지가 보인다.

입태의 순간, 흰빛이 서너 번 번쩍거리곤 다시 공간 속에서 빛과 어둠이 교차된다. 가슴이 큰 누워있는 사람을 본다. 누워있는데 움직이지 않는다. 파도치는 모습도 보이고 연화대에 누워 있는 모습으로도 보인다. 가슴이 큰 것으로 보아서 여자인 듯하였으나 성[bhāva] 분석결과 남자로 판명되었다. 온몸이 덜덜 떨려 더 이상 진전하기가 무섭다.

이상하게도 눈물이 많이 흐른다. 과거로 올라가는 사이에 아버지, 어머니의 삶이 보인다. 오늘의 내가 혼자 큰 줄 알았더니 그분들의 고생으로 내가 있음을 보았다. 가슴이 저리고 아프다. 시간 속에서 떠오르는 그분들의 삶을 보면서 어제와 오늘 눈이 붓도록 울었다. 흐르는 눈물 때문에 명상을 자주 멈추어야 했다.

나의 기억은 무서우리만치 살아있다. 앞만 보고 살아왔기 때문일까. 모든 것은 기억의 저편으로 스러졌을 것이라 믿었었는데, 아니 과거는 생각조차 하지 않고 살아 왔었는데 어찌 이리도 과거는 현재처럼 살아있는가. 되살아나는 기억들을 보니 놀라울 따름이다. 긴장과 가슴 졸임의 연속이 나의 과거를 메우고 있었다.

　기억을 회상하는 과정에서의 고통스러움이 잔물결이 되어 팔뚝에서 고동친다. 앞만 보고 살아왔던 43년간은 이렇게 정리되었다. 아버지의 사랑과 고통, 어머니의 사랑과 눈물, 가슴이 메어진다. 과거를 다시 한 번 산다는 것은 무서운 일이다.

▌전생을 기억한다는 것

> 그림자가 형체를 따를 뿐만 아니라
> 형체 역시 스스로 그림자를 따른다.
> 오로지 선업과 악업만이
> 자기 몸을 끝까지 떠나지 아니한다 -법구경

어떻게 이러한 일이 가능한가. 어떻게 이해를 해야 하나. 전생을 본다는 것을 이성적으로 이해할 수 없다. 사실 나는 죽으면 모든 것이 끝이라는 단멸론자에 가까웠다. 그러나 요즘에 내가 경험하고 있는 것을 어떻게 설명할 수 있을까? 혹시 내가 의도적으로 만들어 내는 것은 아닌가 하는 의심도 해본다. 하지만 나는 얼마나 간절하게 있는 그대로의 모습을 알게 해 달라고 삼보께 기원하였던가. 혹시 있을지 모르는 의도되지 않은 조작을 피하기 위하여 있는 그대로의 모습을 보기 위하여 몇 번이나 기원하였던가. 그런데 정말 이러한 일들이 가능한가. 내가 본 것들은 모두 실재하였던 현상들인가? 오늘은 스승이신 우 레와따 스님께 나의 이러한 고민을 털어놓았다.

"스님, 이러한 현상을 어떻게 제가 이해하여야 합니까?"

우 레와따 스님께서 답하신다.

"이러한 수행법은 쌍윳다 니까야[상응부 경전]에서 부처님께서 가르치신 방법입니다. 나의 바왕가는 전생의 바왕가로 연결되어 있습니다. 이 통로를 따라 올라가면 과거의 나의 몸과 마음을 볼 수 있으므로 그때의 나를 생생하게 느낄 수 있는 것입니다.

만약 죽음의 순간을 보았다면 그 죽음의 순간에 떠오른 생각이 새로운 생을 어떻게 일으키는지, 어떠한 인과가 있는지 통찰지로 보려고 노력하십시오. 마치 손가락을 움직이려는 의도가 먼저 움직이고 손가락이 움직이는 것처럼 죽음의 순간에 떠오른 생각은 새로운 생을 일으킵니다."

쌍윳다 니까야 캇자니야경에 "비구여 수많은 과거 존재의 무더기를 통찰지로 회상함으로써 식별할 수 있는 사문과 바라문이 있다. 그러한 사문과 바라문은 5가지 취착의 무더기(오취온) 또는 하나의 취착의 무더기를 통찰지로 회상할 수 있다."는 것을 근거로 하는 것이다. 이 경전에는 전생을 기억하는 이라는 단어를 사용함으로써 숙명통이 아닌 통찰지로 회상하는 것을 의미하고 있으며, 숙명통에서 보는 종족, 음식, 피부등과 같은 것을 보는 것이 아니다. 아비담마와 위빳사나의 대가이신 레디 샤야도는 사람이 전생을 기억하는 것에 대하여 다음과 같이 말하였다.

○ 인간으로 다시 태어난 사람이 자기의 과거 존재(전생)를 정확하게 말할 수 있는 경우가 있을 수 있습니까?

[레디 사야도] 물론이죠. 이것은 특별한 것이 아닙니다. 그리고 업과 관련된 불교의 가르침에 따른 것입니다. 그러한 사람을 태어남으로부터 존재를 기억하는 이성적 존재라고 부릅니다.

다만 어려서 죽은 어린이, 늙고 노쇠하여 죽은 자들, 마약과 음주에 강한 중독이 된 사람들은 사람으로 태어나도 자기의 전생을 기억하지 못합니다. 임신기간 중에 산모가 아팠거나 혹은 육체적으로 심한 고생을 하였거나, 무도한 행동 혹은 조심성 없는 행동을 하여 탯속의 어린아이가 기절하고 놀라는 경우 그들의 전생에 관한 기억은 상실됩니다.

다음의 경우는 전생에 관한 기억을 갖고 있습니다 : 인간세는 아니지만 천신, 범천, 혹은 지옥에 태어나는 자들은 그들의 전생을 기억합니다. 건강하게 있다가 사고로 갑자기 죽은 사람들이 그들을 잉태한 어머니가 건강하고, 깨끗하게 살았고 조용한 여성이라면 다음 생에서 이러한 기능을 보유하거나 갖게 될 수도 있습니다.

안정된 삶을 살았고 공덕을 짓는 삶을 살았으며 그들의 전생에서 이러한 능력을 얻기를 자주 기원하고 노력한 사람들도 종종 이러한 능력을 얻습니다. 마지막으로 붓다, 아라한 그리고 성인들은 숙명통이라고 알려진 신통력을 얻습니다.

▌ 단체 자비관

> 한 평생 백년 동안 살아가면서
> 천하의 신들을 받들고
> 코끼리와 소 돼지로 제사를 지내도
> 한 번의 자비를 행한 것만 못하다. - 법구경

이곳 파아옥 명상센터는 재가신도들의 보시로 건립되었고 유지되고 있다. 이곳의 최대 시주자는 중국인으로 여성 사업가라고 한다. 현재 건축 중인 여성전용 5층 명상홀, 시마홀 그리고 공양간인 삔다빠다홀 건립 때도 큰 시주를 하였다고 한다. 그 외에도 20여 채의 꾸띠를 지어 시주하였다. 적어도 하드웨어적인 시설물의 많은 부분은 그 중국의 사업가에 의해서 이뤄진 셈이다.

오늘 바로 이분의 가족이 자기 가족들을 위해 자비관을 해달라는 요청을 해왔다고 한다. 그래서 모든 수행자는 저녁예불 때 모이라는 공고가 붙었다. 남자는 시마홀, 여자수행자는 아랫절로 모이라고 한다.

'이런 성스러운 승가대중에게 자기만을 위한 자비[메타]를 요청하다니…' 불쾌하다. 적어도 그때까지는 그러하였다. 그러나 오늘의 이곳을 있게 한 공덕과 오늘 아침과 점심공양이 그분의 가족들이 보내온 것이라는 이야기를 듣고 참석하기로 하였다. 공양을 받았으니 축원은 당연한 것이 아닌가. 마음 한편으로는 상좌부 불교의 본산인 이곳에서는 이런 것을 어떻게 처리하나 궁금하기도 하였다.

오후 정진을 마치고 맺힌 다리를 풀어 주려고 포행을 하였다. 포행 중 대중 소집을 알리는 목탁소리가 울려 시마홀에 가보니 많은 스님들이 이미 도착해 있었다. 조금 후 소임을 맡은 스님이 미얀마말로 금일의 상황을 설명하는 듯했다. 6시에 저녁예불문을 합송하고 라따나 숫따[ratana sutta]를 암송했다. 그리고 마지막으로 자애경을 외웠다.

이것이 끝이었다. 즉 저녁예불을 모시고 삼보에 귀의하는 것이 얼마나 수승한지를 설한 경을 읽은 다음에, 모든 이들이 고통에서 벗어나 행복하기를 기원하는 자애경을 암송하는 것으로 진행한 것이다. 한 개인을 위한 축원이라기보다는 모든 존재를 위하여 수행의 공덕을 회향하고 있으니 기분 좋은 놀라움이었다.

사실 나는 내심 한국에서 하는 것처럼 한 개인이나 가정의 '만사심중 소구소원 소구소망 성취지발원'이라는 축원문만 생각하였는데 자애경을 읽는 수행자들이나 자애경을 듣는 모든 존재들이 모두 행복하라는 내용이니 이것 또한 수행자 자신을 위한 수행방편이 됨을 느꼈다. 훌륭하다. 보시자의 자비관 요청으로 오히려 수행자들이 행복하게 되었으니 그 보시자는 또 복을 받겠구나 하는 생각이 든다.

좋은 방법이다. 무조건 보시자의 복을 빌어주는 것보다도 삼보에 귀의하는 것의 공덕과 내용을 알려주는 경전을 합송하고 서로에게, 생명이 있거나 없는 모든 존재들의 정신과 육체적 고통에서 해방되기를 기원하는 자애경의 합송은 분위기도 거룩하고 내용도 거룩하다는 생각이 든다. 느낌표가 있는 저녁. 하늘에 초승달은 청아하고 불어오는 바람은 서늘하다. 혼자 걷는 산길이 고즈넉하다.

○ 바왕가

바왕가는 마노의 문입니다. 이 마노의 문을 통하여 인식과정이 시작됩니다. 이것을 볼 수 있어야 인식과정을 정확하게 구분할 수 있습니다. 인식과정을 정확히 볼 수 있어야 마음부수를 볼 수 있습니다. 바왕가를 본다는 것은 내 몸과 마음의 원인과 결과를 이해하는 통로를 찾은 것과 같습니다.

▶ 바왕가란 무엇인가?

인식과정과 인식과정 사이에 있는 마음이다. 존재와 존재를 이어주는 과정을 벗어난 마음입니다. 존재상속식(存在相續識)이라 번역하고 영어로는 life continuum이라 번역하는 책도 있습니다. 모든 인식과정은 이 바왕가를 거쳐서 다음 인식과정으로 넘어갑니다. 그런데 바왕가는 에너지가 약한 마음의 하나로 엄연히 마음의 대상을 가지고 있습니다. 이것을 '인식과정을 벗어난 마음'이라고 합니다. 이 바왕가의 대상은 전생에서 죽는 순간에 떠오른 업이나 업의 표상 혹은 태어날 곳의 표상중 하나입니다. 이 마음은 금생을 마무리하는 죽음의 순간까지 계속 강물처럼 흘러갑니다.

▶ 마노의 문(mind-door)으로서의 바왕가 - 문과 토대

북방불교에서는 육근이라는 용어를 사용하지만, 남방불교에서는 근(根)을 문(門)과 토대로 구분합니다. 이때의 문은 마음이 마음의 대상과 교감하는 매개체입니다. 이 여섯 가지 감각의 문을 통해서 마음(識)과 마음을 의지하여 일어나는 법이 대상(境)을 만나러 가

고, 대상은 마음과 마음을 의지하여 일어나는 법의 영역으로 들어
오는 것이지요. **눈, 귀, 코, 혀, 몸의 문은 물질에 속하고, 마노의 문
(意門)은 정신으로서 바왕가입니다.** 다만 이 바왕가도 심장불투명
물질에 의지하고 있습니다. 오문(五門)은 형색, 소리 등의 대상에 반
응하는 투명한 깔라빠들인 다섯 감성물질이 그 역할을 수행합니다.
토대는 마음(識, 윈냐나, 알음알이)의 의지처가 되는 물질입니다. 마
음과 마음을 의지하여 일어나는 법이 이에 의지한다 해서 토대라
고 합니다.

▶ 바왕가는 언제 봅니까?

  수행자가 전생의 죽음의 순간에 떠오른 생각이 무엇인지를 볼 수
있을 때, 바왕가의 대상이 무엇인가를 이해할 수 있습니다. 죽음의
순간에 떠오른 것을 명확히 본다면 금생에서 인식과정과 인식과정
사이에 흘러가는 마음의 대상을 볼 수 있고 그것이 무엇인지 이해
할 수 있기 때문입니다.

▶ 바왕가가 아뢰야식입니까?

  바왕가는 인식과정과 인식과정 사이를 잇는 매개마음이라고 할
수 있습니다. 그리고 상좌부 불교에는 말라식이나 아뢰야식이라는
단어가 없습니다. 오직 바왕가가 있습니다. 그러나 이 바왕가는 표
면 아래에 흐르는 잠재의식이나 무의식이 아닙니다. 바왕가는 오문
이나 의문의 대상이 없을 때 생멸을 거듭하며 흘러갑니다. 이것은
꿈이 없는 숙면 속에서도 계속 흘러갑니다. 바왕가는 모든 마음처

럼 대상을 갖습니다. 그것은 전생에 죽는 순간에 일어난 생각, 즉 업, 업의 표상, 태어날 곳의 표상 중 하나를 대상으로 하며 이 표상은 금생에서 죽는 순간까지 변하지 않습니다. 모든 인식과정은 이 바왕가를 거쳐 다음 인식과정으로 넘어가기 때문에 마노의 문 (mano-dvāra)이라고 부르는 것입니다.

■ tick

> 비록 백 개의 게송을 설할지라도
> 그 게송의 참뜻을 알지 못하면
> 차라리 한 글귀의 뜻을 바로 알아
> 듣고 해탈을 얻음만 못하다 - 법구경

틱이라는 조그마한 벌레가 있는데 진드기와 비슷하다. 요즘에 이놈들이 극성을 부려 골치가 아프다. 좁쌀 정도의 크기에 붉은 갈색을 띤다. 몸에 붙어 있으면 붉은 반점이나 딱지처럼 보인다. 얼마 전 나는 왼손의 집게손가락과 가운뎃손가락 사이에 조그마한 딱지가 앉아 약을 바르고 치료를 하였는데 차도가 없었다. 주먹을 쥐면 이물감이 느껴지며 마치 부은 손을 구부리는 것처럼 불편함이 있었다. 그런데 그것과 비슷한 묵직한 통증이 오른쪽 턱밑에도 느껴져서 약을 바르고 반창고를 붙이고 다닌 지가 3주정도 되었다.

며칠 전엔가 옆 꾸띠에 사는 스님이 약병과 침을 들고 오시는 것을 길에서 보았다. 도와 줄 일이 있냐고 하였더니 괜찮다고 하시면서 '틱'이라는 놈을 떼려고 한다 하셨다. 그러면서 내 얼굴을 보시더니 오른쪽 목 밑에 붙어있던 반창고를 떼어보시더니 "어! 틱이 있네." 하셨다. '틱'인 줄도 모르고 약을 바르고 반창고를 붙여 놓았더니 이놈이 죽어서 말라붙어 있었던 것이다. 놈에게 물리면 상처가 완치되더라도 1년 주기로 가려움증이 생기는데 쑥으로 그 자리를 뜸을 뜨면 가려움증이 없어진단다.

　점심 무렵에 오른쪽 엄지손가락 뿌리 끝이 이상해서보니 붉은 좁쌀만한 놈이 살 속에 머리를 박고 있는 것이 아닌가. 이 틱이란 놈의 특징은 힘이 좋아 몸통을 잡아끌면 머리가 끊어진다. 살 속에 박힌 머리가 주위를 감염시켜 통증을 유발한다. 그래서 치료도 어렵다. 명상홀 앞에는 이놈들에게 피해를 당하지 않기 위하여 안내문이 붙어있다. '틱'을 손으로 잡아당기면 머리가 끊어지니 별도의 도구를 이용하여 떼어내야 한다는 주의사항이 사진과 함께 붙어있다.

　그래서 바로 떼어내지는 못하겠고 공양을 받기 위하여 줄을 서있으려니 신경이 자꾸 쓰인다. 이 순간에도 이놈이 내 살을 파먹고 있다는 생각을 하니 찝찝하다. 손가락을 움직일 때마다 침으로 쏘는 것처럼 따끔따끔하다. 참다못해 수돗물을 세게 틀어 놓고 손을 씻어 보아도 떨어지지 않는다. 공양을 받자마자 명상센터에 있는 병원으로 바로 갔는데, 이놈을 발견하고 1시간이 경과한 셈이다. 내 몸 속으로 다른 놈이 머리를 박고 무엇인가를 하고 있다고 생각하는 순간 나와 남이 하나다라는 '자타불이'의 생각은 사라진 지 오래다.

　병원에 있던 스님 한 분이 이것을 보더니 바세린 같은 연고를 바른 후에 V자 모양의 도구로 그 놈을 고정시킨 후 집게로 뽑는데 뾰뾰복! 하고 여러 개의 바늘이 동시에 뽑히는듯한 느낌이 들었다. 그러고는 그 위에 액체로 된 약을 발라 주었다. 혹시나 해서 왼손에 붙어있는 딱지를 보여 드렸더니 '틱'이라고 하시면서 뽑아 주셨다. 그 놈이 머리를 살 속에 넣고 몸통도 피부에 바짝 붙어 있으니 상처 난 곳에 앉은 딱지처럼 보였던 것이다. 눈을 뜨고 보아도 구별할 수 없으니 눈이 소용이 없다.

▌또 틱이다!

만일 이 몸이 머무는 바를 보았다면
여섯 감관의 접촉이 근원임을 알리라
비구가 항상 일심으로 깨어있다면
머지않아 열반을 알게 되리라 —법구경

오늘은 매우 피곤하였나 보다. 점심공양 후 조금 눈을 붙인다는 것이
눈을 떠보니 3시 40분이 되었다. 혼자 수행을 하다 보니 이런 일이 생
긴다. 하지만 몸은 가뿐하다. 어제만 하더라도 왼쪽 입술 끝이 부르트려
고 조짐이 보였는데 많이 좋아진 듯하다. 수행은 거문고 줄과 같아서
알맞게 팽팽해야지 좋은 소리가 난다는데 요즘 균형을 잃은 듯하다. 조
금 더 쉬었다가 포행이나 나가야겠다.

어제도 틱이란 놈을 두 마리 제거하였는데 오늘 아침에 세수할 때 보
니 오른쪽 손에 또 붙어 있어 떼어냈다. 점심 무렵에도 더워서 목욕물
을 뒤집어쓰다가 목 밑을 만져보니 통증이 있어 옆의 꾸띠 스님에게 말
하니 '틱'이란다. "으아! 또 틱이다!"

공양도 하지 않고 바로 병원으로 가서 제거부터 하였다. 병원에 있던
그 스님이 어제 한번, 오늘은 두 번이나 방문하여 틱을 제거하니 아마
도 꾸띠가 지저분하여 그런 것이 아닌가 하는 눈치로 위치를 물어본다.
가만히 원인을 생각해 보았다. 내 꾸띠와 공양간을 오가는 사이는 남들
이 다니지 않는 좁은 오솔길인데 아침저녁으로 거미줄을 헤치면서 이

동해야 한다.

   거미줄을 막대기로 걸으며 이동하는데 간혹 목덜미 등에 먼지와 같은 무엇인가가 떨어지는 느낌을 받곤 했었다. 혹시라도 이놈들이 나뭇잎이나 거미줄에 걸쳐 있다가 그것이 흔들릴 때 몸에 떨어져 붙는 것 같다. 꾸띠를 청소하지 않는 지저분한 수행자로 오해받기 싫은데 결과가 그렇게 되었다. 중국 사람이냐고 물어보길래 한국 사람이라 하였더니 북한인지 남한인지를 묻는다. 남한이라 대답하고는 북한은 종교의 자유가 없다고 설명하려다가 공연한 듯하여 그만두었다.

   미얀마는 예전에는 북한과 더욱 가깝게 지냈다고 한다. 그러나 아웅산 사건 이후, 특히 우리나라의 새마을 운동을 벤치마킹하여 배워간 이후로는 남한과도 친하게 지내는 터이다. 이곳의 군인들은 텔레비전을 보다가 '박정희 대통령'의 사진이 나오면 전원 부동자세를 취한다고 어느 지인으로부터 들었다.

▌별들의 뒤를 따르는 달처럼

> 그 영혼이 새벽처럼 깨어 있는 이,
> 인내심이 강하고 고개를 숙일 줄 아는 이,
> 이런 사람을 만나거든
> 그의 뒤를 따르라.
> 저 별들의 뒤를 따르는 달처럼 - 법구경

아침명상을 조금 일찍 끝내고 도서관에 갔다. 이곳 명상센터 내의 도서관에는 전 세계에서 발행된 불서들을 한 곳에 모아 놓아서 필요하면 수행자들이 이용할 수 있다. 영어와 미얀마어, 그리고 중국어 관련서적이 대부분이다. 한국 수행자들이 기증한 책도 200여 종류 된다. 대출소임을 맡고 있는 미얀마 스님께서 요즘의 수행이 어떠한지 물어보신다. 나이도 많아 보이시는 노스님인데 수행의 진전이 많다고 답하니 크게 기뻐하신다. 남의 성공을 함께 기뻐하는 마음이 생활화 되신 듯하다. 말씀을 나누다가 당신은 수행의 진전이 별로 없는데 내가 부럽다는 말씀도 덧붙이신다.

책도 빌리고 수행 인터뷰도 끝내었는데 평소보다 모든 것이 조금 빨리 끝났다. 그래서 공양간에 붙어 있는 게시물 등을 둘러보는 도중에 벽에 붙어 있는 두 통의 편지가 눈에 띄었다. 히말라야에서 온 편지다. 이 e-메일 온 것을 프린트하여 붙여 놓은 것인데 큰 사야도이신 우 아찐나 스님을 시봉하기 위하여 동행한 스님이 사중 식구들에게 소식을 전한 것이다.

이곳의 선원장이신 큰 사야도(우 아찐나, 74세)께서는 약 2주 전에 본인의 수행을 위하여 히말라야로 출발하셨다. 사야도께서는 건강하시고 수행지도법사도 사야도의 도착과 수행에 매우 기뻐한다는 소식과 사야도의 수행을 위하여 물질적인 것은 물론 정신적 편안함을 위하여 최선을 다하겠다는 내용이다.

74세의 노구를 끌고 히말라야 오지로 수행을 가신 이곳의 선원장! 800여명의 대중을 이끄시는 명상지도자께서 본인의 수행이 급하다며 모든 것을 뒤로한 채 히말라야로 가신 것이다.

무슨 말이 필요 있으랴. 행동으로 모든 것을 보이신 것을…. 두 통의 메일을 읽으며 제자의 스승을 보필하는 마음과 스승의 수행에 대한 의지를 읽을 수 있었다. 훌륭하구나! 훌륭하구나! 더없이 훌륭하구나! 출발하시기 전날 공양간에서 나를 쳐다보시던 따스한 눈길이 떠오른다. 바로 이것이었구나 하는 생각이 스친다. 다시는 못 뵐 것 같은 생각이 든다. 출발 전 삼배라도 올릴 것을…. 아쉬움이 남는다. 수행을 성취하셔서 부디 금생에 대열반을 성취하십시오. 스님.

○ 히말라야에서 온 편지

1,000여명이 넘는 수행자들을 뒤로하고 오로지 당신의 수행을 위하여 훌훌 털고 히말라야로 떠나신 큰 사야도의 편지를 소개합니다. 수행에서 스승이 전부라 해도 과언이 아닌데 큰 사야도께서는 말없이 우리에게 수행자의 본을 보여주셨으므로 참다운 스승이라는 생각이 듭니다. 아래 편지는 명상센터 곳곳에 붙어 있던 것을 소임자에게 부탁하여 받은 것입니다. 참다운 스승의 모습과 스승을 모시는 제자의 모습이 아름답게 보여 간직하고 싶어서였습니다.

❖ 첫 번째 편지 - 우 짠디마 스님께

모두가 편안하신지요?

우리는 사야도를 위하여 최선을 다할 것입니다. 사야도를 걱정하시는 명상센터의 모든 수행자들에게 이 내용을 알려주십시오. 사야도의 수행과 영성 그리고 정신적 평안함 등을 위하여 필요한 모든 것들을 저희가 보필하도록 하겠습니다. 사야도께서 세속적인 일들의 걱정에서 벗어나시기를…!

히말라야에서의 수행은 나이가 많으신 사야도에게 아주 힘든 일이지만 위대한 일입니다. 수행이 진행되면서 눈에 보이지 않는 많은 것들로부터 시험이 있을 것입니다. 가피도 있을 것이며 인도도 있을 것입니다. 담마(법)는 퍼져나가야 합니다. 그리고 삶의 경험을 통하여 그 효과성이 입증되어야 합니다. 우리가 행한 공덕이 무엇이던 간에 여러분 모두에게 골고루 회향되기를 바랍니다.

사야도께서는 우리가 인터넷을 사용하는 것을 원치 않으십니다. 우리는 스승님의 유지를 받들 것입니다. 그러하오니 불편하더라도 참아주십시오, 혹 앞으로 사야도를 모시는 일 중에 어떤 실수가 발생한다고 하더라도 잘해 보려고 하다가 한 실수하였다고 이해하여 주십시오, 좋은 의도였다고 알아주십시오,

사야도의 수행은 우리에게는 커다란 가르침입니다, 만약 우리가 이러한 정신을 배운다면 공간적으로 멀리 떨어져 있다고 하더라도 마음은 항상 함께 하는 것입니다, 사야도를 뵙고 싶어 하는 모든 이들에게 이 소식을 전해주십시오, 그리고 사야도를 위하여 기도하여 주십시오,

비구 망갈라 드림

❖ 두 번째 편지 - 사야도를 보고파 하는 모든 이들에게

사야도께서는 히말라야에서 잘 계십니다. 건강하시구요. 사야도께서는 고지대로 인한 고산병도 없습니다. 여행으로 인한 피곤함을 느끼시는 것을 제외하고는 잘 계십니다. 오는 중에 방콕을 경유하였는데 잠깐 쉬실 수 있도록 조치를 하였습니다.

사야도께서는 인터넷 사용을 좋아하지 않으시기 때문에 자주 연락을 드리지 못하니 양해하여 주십시오. 만약 사야도에게 무슨 일이 발생하거나 도움이 필요한 일이 생기면 연락드리겠습니다. 사야도께서는 도착하신 후에 아무런 문제없이 명상을 하실 수 있게 되었습니다. 저희는 사야도께서 다시 수행하시는 모습을 보게 되어 정말 행복합니다. 모두 함께 기뻐하여 주십시오. 우리는 여러분을 대신하여 사야도를 모시고 있습니다. 모두가 기뻐하여 주십시오. 그리고 이러한 공덕을 함께 하여 주시기 바랍니다. 여러분 모두 행복하고 평화롭기를….

비구 망갈라와 담마수보 씀

❖ 세 번째 편지 - 소임자 스님께

  우리는 지금 델리에 있습니다. 내일 아침 9시 30분 콜롬보로 가는 비행기를 기다리고 있습니다. 히말라야의 날씨는 지금 매우 좋지 않습니다. 특히 금년에는 더욱 악화될 것이라고 합니다. 더운 나라에 사시던 분이라 몸을 따스하게 해야 할 텐데 열악한 전기사정으로 사야도의 건강이 우려됩니다.

  그래서 사야도의 수행이 잘 진행되도록 나우야마[스리랑카]로 가려고 합니다. 사야도께서는 2007년에는 어느 누구도 가르치지 않고 오로지 당신의 수행만 하신다고 합니다.

  그렇지만 2008년은 미국에서 예정되어 있는 수행은 지도하시겠다고 합니다. 아리야난다 스님께서 사야도를 영접하실 것으로 알고 있습니다.

  스리랑카에서 모든 일들이 잘 되기를….

  스님! 부디 건강하십시오.
  스님들께서 명상센터를 관리하는 소임을 기꺼이 맡으셨지만 무거운 부담임에 틀림없습니다. 모든 것이 순조롭기를 기원합니다.
  모든 이들이 최선을 다하시기를!

비구 망갈라
2006년 12월 15일 오전 11시44분 씀

▌ 개밥

> 법을 잘 알고 스스로 깨달은 사람
> 그는 곧 능인의 제자.
> 밤이나 낮이나
> 한 마음으로 항상 보시를 생각하라 -법구경

몇 달 전에도 닭 때문에 마음 아파한 적이 있었다. 공양시간에 남은 음식을 습관처럼 닭에게 주다가 갑자기 먹이를 주지 않으니 닭들은 정해진 시간에 다른 곳에 가서 먹이를 구하지 않고 멍하니 내 꾸띠를 쳐다보곤 했다. 그 일이 있은 다음부터는 짐승들에게 먹이를 주지 않았다.

그런데 며칠 전 꾸띠 앞에 새끼를 밴 흰 개가 찾아 왔다. 숨을 헉헉대며 앉아 있는 모습이 애처로워 그만 음식을 나눠 주었다. 그랬더니 어제 아침에는 그놈이 공양간 앞에 기다렸다가 꾸띠까지 따라온다. 공양간에서 꾸띠가 있는 산위까지는 15분 정도 걸리는데 뒤를 따라 올라온 것이다.

도중에 뒤를 돌아보며 막대기를 휘두르며 쫓으려 하였지만 막무가내로 따라왔다. 그래도 모른 척하며 문을 닫고 공양을 했다. 아무 소리가 나지 않아 문을 열어보니 댓돌 위에 그놈이 앉아서는 까아만 눈동자로 나를 올려보고 있다. 임신하여 불룩해진 배를 보고는 새끼 날 때까지만 돌보아주자는 마음이 일어 음식을 주고 말았다.

오늘 아침이다. 아침공양을 받아 오는데 오늘도 이놈이 꺾어진 산모 퉁이에 앉아서 나를 기다리고 있다가 반갑게 꼬리를 친다. 꼬리를 어찌 나 힘차게 흔드는지 온몸이 흔들린다. 그래도 모른 척하며 한참을 가다 가 뒤를 돌아보니 처음 보는 개가 세 마리나 쫓아오고 있다. 아마도 이 놈이 말을 했지 싶다. 나눠줄 음식도 부족하지만 한 놈 뒤에 다른 놈이 있고, 그 놈 뒤에 또 다른 놈 있다는 연결고리가 보인다. 어찌하랴. 쫓아 버릴 수밖에…. 그렇지 않으면 이놈들은 나만을 바라보다가 굶게 될 것 이 뻔하다.

처음 쫓아오던 두 놈은 산위의 갈림길에서 두리번거리며 망설이더니 이내 다른 길로 사라져간다. 아마도 분위기를 보아하니 음식을 얻기가 힘들다는 판단이 든 듯하다. 다만 얻어먹은 경험이 있는 흰 개는 여전 히 따라온다. 내가 뒤를 보면 저도 뒤를 보는 시늉을 한다. 오늘도 꾸띠 의 문을 닫고 모른 척하며 공양을 하였다. 문을 열어보니 여전히 그놈 이 앉아 나를 보고 있다. 어림없다. 하나가 둘이고 둘이 셋이 되는 것을 내가 어찌 감당하랴. 쳐다보는 눈망울이 민망하여 얼른 마루를 닦고는 방문을 닫았다.

▌12연기수행

> 법을 잘 알고 스스로 깨달은 사람
> 그는 곧 능인의 제자이니
> 항상 밤이나 낮이나
> 한 맘으로 원함없음을 관하라 -법구경

요즘은 내 몸과 마음의 원인과 결과를 보기 위한 12연기 수행을 하고 있다. 과거의 나의 무명과 갈애와 취착이 간접적인 원인이 되고 의도(상카라, 行)와 업력(바와, 有)이 직접적인 원인이 되어 현재의 몸과 마음을 만드는 연결고리를 통찰지로 보는 수행이다.

그리고 현재의 마음과 몸이 원인이 되어 미래의 몸과 마음이 일어나는 것을 통찰지로 본다. 이렇게 내 몸과 마음이 과거 현재 미래에 부침하는 것을 알고 본다. 이것이 윤회다. 이렇게 나의 과거 현재 미래를 들여다보고 있으면 바람에 흔들리는 나뭇잎도 원인과 조건 때문임을 알게 되고 모든 물질과 정신 현상들이 끊임없이 원인과 결과와 조건으로써 화합되어 있는 조건지워진 현상이라는 통찰지가 생긴다.

일어나서는 사라지는 것은 나의 의도나 의지가 아니다. 의지대로 되지 않는다. 이것들이 끊임없이 일어나서는 사라지기를 반복하는 것이 마치 삼천 배 기도할 때 숫자를 헤아리기 위해서 쓰이는 천개짜리 염주 알이 끊임없이 엮여져 있는 것처럼 보인다. 그래서 끊임없이 반복되는 어느 한 순간, 어느 한 부분에서 일어나는 것을 멈출 수 있다면 전체가

멈추어 다시는 일어나지 않는 고요와 평온의 상태가 지속되리라는 통
찰지도 생긴다. 하나가 없으면 전체도 없다. 인연으로 인하여 생기고 인
연으로 인하여 멸한다. 존재는 서로에 의지하여 일어나고는 사라진다.
정신뿐만이 아니고 외부세계의 모든 존재가 이와 같다.

▋ 인색

> 이 달이 다가고 저 달이 다가도록
> 어리석은 사람이 음식을 베풀어도
> 자비한 마음을 내지 않으면
> 십육분의 일에도 미치지 못한다 -법구경

어제 상좌부 사미계를 받은 한국 스님이 점심공양시간에 늦었다. 필경 탁발할 때 입는 가사를 제대로 입지 못했을 것이다. 공양간에서 줄을 서서 기다리던 한 한국상좌부 스님에게 "가사 입는 것을 좀 지도해 주시지 그랬어요?" 하였더니 그렇지 않아도 며칠 전 꾸띠로 가서 가사 입는 법을 지도하였는데 두 번째 해보라고 하니까 "또 해요?"라고 하면서 귀찮다는 표정을 지었다는 것이다. 아직 경험이 없어서 가사를 입는 것이 초심자의 입장에서는 얼마나 복잡한지를 잘 몰라서 그랬을 것 같다.

남방가사는 탁발할 때 입는 방법과 평상시, 그리고 웃어른이나 부처님께 예를 올릴 때 입는 방법이 모두 다르다. 이것을 모르고 그 새내기 사미스님이 그런 반응을 보였을 것이다. 그래서 모를 때에는 무조건 아는 사람이 하라는 대로 하는 것이 상책이다. 내 경험으로 일주일은 지도를 받아야 혼자서 남방가사 입는 흉내를 낼 수 있다.

그 분은 사회생활을 하다가 어제 처음 입문한 사람이므로 말투와 행동이 머트럽다. 법랍 높으신 선배스님들께서 나를 보실 때면 이런 생각을 하시겠지.

어제 한국에서 온 소포를 받았다. 기다리던 차에 필요한 물품이 와서 다행이다. 체력이 자꾸 처지고 있는 시점에 한국음식으로 입맛도 돋구고 영양보충도 하였다. 이런 날이면 부러운 것이 없다.

어제와 오늘 아침 나의 명상주제는 인색(maccaria)이다. 이 유익하지 않은 마음이 일어나서는 사라지는 것을 안팎에서 관찰하는 것이다.

인색함은 남이 가져가지 못하도록 사랑스러운 것을 감춰두고 혼자 먹거나 소유하려는 마음으로 나의 것을 가져갈까보아 전전긍긍하는 것이다. 내가 갖고 있는 소유물과 성공물을 남이 갖지 않았으면 하고 바라는 마음이다. 이러한 영광이 나에게만 있기를…이라고 기대하는 마음이다. 인색함은 정신적인 추함이다.

이렇게 공부하고 있다 보니 어찌 한국에서 온 소포를 혼자 먹을 수 있으랴. 몇 개씩 챙겨서 평소 도움이 크신 분들과 서로 탁마해 가며 노력하시는 분, 옆집에 사시면서 내 살림을 잘 아는 분들에게 각자의 기호를 고려하여 하나씩 나눠 드렸다. 아직 드리지 않은 몇 분을 더 챙겨야겠다. 이렇게 하는 내 모습을 보면서 "내가 하면 덕을 베푸는 것이요, 남이 하면 정치하는 것"이라는 어떤 스님의 말이 떠오른다. 하는 일마다 망상이요, 생각마다 고통이다.

■ 누렁이 새끼 낳다

> 누가 백 년을 살지라도
> 불사(不死)의 도(道)를 깨닫지 못한다면
> 불사(不死)의 도(道)를 깨달은 이의
> 하루 동안의 삶이 좋다 ―법구경

누렁이가 얼마 전 꾸띠 근처에서 새끼를 세 마리 낳았다. 낳는 것은 보지 못하였고 밤에 어디선가 끙끙거리는 소리에 잠을 깨곤 하였는데 드디어 오늘 그 놈들의 모습을 보았다. 어미는 지난번에 따라다니던 눈곱이 낀 흰둥이가 아닌 누렁이로 왼쪽 앞발이 무엇에 물렸는지 심하게 부어올라서 쓰지를 못한다.

걸을 때는 나머지 세 다리로 절룩거리면서 걷는다. 새끼들은 생존본능인지 어미가 시킨 훈련의 덕인지 문소리나 사람 발자국 소리만 나면 쏜살 같이 숲속으로 사라진다. 그 모양이 측은하여 공양 후 남은 밥을 몇 번 챙겨주었다.

그런데 하루는 이 누렁이가 지나가는 수행자를 보고 짖는다. 자기 구역에 다른 존재가 들어오는 것을 보고 경고하는 듯하다. 개가 짖으면 수행에 방해가 된다. 짖지 못하게 하려면 여기는 그놈의 영역이 아니라는 것을 보여주면 되는데 밥과 물을 이 근처에서 얻지 못하게 하고 짖을 때마다 나가서 막대기를 들고 내쫓아야 한다.

그렇게 했다. 그리고 챙겨주던 밥도 불규칙적으로 주었더니 눈치를
채고 이제는 밥도 기다리지 않고 짖지도 않는다. 그러나 이곳을 떠나지
는 않고 내 꾸띠 밑에서 잠을 잔다. 꾸띠 밑에서 잠을 자다가도 문소리
만 나면 도망을 간다. 오늘 낮에는 아예 조금 떨어진 곳에다 자리를 잡
는다. 이놈들도 저 싫어하는 것은 아는 듯하다.

아침 명상 후 문을 열어보니 꾸띠와 조금 떨어진 길에 누워 있다가
나를 보더니 숲속으로 다리를 절룩이며 들어간다. 어미 뒤를 졸졸 따라
가는 강아지들의 모습에서 돌고 도는 삶의 모습을 본다. 태어남이 고통
인 것을…. 오늘은 수행점검 인터뷰를 해야겠다.

○ 마음부수(附隨)

마음부수는 마음, 물질, 닙바나와 함께 궁극적 실재(진제, 승의제)의 하나다. 빠알리어로 쩨따시까(cetasika)라 하며 '마음에 있는 것'이라는 의미이다. 그래서 '마음에 있으면서 그것에 의지해 존재하기 때문에' 마음부수라 한다. 중국에서는 심소(心所)로 옮기고 있다. 마음부수들은 항상 마음(citta)과 함께 결합되어 일어나는 정신현상이며 전체 인식행위에 있어서 마음이 특별한 임무를 수행하도록 돕는다.

마음부수들은 마음 없이는 일어나지 못하며 마음은 마음부수법들과 완전히 분리되어서 단독으로 일어날 수 없다. 이 둘은 상호의존적이지만 마음을 근본적인 것이라고 간주한다. 왜냐하면 마음부수들은 인식하는데 가장 중요한 요인인 마음에 의지하여 대상을 인식하도록 돕기 때문이다.

> "항상 마음과 함께 일어나고
> 함께 멸하며
> 동일한 대상을 가지고
> 동일한 토대를 가지는
> 마음과 결합된 52가지 법을 마음부수들이라고 한다."

모두 52가지로 다른 것과 같아지는 것 13, 해로운 것 14, 유익한 것 25가지가 있다.

1. 다른 것과 같아지는 것 13가지는 함께 하는 다른 마음부수들이 해로운 것이면 해로운 것이 되고 유익한 것이면 유익한 것이 되는 것들로서 다음과 같은 것이 있다.
   ①감각접촉(觸, phassa), ②느낌(受, vedanā), ③인식(想, Saññā), ④의도(Cetanā), ⑤집중(心一境, Ekaggatā), ⑥생명기능(命根, Jīvitaindriya), ⑦주의력(Manasikāra), ⑧일으킨 생각(Vitakka), ⑨지속적인 고찰(Vicāra), ⑩결심(勝解, Adhimokkha), ⑪정진(Vīriya), ⑫희열(Pīti), ⑬열의(欲, chanda)

2. 해로운 것 14가지[akusala]
   ①어리석음(痴, moha), ②양심없음(無慚, ahirika), ③수치심 없음(無愧, anottapa), ④들뜸(掉擧, uddhacca), ⑤탐욕(貪, lobha), ⑥사견(邪見, diṭṭhi), ⑦자만(慢, māna), ⑧성냄(嗔, dosa) ⑨질투(嫉, issā), ⑩인색(慳, macchariya), ⑪후회(惡作, kukkucca), ⑫해태(懈怠, thīna), ⑬혼침(昏沈, middha), ⑭의심(疑, vicikicchā)

3. 유익한 마음부수 25가지[kusala]
   ①믿음[信, Saddhā] ②알아차림[念, sati] ③부끄러움[慚, Hirī] ④두려워함[愧, Ottappa] ⑤탐욕없음[不貪, Alobha] ⑥성냄없음[無嗔, Adosa] ⑦중립[Tatramajjhattatā] ⑧몸(마음부수)의 경안[kāya-passaddhi] ⑨마음의 경안[Citta-passaddhi] ⑩몸의 가벼움[Kāya-lahutā] ⑪마음의 가벼움[Citta-lahuta] ⑫몸의 부드러움[Kāya-mudutā] ⑬마음의 유연성[Citta-muduta]

⑭몸의 적합함[kāya-kammaññatā] ⑮마음의 적합함
[citta-kammaññatā] ⑯몸의 능숙함[kāya-paguññatā] ⑰마음의 능숙함
[citta-paguññatā] ⑱몸의 올곧음[kāya-ujukatā] ⑲마음의 올곧음
[citta-ujukatā] ⑳바른 말[正語, samma-vaca] ㉑바른 행위[正業,
sammā-kammanta] ㉒바른 생계[正命, samma-ājīva] ㉓연민[悲,
karuṇā] ㉔같이 기뻐함[喜, Muditā] ㉕지혜[慧根, paññindriya]

┃죽음은 이미 곁에 와 있는데

> 그대의 생은
> 이제 마지막 장에 와 있다.
> 그대는 야마(죽음)의 곁에 와 있다.
> 죽음으로 가는 길 위에는
> 쉴 곳도 없는데
> 그대는 아직
> 길 떠날 준비조차 되지 않았구나 - 법구경

밤에는 매우 춥다. 코가 시리고 차가워서 담요 속으로 머리를 묻고 잔다. 침낭을 사용해도 춥기는 마찬가지다. 앞 꾸띠에 사는 베트남 스님이 요즘 상태가 좋게 보이지 않아 안부를 여쭈었더니 밤에 추위 잠을 잘 수가 없다고 한다. 그래서 명상할 때 사용하는 전기방석을 빌려주었다. 추위에 도움이 되었을 것이다. 어제는 아랫절에 다녀오는 길에 다음과 같은 문구가 나무에 붙어 있는 것을 보았다.

"이보시오! 친구들! 나도 한때는 당신이 이곳을 지나가는 것처럼 그런 적이 있었습니다. 지금은 이렇지만! 당신도 준비를 하여야 합니다. 나를 따라 오세요!"

이 글귀는 죽은 시체를 화장하는 장소에 붙어있는 것을 옮겨 본 것이다. 미얀마 말과 영어로 코팅을 하여 붙여 놓았다. 처음에는 무슨 뜻인지 이해가 되지 않았는데 시신을 화장하는 화장터와 시멘트로 발라진 네모진 미얀마식 무덤을 보니 자연스럽게 내용이 이해가 되었다. 죽은

자가 살아있는 존재들에게 하는 말이다. 자기 무덤 앞을 지나가는 자들에게 하는 말이다. 하하하~ 그렇지. 그래서 나도 이곳에서 준비를 하고 있는 것 아닌가. 끝없이 돌고 도는 수레바퀴에서 벗어나려고 이렇게 준비를 하고 있지 않은가.

그러나 우리들은 죽음을 무시하고 한 평생 살 것처럼 앞만 보고 달려간다. 나도 그랬지. 그러나 언제 닥쳐올지 모르는 죽음 앞에선 모두가 속수무책 아닌가. 죽음이란 것을 무시하고, 생각하지 않으려 하고, 그리고 생각하지도 않고 살아간다. 눈을 감고 질주하고 있다. 나는 다행하게도 사람의 몸을 받고 다시는 태어나지 않는 방법을 배우고 있으니 참으로 행복하지 않은가.

이 순간에도 내 몸과 마음은 찰라생하고 찰라멸을 거듭하고 있다. 생사가 거듭되는 것이 윤회다. 새로운 몸의 물질이 생겨나는 것이 생이고 마음이 일어나는 것이 생이다. 이것들이 사라져 가는 것이 죽음이다.

그러고 보면 이 순간에도 나고 죽는 것이 끊임없이 반복되고 있다. 과거에 지은 업의 힘으로 새로운 물질과 정신이 생겨나고는 또 다른 힘을 남기고는 사라져간다. 남겨진 또 다른 힘은 또 다른 물질과 정신을 생겨나게 하는 원인으로 일어나서는 사라진다. 모든 존재들은 시간적으로는 앞의 존재들에 의존하고 공간적으로는 함께 존재하는 것들에 의존한다.

모든 것들은 조건지워져 존재하다가는 사라진다. 하지만 사라져 가는 것들은 힘을 남기고 사라진다. 이것을 연기라고 한다. 부처님께서도 이러한 연기의 법칙은 참으로 설명하기도 어렵고 알기 어렵다 하였으나 생사에 관한 존재의 법칙이니 참된 마음의 눈으로 보고 깨칠 일이다. 창으로 들어오는 아침햇살이 반갑다.

▌미얀마도 춥다

레와따 : 오늘은 몸(접촉)−라인의 인과를 분석하세요.
정　명 : 땅, 불, 바람의 요소를 각각 하나씩 모두 분석하여야 합니까?
레와따 : 당신이 좋아하는 요소 중 하나를 선정하여 명상하십시오.(함께
　　　　웃음)

정신(나마)과 물질(루빠)의 원인과 결과를 연결하여 인과를 통찰지로
보는 명상이니만큼 시간도 많이 걸리고 어렵다. 그래서 꾀가 나서 스승
에게 위와 같이 투정을 부린 것인데, 이를 이해한 스승께서 나의 향후
남아 있는 시간 등을 고려하여 자비심을 베푸신 것이다. 그렇다고 대충
할 수는 없다.

요즈음 밤에는 매우 춥다. 어제는 아침에도 기온이 섭씨 15도까지 떨
어졌다. 미얀마 스님들에게는 매우 추운 날씨다. 오늘은 더 추운 것 같
다. 내 시계는 다기능이라 온도를 측정하는 기능이 있는데 건전지 수명
이 다되어 요즈음은 정확한 온도를 알지 못하고 있다.

▌크리스마스

믿음이 없이 미워하고 질투하여
싸우고 난잡한 그런 사람들
지혜로운 사람은 꺼리고 멀리 버리지만
어리석은 사람은 습관처럼 즐거움으로 삼는다 −법구경

오늘이 크리스마스인데 기온이 19도에서 22도 정도 되었다. 점심공양 시간에 어느 재가자가 공양 올리는 달력을 받았는데 명함만한 크기에 2007년도 달력이 들어있다. 뒷면에는 크리스마스를 맞이하여 특별공연을 한다는 홍보문구와 함께 산타복장을 한 산타와 사진을 함께 찍을 수 있다는 글귀가 들어있다. 제목도 '크리스마스를 축하합니다. celebrate christmas!' 아! 이 불교를 국교로 하는 나라. 그것도 수행의 심장부인 여기에도 기독교가 들어오는가?

▌담마짜리야 dhammacariyā

실로 수행에서 지혜가 생기고,
수행하지 않음에서 지혜의 잃음이 있다.
[지혜의] 존재와 부재(不在)에 이르는 이 두 길을 알고 나서
지혜가 깊어지도록 자신을 확고히 해야 한다. – 법구경

오늘 오후 포행을 하다가 우연히 담마짜리야를 산길에서 만났다. 나를 보시더니

"안녕하세요. 반갑습니다. 어디 가세요?"

라고 한국말로 반갑게 맞아주신다. 미얀마 스님이신데 이것이 이 스님께서 알고 있는 한국말의 전부다. 요즘의 나의 수행에 대해 물어 보시더니 수행의 진보가 빠르다며 기뻐해 주신다. 나도 스님의 수행은 어떠한지 물어 보았는데 아직 아나빠나 사띠를 하고 계신다고 한다.

담마짜리야는 경율론 삼장을 외우시는 법사스님을 말한다. 미얀마 국민의 존경의 대상이다. 그 많은 경전과 율장과 논장을 어떻게 외우는지 신기하기도 하고 존경스럽기도 하다. 이것이 가능하였기에 2,500여년이 흐른 지금도 붓다의 가르침이 왜곡 없이 전해지고 있는 것이다. 경외의 마음이 나도 모르게 든다. 그러나 수행이 없는 지식은 참된 지혜가 아니다.

▌한 해를 보내며

> 병 없는 것이 가장 큰 이익이고
> 만족할 줄 알면 가장 큰 부자다
> 친할 줄 아는 것 제일의 벗이요
> 열반이 가장 큰 즐거움이다 —법구경

오늘은 금년의 마지막 날이다. 금년 3월에 도착하여 연말을 맞았다. 변한 것이 있는가. 거울속의 모습은 확실히 편해 보인다. 만족해도 되는 것일까. 한 해를 마감하며 그간 지도해 주신 스승님께 감사의 말씀을 올렸다.

"한 해 동안 지도해 주셔서 감사합니다."
하고 인사를 드리니 우 레와따 스님께서는

"스님이 명상을 하셔서 기쁩니다. 바로 이번 생에 닙바나를 얻도록 하십시오. 이것은 중요합니다. 그렇지 않으면 우리는 매년 고통을 받을 것입니다. 법(담마)에 대한 통찰력 없이는 이번 생뿐만이 아니라 계속되는 생에서 고통을 받을 것입니다. 그래서 할 수 있으면 이번 생에서 닙바나를 보아야 합니다. 스님은 지금 고통을 만드는 오염원들을 제거하려고 수행하고 있습니다. 최선을 다하십시오. 만약 바라밀이 있다면 마음의 오염원들을 제거할 수 있을 것입니다."
라고 화답하셨다. 나에게 내리시는 신년법어인 셈이다.

이제 몇 시간 있으면 한 해를 마감하고 새해를 맞는 행사가 세계 곳곳에서 왁자지껄하게 벌어질 것이다. 점심공양시간에 공양을 받아 나오는 길에 한 수좌스님에게 "한 해 동안 근념하시었습니다." 하고 인사를 드리니 "새해가 어디 있고 가는 해는 어디 있습니까?" 하고 되물으신다. 선방수좌다운 답변이다. 모든 것이 찰라생하고 찰나멸하는데 어디가 새해고 어디가 묵은해겠는가. 그러나 번뇌 속에서 살고 있는 우리 중생들은 모든 것에 의미를 부여하고 이벤트를 만들어 기념한다. 이를 통해 마음을 추스르고, 반성하며 새롭게 각오를 다진다.

오후 명상을 조금 일찍 마치고 오후 4시경 혼자 산행을 하기로 하였다. 포행을 다니던 뒷산의 끝자락을 아직 밟아보지 못한 까닭에 지팡이 하나 들고 산행에 나섰다. 호젓한 산길에 지팡이를 쿵쿵거리며 다니는 것도 여간 맛있는 것이 아니다.

얼마 전에는 포행길에서 멧돼지의 거친 숨소리를 듣고 모골이 송연한 적이 있다. 그때도 숲속에 난 길을 따라 산을 오르기를 하였는데, 그 산의 끝자락에 위치한 경비목적으로 세워져 있는 꾸띠 옆에서 멧돼지의 숨소리가 들려 도망치듯 돌아왔었다. 오늘도 그곳을 지나 그 너머에 무엇이 있는지 보기로 작정을 하고 조금 일찍 길을 나섰다. 산길을 돌고 돌아 거의 정상이다 싶으면 또 다시 내리막이 반복되기를 서너 번 하였다. 탁 트인 들판이나 강변이나 바다가 보일 것을 기대하고 가보면 막힌 곳이고 가보면 보이지 않고 하기를 또 몇 번 하였다. 그만 돌아 갈까나 하는 생각이 자꾸 든다.

'몇 피트만 파면 땅 밑의 보물상자를 발견할 수 있습니다.'
'만약 지금 땅 파기를 그만두면 땅 밑의 보물은 영원히 찾을 수 없습니다.' 하는 문구가 떠올랐다. 내친 김에 인적이 없는 길을 용기를 내어 계속 헤쳐 나갔다. 슬리퍼를 신고 올라가는 길이라 쉽지 않다. 우거진 억새풀을 헤치고 지나갈 때면 몇 번이고 돌아갈까 하는 마음이 생긴다. 그래도 길을 가는 사람이라 길을 가지 않으면 도인이 아니라는 생각을 하면서 걸음을 재촉하여 정상에 올랐다.

정상은 의외로 헬기장처럼 닦여져 있었다. 그 앞쪽으로 조금 높은 바위가 있고 어느 수행자가 사용하였는지 자리를 깔고 앉았던 흔적이 남아 있다. 바위 위에서 내려다보이는 것은 끝없는 들판과 석양으로 넘어가는 햇살이 눈부시게 쏟아지고 있었다. 멀리 앞쪽으로 강이 보이고 넓은 들판 중간 중간에 나무로 지어진 미얀마의 초옥이 띄엄띄엄 점처럼 박혀 있다. 발밑으로는 깎아지른 절벽이다. 오랜만에 바위산을 타는 산행의 맛을 보았다.

마음으로 삼보와 천신과 정령들에게 수행의 진보에 대한 감사를 드리고 하산하는데 어디선가 사람소리가 들린다. 반대편에서 스님 세 분이 지팡이를 짚고 올라오시는 데 두 분은 눈썹이 모두 희어서 마치 신선을 보는 것과 같다. 노장 스님들이 한 해를 마감하는 산행을 오신 듯하다. 파아옥에서 보시던 분들이 아닌 것으로 보아 근처 절의 스님들인 것 같다. 고즈넉한 곳에서 사람을 보니 안심이 되고 반갑다.

내려오는 곳은 비탈길이라 슬리퍼를 신었는데도 뛰듯이 내려왔다. 돌아와 시계를 보니 오후 5시 50분 약 2시간의 산행을 한 셈이다. 간단히 씻은 다음 한국스님에게 빌린 라면으로 빈속을 채웠다. 오후불식이라

남의 눈에 띄지 않게 몰래 끓여 먹은 라면의 맛을 어찌 하산주에 비교
할 수 있으랴. 행복하다.

○ 붓다의 가르침은 어떻게 기록되어 전승되었을까?

부처님의 가르침은 남방과 북방으로 전승되어 지금까지 면면히 이어져 온다. 그것을 우리는 남방불교와 북방불교라 부른다. 남방 불교는 현존하는 불교문헌 가운데서 부처님의 원음과 가장 가깝다고 인정되는 빠알리 삼장[띠삐따까, Tipitaka]을 근본성전으로 하여 이를 주석하고 이 주석을 다시 주석하면서 전승되어 왔다.

석가모니 부처님께서 돌아가신 지 얼마 지나지 않아 출가한 지 얼마 되지 않은 늦깎이 스님이 "이제는 귀찮게 잔소리를 하시던 스승께서 돌아가시었으므로 우리 마음대로 살 수 있게 되었다."고 말하는 것을 상수제자인 마하가섭존자가 들었다.

이대로 가서는 부처님의 가르침이 얼마가지 않고 왜곡될 것을 우려한 가섭존자는 불멸후 3개월이 지난 시점에 아라한 500명을 소집하여 부처님의 가르침을 정리하게 되는데, 이것이 제1차 결집 으로 인도의 라자가하에서 이루어졌다.

제2차 결집은 불멸 후 100년 인도의 웨살리에서, 제3차 결집은 불멸후 234년 인도의 파탈리뿟따에서 행해졌다. 이때까지는 가르침을 암송하기 쉬운 게송의 형태로 만들어 구전으로 암송하여 전승하였으며, 마침내 불멸 450년, 스리랑카 알루위하라에서 나뭇잎 (패엽, palm leave)에 부처님의 가르침을 최초로 기록하였다.

　이러한 일관된 체계는 대주석가이신 붓다고사 스님이 그 이전에
전승되어 오던 빠알리 삼장에 대한 싱할리 주석서들을 토대로 빠
알리어 주석서들을 완성함으로써 AD 4,5세기경에 거의 완전한 틀
을 갖추게 되었다.

▌ 전생

중생들의 죽음과
태어남을 모든 방식으로 아는 이,
집착하지 않고 잘 갔으며 깨달은 그를
나는 브라흐만이라고 부른다. - 법구경

글을 쓰고 있는 이 순간에도 믿어야만 되는가? 하는 생각과 진실로 있었던 일일까? 하는 생각이 든다. 그러나 내가 보았고, 각색되지 않은 것이니 믿을 수밖에 없다. 1월 1일, 2일, 3일 명상할 때 거의 동일한 현상들이 반복되게 나타나고 있으니 이제 두 번째 전생을 믿지 않을 수 없다.

그러나 첫 번째 전생의 생이 발생하는 최초의 알음알이인 재생연결식과 바왕가의 대상이 두 번째 전생의 마지막 죽음의 순간에 머릿속에서 떠오른 표상과 같은지를 확인하고 재생연결의 순간에 만들어진 30가지 물질과 정신이 두 번째 전생의 업력[kamma bhava]과 직접적인 인과관계가 있는지를 확인하는 일이 남아 있다. 이것이 확인되어야 내가 본 것이 나의 두 번째 과거의 삶이라고 확신할 수 있는 것이다.

오늘 우 레와따 스님께서는 첫 번째 전생이 시작되는 최초의 순간의 알음알이인 재생연결식을 확인하였으면 나의 무명, 갈애, 취착, 의도[행, 상카라]가 무엇이었는지 답하라 하셨다. 그리고는 과거 첫 번째 생의 재생연결식과 뒤이어 나타나는 바왕가와 첫 번째 전생의 인식과정과

인식과정 사이에 존재하는 바왕가의 원인과 결과를 통찰지로 보라고
지도해주셨다.

두 번째 전생

오늘 아침명상은 오전 7시 15분경 시작하였다. 아나빠나 사선정까지
든 후에 간략하게 현재부터 금생에 태어나는 순간까지 유익한 사건
(kusala 담마) 위주로 시간을 거슬러 올라갔다. 불교에서 유익하다는 뜻
인 kusala는 '선함'으로 해석되는데 선·불선의 기준이 닙바나 성취에
도움이 되면 '선'이고 도움이 되지 않으면 '불선'이 된다.

그리고는 다시 금생 어머니의 태에 들어가 시간을 거슬러 금생의 재
생연결의 순간의 마음과 물질을 보았다. 물질은 심장, 몸 그리고 남자와
여자를 구분하는 성물질의 존재유무와 내용을 구분하여 보았다.

이 재생연결의 순간에는 30가지 물질의 발생과 함께 빛에 밝아졌는
데 아마도 마음집중의 힘이 고도에 달했기 때문에 나타나는 현상일 수
도 있다는 생각이 들었다. 첫 번째 전생의 오온이 멸하는 순간 떠오른
업의 표상을 보면서 다시금 첫 번째 전생의 태어나는 순간까지 거슬러
올라갔다.

어제 오전 명상할 때 보았던 과거생의 아버지로 보이는 콧수염이 많
이 난 남자가 과거생의 오온인 갓난아이를 들어 올리는 모습을 보았는
데 오늘도 역시 유사한 장면이 보인다. 그리고는 첫 번째 전생의 어머니
태에 다시 들어갔다. 한 가지 이상한 것은 아버지는 보이는데 어머니의

모습은 볼 수 없었다. 태에 들어 다시 시간을 거슬러 자궁안의 밝음과 어두움, 두근거림과 안정감을 느끼면서 첫 번째 전생의 재생연결의 순간 으로 올라갔다. 역시 빛이 밝아졌고 30가지 물질의 생성을 보았다.

하지만 금생에서 구분하는 것처럼 확연히 구분되지는 않았다. 아마도 마음집중의 힘이 약해졌기 때문은 아닌가 추측해 본다. 재생연결의 순 간을 넘어 두 번째 과거 생의 마지막 죽음의 순간에 떠오른 것은 합장 하고 있는 여인의 모습이었다. 어제 그리고 이틀 전에는 애기를 낳고 있는 산모의 옆에서 산모를 도와주는 이미지를 보았는데, 이 죽음의 순 간 앞에 있었던 삶의 장면인 듯하다.

오늘은 합장하고 기도하는 여자의 이미지가 보여서 지·수·화·풍의 사 대로 구분해보니 이미지가 쪼개져서 명멸하기 시작한다. 이때 주의를 오 로지 바왕가에 둔 후에 이 바왕가의 앞으로 때로는 뒤로 왔다 갔다 하면 서 떠오르는 것에 마음을 집중하였다. 이렇게 수차례 반복하는 과정에서 합장하고 기도하는 마음의 내용을 알 수 있었다. 결과는 이틀 전 명상시 보이던 산파가 애를 받아서 산모에게 애를 건네주는 모습이 반복되었으 며, 이 산파는 고통 받는 여자로 태어나지 않았으면 좋겠다는 마음을 가 지고 있었다. 기도의 내용은 여자로서 다시 태어나지 않기를 바라는 것 이었다.

그런데 이 기도를 누구를 대상으로 하는지는 알 수는 없다. 지난 1월 1일에는 기도하는 모습은 보이지 않았다. 그런데 어제는 치마 입은 여인이 한쪽 무릎을 세운 상태에서 두 손을 모으고 기도하는 모습을 보았다. 여성적 이미지로 보이는 커다란 석상, 나무, 사람의 모습이 겹치게 나타나 해석이 어려워 누구에게 기도를 하는지는 알 수 없다.

　오늘 아침명상 할 때에도 합장한 모습을 보았는데 누구에게 기원하는지 그 대상은 파악되지 않는다. 방안에서 때로는 방밖에서 무엇인가를 기원하는 모습이 반복재생 되었으며 바왕가에 주의를 기울인 결과 다시 여자로서 태어나지 않고 고통 없는 편안한 남자의 삶을 기원하는 것으로 파악되었다. 방안에서 기도할 때에 공양물도 보이지 않고 기도의 대상도 확실하지 않다고 우 레와따 스님께 보고 드렸더니 그것은 큰 문제가 되지 않는다 하셨다.

　정리해보면 여자로서의 삶을 마감하며 죽는 순간 남자로서의 삶을 기원하는 상카라가 첫 번째 전생을 있게 한 직접적인 원인이었고, 남자라는 실체가 있다고 믿고 있었던 것이 나의 무명이었으며, 고통 없는 남자의 삶을 갈망하던 것이 나의 갈애며, 남자의 삶을 갈구하던 것이 취착이었다. 이 무명과 갈애와 취착이 첫 번째 전생을 있게 한 간접적인 원인인 오염원의 회전으로 생을 돌고 돌게 하는 원인임을 알았다. 첫 번째 전생의 직접적인 원인은 남자로서의 삶을 기원하는 모습이 마지막 죽음의 순간에 떠올라 생을 일으키는 원인이 되었다. 이것이 나의 업의 회전이다.

　오늘도 아침명상이 끝나가고 있는 무렵에 많은 눈물을 흘렸다. 눈을 감고 있어도 흐르는 눈물은 그치지 않았다. 명상을 시작하기 전에 있는 그대로의 모습을 보게 해달라며 기원하고 촛불을 밝혔는데, 명상을 마치고 눈을 뜨는 순간 촛불은 마지막 빛을 내며 꺼지고 있었다.

여러 가지의 현상계는 업이 들판이고 알음알이가 씨앗이고, 갈애가 수분이 되어 꽃을 피우는 것처럼 하나의 현상계는 서로가 영향을 주고받으며 존재한다.

전생을 본다는 것이 어찌 인간의 힘으로 가능하겠냐는 생각이 든다. 1월 1일 점심공양 후 큰 법당에 들러 부처님께 삼배를 올린 후 간절히 '두 번째 전생을 보여주십시오.' 하고 기원을 하고 명상을 했다. 그리고 나는 나의 과거를 이해하였다. 만약 내가 명상을 하지 않고 그때 다른 스님들과 함께 신년맞이 산행에 동참하였더라면 이러한 성취를 할 수 있었을까 하는 생각이 든다. 수행성취를 위한 간절한 마음집중, 과거에 쌓은 공덕과 먹는 음식 등과 같은 환경 그리고 바른 시기의 성취. 이것들 중 어느 하나라도 어그러지면 수행의 성취는 어렵다. 항상 조심하고 경계하며 마음을 추슬러야 한다.

전생여행을 할 때마다 두렵다. 예상치 못한 장면에서는 경악하고 내가 아니기를 바란다. 그러나 흘러가는 영상과 다가오는 느낌을 어찌 외면하고 바꿀 수 있으리오. 오늘 인터뷰시에 지도법사님께 내가 기대하던 장면이 아니니 이것을 믿어야 하오리까? 하니 무엇을 기대하였느냐고 물으신다. 사실 남에게 말할 때 그럴듯한 전생, 잘살고 권력 있고, 부귀영화를 누리거나 고승의 이미지라면 얼마나 그럴듯하랴 라는 속물 같은 마음이 내 마음속에 있지만 이것을 넘지 못하면 더 이상 수행이 아니다.

○ 왜 전생을 보아야 하는가?

괴로움에서 벗어나기 위해서는 무명에서 벗어나야 한다. 무명이란 사성제를 모르는 것이며 나의 과거를 모르고, 미래를 모르고, 과거와 미래를 모두 모르는 것이다. 그리고 업과 업의 과보에 대하여 모르는 것이다.

내 몸과 마음의 원인과 결과를 보는 것을 12연기의 관찰이라 한다. 사실을 있는 그대로 괴로움의 진리[고제]와 괴로움의 일어남의 진리[집제]를 스스로 깨달을 때에 도의 진리[도제]를 얻을 수 있다. 도의 진리란 괴로움의 원인인 일어남의 진리와 괴로움의 진리의 특성을 무상/고/무아로 수관하여 통찰하는 것이다.

그래서 연기, 즉 내 몸과 마음의 있는 그대로의 인과관계를 깨닫기 위해서는 과거와 미래를 식별해야 한다(중부 주석서 2권165). 붓다는 갈애가 일어남의 진리라고 가르치셨다. 그런데 일어남의 진리라고 불리는 갈애, 즉 금생의 괴로움의 원인은 전생에 축적된 갈애를 원인으로 한다(아비담마 주석서 1권68).

정신물질(名色)은 다섯 무더기(五蘊)다. 이 오온이 괴로움의 진리이다. 전생에 축적된 갈애는 일어남의 진리이다. 따라서 지금 내 몸과 마음(오온)의 원인이 되는 전생에 축적된 갈애가 무엇인가를 이해하여야 한다.

앙굿따라 니까야 꾸따가라 경에서 부처님께서 말씀하시길 사성제를 통찰지로 깨닫지 않으면 윤회를 끝낼 수 없다고 하셨다. 앙굿따라 띠까 니빠다에서 모든 연기요소의 인과관계는 일어남의 진리[集諦]라 하였다.

즉 12연기는 사성제 가운데 두 번째 진리인 일어남의 진리이다. 12연기는 과거 현재 미래의 삼세에 걸쳐 존재가 어떻게 태어나고 고통받으며 사라지는지에 대한 원인과 결과의 구조를 밝힌 것이다.

이 내 몸과 마음의 정신물질을 구분하는 지혜와 **원인과 조건을 식별하는 지혜**를 수각지(隨覺智=안것의 통달지)라고 부르고 과거-현재-미래의 3기간에서 연기의 요소(무명 상카라...등등)을 꿰뚫어 아는 것을 관통지라고 부른다. 이 수각지와 관통지로 연기를 있는 그대로 꿰뚫어 깨닫지 않으면 윤회로부터 벗어날 수 없다.

▶ 원인과 조건을 식별하는 지혜를 얻으려면
위빳사나 수행자는 많은 다양한 업과 과보 중에서 업과 과보를 일부분이라도 깨달아야 한다. 모든 업과 과보를 아는 것은 우리와 같은 평범한 제자의 능력이 아니고 오직 붓다의 전지전능한 능력이어서 우리는 완전히 알 수는 없다. 그러나 우리가 원하는 대상을 경험하는 것은 선업 때문이고, 원하지 않는 대상을 경험하는 것은 악업 때문이라는 것을 알 수 있다. 우리는 이 업과 과보를 완전히 알 수 없지만 어느 정도는 깨달을 수 있기 때문이다(마하띠까 2권 380).

▶ 그러면 전생을 본다는 것은 숙명통을 의미하는가? 그리고 가능한가?

사람들은 숙명통으로 전생을 식별할 수 있고, 천안통의 일부인 미래를 아는 지혜로 미래를 식별할 수 있다는 사실은 받아들인다. 그러나 과거와 미래의 무더기를 통찰지로 식별 할 수 있다는 사실은 받아들이길 꺼려한다.

쌍윳따 니까야의 칸자니야 경에서 "비구여, 수많은 과거 존재의 무더기를 회상함으로써 식별할 수 있는 사문과 바라문이 있다, 그러한 사문과 바라문은 5가지 취착의 무더기 또는 하나의 취착의 무더기를 회상할 수 있다." 즉 붓다는 숙명통의 힘으로 과거 존재의 무더기를 회상한다고 말하지 않았다. 통찰지의 힘으로 과거의 존재의 무더기를 식별한다고 하였다. 즉, 숙명통은 피부, 종족, 음식, 행복과 고통… 등 다양한 명칭 개념들을 신통력으로 아는 것이다.

그러나 붓다의 말씀은 위와 같은 <u>신통지의 영역이 아닌</u> 단지 과거의 내 몸과 마음을 통찰지로 식별하라고 가르치셨다. '존재' '사람'을 식별하는 것이 아니라 전생에서 원인이 되는 물질(몸), 느낌, 인식, 상카라(행), 알음알이(識)를 선정삼매의 힘을 이용하여 통찰지로 식별하라는 것이다. - 파아옥 12연기수행 매뉴얼 중에서

■ 멧돼지

> 오, 비구여, 스스로 자신을 훈계하고 점검하라.
> 이와 같이 그대 자신을 보호하고
> 마음을 집중하라.
> 그러면 행복하게 머물 수 있으리라. - 법구경

며칠 전부터 한밤중에 출몰하던 멧돼지가 오늘은 해가 지고 얼마 되지 않은 초저녁에 왔다. 거친 숨소리를 푹~! 푹~! 내쉬며 낙엽 위를 부스럭거리며 돌아다닌다. 다리가 불편한지 절룩거리는 소리가 들릴 정도로 걸음걸이가 불규칙한 놈이다. 명상을 방해한다. 옛날 고승들은 짐승들에게 보호를 받으며 수행하셨다고 하는데 나는 선정에 들려고 앉아 있으면 그놈의 소리가 수행을 방해한다.

마음을 다잡고 버텨보았지만 자꾸만 그놈의 동태가 신경이 쓰인다. 한번 마음집중이 풀리면 다시 몰입하기가 어렵다. 옆 꾸띠의 스님도 나와서 손전등을 비추며 그 놈들을 찾는 모양이다. 눈을 감고 있는데도 밝은 빛이 번쩍거린다. 후타닥하며 도망가는 소리도 들린다. 삐걱하고 옆 꾸띠의 문이 열리는 소리가 났다.

두 번째 전생에 무슨 수행을 하였는지 보려고 하였는데 다 틀렸다. 그래도 빛과 호흡을 번갈아 보면서 마음집중을 하였다. 눈을 떠보니 1시간 30분이 흘렀지만 뒷맛이 개운치 않다. 명상 중에 푸륵거리는 멧돼지의 얼굴이 보고 싶다는 마음이 간간히 일었는데 마음을 누르고 1시간 반 앉은 것으로 위안을 삼아야겠다. 마음에 틈이 조금만 있으면 한겨울의 칼바람처럼 마음은 나를 지배한다. 차나 한 잔 해야겠다.

█ 요니소 마나시카라

> 이와 같이 사대로 구성된 몸은
> 오온이라는 고통과 번뇌가 모인 것으로
> 편안히 머물려 참된 고통의 실재를 관하면
> 고통은 소멸되고 원적을 얻으리라 -법구경

12연기를 관찰하다보니 행복하기 위해서는 세 가지 중 하나를 구족해야겠다는 생각이 든다. 첫째는 다시는 태어나지 않는 것이다. 부처님 말씀이 태어남이 고통이라 하셨으므로 끊임없이 반복되는 내 몸과 마음의 태어남에서 확실하게 벗어나 최고의 행복한 상태[열반]에 들어야 한다.

둘째는 고통을 받을 수 있는 환경에 '나'를 두지 않는 것이다. 우리의 인식과정은 눈·귀·코·혀·몸·마음이라는 감각기관이 형상·소리·냄새·맛·감촉·마음의 대상을 만나서 인식과정이 시작된다. 그러므로 고통을 가져올 대상을 의도적으로 피하는 것이다. 할 수 있다면 행복한 환경에 나를 두거나 고통을 받을 수 있는 환경에 나를 두지 않으면 된다.

그러나 도망갔는데도 고통스러운 환경에 부딪쳤을 때에는 어찌하여야 하는가? 대상과 부딪치는 순간 '이것도 무상하다', '이것은 고통이다', '이것은 고갱이도 없고 알갱이도 없는 무아이다.'라고 '현명한 주의'를 기울이는 것이다. 즉 매 순간 깨어있어서 고통 속에 휩쓸리지 않는 것이다. 이렇게 하려면 수행으로 인한 힘이 필요하다. 그래서 수행하는 것이다. 행복하게 살기 위해서 우리는 수행을 해야 하는 것이다. 어차피 태어난 이상 받아야 할 과보는 받아야 한다. 성현도 업의 과보에서 자유롭지 못하다 하였으니 범부인 우리야 더 말할 것도 없지 않은가.

그러므로 세 번째 방법은 온 세상에 깔린 가시밭길을 치우려 하지 말고 신발에 밑창을 두텁게 대는 것이다. 그러나 우리는 천지에 널려있는 가시를 치우려고 한다. 세상의 수많은 가시를 치우려하면서 힘겨워하고 있다. 부처님께서 가르치신 것은 '현명한 주의력'이라고 부르는 'Yoniso Manasikara'를 유지하는 것이다. 이것이 바로 수행의 이익이며 흙탕물에 물들지 않는 연꽃의 비밀이다. '현명한 주의력, Yoniso Manasikara'는 지금 이 순간! here and now! 100% 깨어있으면 고통에서 벗어나 행복으로 갈 수 있다.

○ 12연기

12연기에서 연기는 연생(緣生), 인연법(因緣法), 인연생(因緣生), 발자저제야참모파타(鉢剌底帝夜參牟播陀)와 같은 뜻이며, 빠알리어로는 빠띳짜-삼뭅빠다(paṭicca-samuppāda)라 한다. 즉 연(緣)하여 일어남. 다른 것에 의존하여 일어남. 어떤 조건에 따라 일어남. 다른 것과의 관계가 조건(緣)이 되어 생기(生起)하는 것. 모든 현상은 무수한 원인이나 조건이 서로 만나고 관련되어 성립해 있는 것이므로, 독립하여 스스로 존재하는 것은 없고, 조건이나 원인이 없다면 결과도 없다는 이치가 연기이다.

연기하고 있다는 사실 이외의 고정적인 실체를 인정하지 않는 붓다의 중요한 가르침이다. 연기는 본질적으로 윤회의 연기구조를 설명한 것이다. 이것은 나고 죽는 윤회의 바퀴를 지탱하여 한 생에서 다른 생으로 돌고 도는 조건들을 밝힌 것이다.

주석서에서는 연기를 '조건이 결합함을 반연하여 결과가 균등하게 일어남'으로 정의하고 있다. 이것은 어떤 한 가지 원인도 단독으로 결과를 일어나게 할 수 없다는 뜻이다. 나아가서 '결과들의 집합을 일어나게 만드는 조건들의 집합이 있다.'라는 뜻이다. '이것이 있으면 저것이 있고 이것이 일어나면 저것이 일어난다.'라는 연기의 정형구에서 하나의 법이 다른 것의 조건이라고 했을 때 이것은 조건들의 집합가운데 주원인을 골라내어 결과의 집합 가운데 가장 중요한 결과와 연관 짓기 위한 것이다.

▶ 세 가지 회전 - 12연기

  오염원과 업과 과보의 3가지 회전은 존재들이 윤회를 거듭하면서 돌고 도는 방식을 드러낸다. 가장 기본적이면서도 중요한 회전은 오염원의 회전이다. 무명으로 눈멀고 갈애로 인해 내몰려서 인간은 여러 가지 해로운 행위와 세간적인 유익한 행위를 한다. 그러므로 오염원들의 회전이 업의 회전을 일어나게 한다.

  이 업이 성숙하면 그것은 다시 과보로 익게 되고 그래서 업의 회전은 과보의 회전을 일어나게 한다. 이들 과보 - 즉 자기 자신의 행위들에 대한 즐겁거나 괴로운 열매 - 에 대한 반응으로 이미 무명에 휩쓸려있는 사람은 더 즐거운 경험을 즐기려는 갈애에 압도되어 누리고 있는 즐거움에 집착하고 괴로운 것은 버리려고 애를 쓴다. 그래서 과보의 회전은 또 다른 오염원들의 회전을 낳는다. 이와 같이 세 가지 회전은 그것의 토대가 되는 무명이 위빳사나의 지혜와 출세간의 도로 제거될 때까지 쉼 없이 계속 돌아간다.

  청정도론은 다음과 같이 이를 설명하고 있다. "세 가지 회전을 가진 존재의 바퀴는 쉼없이 굴러간다. 여기서 상카라(行)들과 존재(有)는 업(kamma)의 회전이고, 무명과 갈애와 취착은 오염원(kilesa)의 회전이고, 알음알이(識), 정신-물질(名色), 여섯 감각장소(六入), 감각접촉(觸), 느낌(受)은 과보의 회전이다. 세 가지 회전을 가진 존재의 바퀴는 오염원의 회전이 끊어지지 않는 한 쉼이 없다. 왜냐하면 조건이 끊어지지 않았기 때문이다. 계속해서 회전하면서 굴러간다고 알아야 한다."

▶ 12연기의 기본 정형구
(1) 무명(無明)을 조건으로 상카라(行)들이[無明緣行]
(2) 상카라(行)들을 조건으로 알음알이(識)가[行緣識]
(3) 알음알이를 조건으로 정신 – 물질(名色)이[識緣名色]
(4) 정신 – 물질을 조건으로 여섯 감각장소가[名色緣六入]
(5) 여섯감각장소를 조건으로 감각접촉이[六入緣觸]
(6) 감각접촉을 조건으로 느낌이[觸緣受]
(7) 느낌을 조건으로 갈애가[受緣愛]
(8) 갈애를 조건으로 취착이[愛緣取]
(9) 취착을 조건으로 존재가[取緣有]
(10) 존재를 조건으로 태어남이[有緣生]
(11) 태어남을 조건으로 늙음과 죽음과 근심·탄식·육체적 고통·
정신적 불만족·절망감이 일어난다[生緣老死優悲苦惱].

위의 11가지 정형구를 12가지의 각지로 나누면 다음과 같다. 무명, 상카라(行), 알음알이(識), 정신 – 물질(名色), 여섯감각장소(六入), 감각접촉(觸), 느낌(受), 갈애(愛), 취착(取), 존재(有), 태어남(生), 늙음 – 죽음(老死)이 12가지의 각지이다.

마음에서 무명이 모두 제거되지 않고 남아 있으면 갈애와 취착이 일어나기 마련이다. 갈애와 취착이 일어나면 그들은 무명에 뿌리하여 무명과 함께 일어난다. 갈애와 취착이 일어나면 그들은 무명에 뿌리하여 무명과 함께 일어난다. 나아가서 업형성으로 이해되는 상카라(行)와 존재(有)는 둘 다 같은 것, 즉 의도를 의미하며 이 의도야말로 다름 아닌 업이다.

　그러므로 앞의 술어들이 언급되면 뒤의 것도 함께 들어 있음을 의미하며 뒤의 술어들이 언급되면 앞의 것이 포함되어 있다고 이해해야 한다.

　업과 오염원과 과보의 세 가지 회전은 무명을 근본으로 한다. 무명을 꽉 쥠으로서 나머지 오염의 회전과 업 등이 어리석은 이를 방해한다. 마치 뱀의 머리를 잡으면 뱀의 몸이 잡은 팔을 감아 버리는 것과 같다. 그래서 무명을 끊으면 뱀에 감긴 팔이 자유를 얻음과 같다

　"무명이 남김없이 빛바래고 소멸할 때 상카라(行)가 멸한다.(쌍윳따니까야)" 이와 같이 이것을 꽉 쥐기 때문에 묶임이 있고, 놓아 버리기 때문에 해탈이 있는 그 주요한 법을 설명하는 것이지 시작을 가진 상태를 설명하는 것이 아니다. 이와 같이 존재의 바퀴는 그 시작이 알려지지 않았다고 알아야 한다(청정도론).

　"무명과 갈애, 이 두 가지 법이 존재의 뿌리라고 알아야 한다. 과거로부터 왔기 때문에 무명이 그 뿌리이고 느낌이 마지막이며, 미래로 흐르기 때문에 갈애가 그 뿌리이고 늙음과 죽음이 마지막으로 이 윤회의 바퀴는 두 가지이다."

　정견경(正見經, 중부)에서 사리불존자는 무명의 근본원인에 대한 질문을 받고 무명은 번뇌들로부터 일어난다고 대답한다. 그러면 번뇌의 원인은 무엇인가하고 묻자 번뇌는 무명으로부터 일어난다고 대답한다. 번뇌들 가운데서 가장 근원적인 것이 바로 무명의 번뇌

이기 때문에 사리불 존자의 말씀은 한 생에서의 무명은 전생의 무명에서 일어난다는 것을 뜻하였다. 이것은 결과적으로 윤회는 시작이 없음을 밝힌 것으로 어떤 무명이든 무명이 현전하던 그 전생을 항상 의지하여 일어나기 때문이다.

그와 동시에 이것은 지금 여기에서 무명과 번뇌들을 끊어버리면 수 억겁의 윤회가 멈추어 버림을 뜻한다. 그러므로 이런 번뇌들을 끊기 위해서 '지금 여기서' 마음챙겨 수행하는 것이야말로 가장 중요한 일이라 하겠다. 어떻게 수행할 것인가? 아비담마에서는 사마타와 위빳사나로 정리해서 가르치고 있다. 그래서 12연기의 관찰은 도과성취를 위한 일곱 가지 갖춰야할 청정 중에 네 번째인 "의심을 극복함에 의한 청정"에 해당한다.

▶ 의심을 극복함에 의한 청정 - 칠청정의 네 번째
"이 정신과 물질에 대한 조건을 파악함으로써 삼세에 대한 의심을 극복하고 확립된 지혜를 여읜 청정"이라 한다(청정도론). 이것은 지금의 나를 구성하고 있는 정신-물질이 우연히 생긴 것도 아니며, 어떤 가상적인 원인에 의해서 생긴 것도 아니고, 신이 창조한 것은 더욱 더 아니며, 전생의 무명과 갈애와 취착과 업에 의해서 생긴 것이라고 연기법으로 안다. 그래서 이 청정을 '조건을 파악하는 지혜'라고도 부른다. 이 지혜를 얻으면 '작은 수다원'이라고 부른다.

■ 계사스님

> 비구들이여!
> 재스민 식물이 시든 꽃들을 떨어뜨리듯
> 이렇게 탐욕과 증오를 버려라 - 법구경

　다시 무더위가 시작되려나 보다. 선풍기를 틀고 노트북을 열었다. 며칠 전부터 미래의 생을 보아야 한다는 것이 크게 부담되었나보다. 몸이 많이 힘들다. 이곳의 수행은 철저하게 부처님께서 가르치신 방법대로 수행을 한다. 그래서 과거와 현재와 미래를 모두 보고 각각의 생에서 일어난 오온의 원인과 결과를 보아야 한다.

　오늘은 귀의처이신 계사스님에게 계 지킴을 다짐하는 날이다. 정기적으로 일주일에 한 번 계사스님을 방문하여 계를 청해 듣고 암송한다. 사미도 하고 비구도 한다. 비구는 법랍 5년 이하인 비구들을 대상으로 하는데 정신교육의 형태로 진행된다. 작년 10월말까지는 영어를 잘 하시는 미얀마 스님이 외국인 비구들을 대상으로 귀의처가 되어주셨는데 요즘은 미얀마 스님들만 한다.

　오늘 계목암송이 끝난 후의 일이다. 한국스님 한 분이 계사스님에게 '수행지침서'를 한 권 달라는 통역을 부탁했다. 그래서 계사스님에게 이 요청사항을 말하니 스님이 책을 찾으려고 서재로 들어가시면서 내 어깨를 툭 치신다. "I want you stay here(이곳에 계속 머물렀으면 합니다.)"라고 한다. 무슨 소리인지 머뭇거리자 "You have a good kamma(당신은 좋은 업을 가졌습니다)!"라고 하신다. 그래서 나는 '아! 이 한국스님이 수행지침서를 요청하니까 좋은 업을 가졌다고 생각하시는구나!'라고 생각하여 그대로 한국스님에게 통역을 했다. 그러니까 한국스님이 계사스님에게 절을 꾸벅한다.

그러나 돌아와 생각해보니 그것은 나에게 한 소리였다. 나의 귀국날짜를 계사스님은 알고 계셨는데 얼마 전에는 나의 전생에 많은 관심을 보이셨다. 그때 내가 대승불교 수행자로서 전생을 마감하였다는 이야기를 하자 상좌부 스님이 아닌 것에 대하여 아쉬워하셨다.

또 얼마 전에는 나를 지도하시는 '우 레와따' 스님께서 내가 박사인지 물어보셨다. 그리고는 내 수행이 모두 끝나면 특별한 제안을 하시겠다고 하신다. 나의 계사스님은 이곳의 주지역할을 하시는 분이므로 무엇인가 나의 지도스님과 이야기를 나누는 과정에 내가 박사라는 정보를 주고받은 것으로 생각된다. 그리고 지난주에는 지도스님께서 내가 본 나의 과거생에 대하여 자세하게 노트에 기록하여 달라고 하셔서 해드렸다. 나는 모든 수행자들에게 이것을 요구하는 줄 알았는데 알고 보니 그것이 아닌 모양이다. 계사 스님은 나의 전생을 기록한 노트를 본 것이겠지. 무슨 제안일까 궁금하지만 귀국예정일까지는 3개월 남짓 남았으므로 그때 가면 알게 되리라.

오늘따라 사가의 가족이 생각난다. 닙바나를 성취하려면 가야 할 길이 많이 남았는데 나는 아직도 집착과 미련에서 벗어나지 못하고 있다. 내가 금생에 도과를 성취할 수 있을까 하는 의심도 든다. 하지만 나는 다시는 고통을 받는 인간세계에 태어나기를 원치 않는다. 가능하다면 금생에 수다원 도과, 즉 초견성을 성취한 후 인간의 몸을 받지 않는 세계에서 빠르게 닙바나에 들기를 서원한다. 내가 출가한 것은 죽을 때 어디로 가는지를 알고 싶어서 출가하였는데 이제는 목표가 바뀌었다. 완전한 고통의 소멸을 원한다.

다시 태어나지 않음을 원한다. 그런데 3일 전부터 금생의 죽음의 순간을 보고 다음 세계에 태어나는 원인인 나의 무명과 갈애와 취착을 살펴보고 있으려니 인간으로의 삶을 다시 산다는 것이 고통이라는 것을 실감하고 있다. 나는 무엇을 위하여 수행을 하고 있는지 과거와 현재와 미래의 무명을 규명하는 수행을 통해 점검이 되고 있다.

매일 하던 오후 포행이 오늘은 매우 힘들다. 다리도 후들거린다. 현재까지 짧은 수행기간임에도 나는 마음청정(心淸淨)을 이루어 색계4선정을 닦았고, 정신과 물질의 궁극적 실재를 보았으며, 이 물질과 마음의 과거 – 현재 – 미래의 원인과 결과를 보았다. 그간의 수행성과와 노력이 스스로 대견스럽다. 그러나 여전히 머릿속에는 번뇌와 망상이 끊이지 않으니 어서 빨리 위빳사나 수행을 통하여 도과를 성취하고 싶다. 적어도 금생에 수다원도과를 성취한다면 최대 7생 이내에 대열반(마하 닙바나)을 성취할 수 있으니 이 아니 기쁘겠는가? 도와주소서! 천신과 모든 불법승의 선한 존재들이시어! 저의 수행을 도와주소서!

수행이 끝나고 귀국하면 먼저 나는 사가의 가족들에게 나의 담마(법)를 전할 것이다. 다겁생의 인연으로 가족이라는 끈으로 연결되어 있는 그들에게 먼저 고통소멸의 법을 전할 것이다. 그들에게 공덕이 있다면 그들도 꽃을 피우게 될 것이다. 가족은 나의 도반이다. 가족이 많이 보고 싶다. 그리고 나를 보내고 싶어 하지 않는 이곳의 계사스님과 스승님의 선한 눈매가 벌써부터 마음을 무겁게 한다. 좋고 싫음을 떠나야 하는 중이 무슨 계산이 이리 복잡한지 모르겠다. 모두가 다 수행이 부족한 것이 원인이겠지.

○ 최면을 통해 보는 전생과 수행에서 보는 전생의 차이점은?

얼마 전에 텔레비전에서 연예인들이 최면을 통해 전생을 본다는 방송을 보았다. 어떤 연예인이 나는 어느 나라의 왕자였다고 하면 주변의 사람들이 그것을 보고 웃는다. 그러나 불교수행에서는 어느 나라에서 어떤 생을 살았다는 것을 안다는 것은 중요하지 않다. 그것을 알았다고 하여 무엇이 달라지는가?

마치 TV에서 연예인들이 출연하여 그들이 최면을 통해 전생을 보았다고 하더라도 그것이 의미가 있으려면 그들의 생각과 행동이 고통을 소멸하는 쪽으로 달라져야 하지 않을까?

불교수행에서 전생을 본다는 것은 과거-현재-미래의 정신-물질, 즉 현재의 마음과 몸이 무엇을 원인으로 현재와 같은 결과를 가져왔는지를 알고 다시는 그러한 일이 반복되지 않도록 하는데 의미가 있다. 따라서 전생을 본다는 것은 국적, 나이, 음식과 같은 것에 관심을 두는 것이 아니라 전생에 나의 무명은 무엇이었으며, 나의 갈애와 취착은 무엇이었는가를 규명하는 것이다. 그리고 생을 일으킨 직접적인 원인인 나의 의도[行]는 무엇이었는가를 삼매의 힘으로 밝히고 그러한 원인이 현재의 나에게 어떠한 결과를 초래하였는지를 관찰하는 것이다. 이를 통해 생사의 원인과 결과를 이해하고 경계하여야 할 세 가지 삿된 견해에서 벗어나게 하는 것이 목적이다.

▶그렇다면 경계해야 할 세 가지 사견은 무엇인가?

첫 번째는 상견[常見]이다. 삿된 견해란 실체를 있는 그대로 보지 않고 잘못보고 있는 것을 의미하는데 상견이란 우리의 마음과 몸, 즉 명색[名色, 정신ー물질]은 실체가 있어서 죽어도 없어지지 않고 항상한다는 견해이다. 마치 누군가 죽으면 영혼이 있어서 이 영혼이 어머니의 태속으로 들어가서 또 다른 생을 계속해 나간다는 견해를 말한다.

두 번째는 단견[斷見]이다. 단견이란 "삶은 요람과 관 사이에만 존재한다. 죽음 후에 존재는 없다. 관을 넘어서는 아무것도 없다." 즉 죽으면 아무것도 없으며 모든 것이 끝이라는 견해다.

세 번째는 운명론[運命論]이다. 운명론은 존재의 선한 과보와 악한 과보가 정해져 있다고 믿는 것이다. 이것은 업과 업의 과보를 믿지 않는 것이다. 12연기의 관찰을 통해서 위의 세 가지 사견을 제거할 수 있다. 그래서 나의 '정신ー물질'의 과거와 현재와 미래의 '원인과 결과' 사이의 연기를 꿰뚫어 안 사람을 작은 수다원이라 부르는 것이다.

○ 파아옥에서 미래생 보기

파아옥에서는 과거 5생까지를 보게 한다. 각각의 과거의 생에서의 무명과 갈애와 취착을 규명하고 그것이 삶에 미치는 영향, 결과를 구분케 한다. 이 수행이 끝나면 미래생을 규명한다. 금생을 마치는 순간을 보게 하고, 그 죽음의 순간에 떠오른 표상이 무엇인가를 규명케 한다. 그리고 떠오른 표상의 원인이 되는 나의 무명과 갈애와 취착이 무엇인지를 파악하게 한다. 이렇게 미래의 생을 대열반을 성취할 때까지 보게 하여 각 생과 생의 연결고리인 무명과 갈애와 취착과 상카라(行)를 파악하게 한다.

▶ 어떻게 미래생을 볼 수 있을까?

선정삼매에 든 후에 마음을 가까운 미래로 보낸다. 그리고 자기의 죽음의 순간까지 시간을 흐르게 한다. 그리고 죽음의 순간에 떠오른 표상을 보고 그것의 원인을 파악케 한다. 이것은 가능한가. 가능하다. 많은 수행자들이 이것을 본다.

▶ 그렇다면 미래는 결정되어 있는 것인가?

그렇다. 적어도 이 수행을 하고 있는 수행자의 환경하에서 그려볼 수 있는 미래는 예측이 가능하다.

▶ 그렇다면 미래는 변할 수도 있는가?

그렇다. 미래는 변한다. 비록 지금의 나의 수행공덕과 지혜의 씨앗으로 금생에 대열반을 성취하는 모습을 보았다고 하더라도 지금 이 순간에 지속적인 공덕과 수행을 게을리 한다면 미래는 변한다.

▶ 그렇다면 허구를 본다는 것이 아닌가?

아니다. 이 수행을 할 때는 개인이 삼매에 든 후에 마음을 오로지 보려고 하는 마음 하나로 마음의 빛을 미래로 보내는 것뿐이다. 이렇게 하다 보면 떠오르는 것이 있다. 바로 이것이 이 수행자의 업이고 무명이 된다. 우리의 존재는 마음을 떠나서는 설명될 수 없기 때문이다. 이 수행을 마친 수행자는 과거-현재-미래의 인과를 알기에 고통소멸에 대한 의지가 강해지고 물러서지 않게 된다. 인과에 대하여 흔들리지 않게 된다. 그래서 고통소멸을 위한 수행에 몰입하게 되는 부수적인 효과가 있다.

○ 미래생은 확정된 것인가? - 다만 최선을 다하라

정명] 미래를 보았습니다. 기억이 생생합니다. 그러나 원인과 조건이 변하면 미래도 변하는 것이 아닙니까? 그렇다면 제가 본 미래는 확정적인 것입니까? 변화해 가는 것입니까? 저는 금생에 빠리닙바나[대열반]를 얻기를 원하고 결정하였습니다. 그런데 저의 미래 분석결과는 [ ]생에서 대열반을 성취합니다. 만약 금생에 정직하고 열심히 수행한다면 금생에 얻을 수 있는 것인지요?

레와따] 어떤 수행자가 지금 하고 있는 수행 때문에 금생이 마지막 생이라고, 즉 어떠한 다음 생도 없다는 것을 확인한 경우라 하더라도 수행을 계속하지 않는다면 결과는 변합니다. 한 생이 더 남아 있다고 하더라도 금생에 최선을 다한다면, 그리고 과거에 쌓아 온 공덕이 있다면 금생에 가능합니다. 아라한 도과를 위한 노력을 하지 않는 경우와 금생이 마지막 생도 아니라면 노력해도 안 됩니다. 그렇지만 깜마[업]가 있고, 금생에 노력을 한다면 아라한이 될 수도 있습니다. 그러나 확정적인 것은 아닙니다. 금생에 최선을 다하고 과거의 강한 업이 지원을 한다면 가능하다는 이야기입니다. 열심히 하지 않는다면 확실하지 않습니다. [미래의 생 확인 결과가] 금생이 마지막 생이라 하더라도 확실치 않다는 것입니다. 이러한 식으로 이해하면 됩니다. 그러므로 확인한 미래생이 무엇이 되던 간에 최선을 다하고, 아라한 도과를 성취할 수 있는 과거의 업이 지원을 한다면 가능한 것이므로 현재가 가장 중요한 것입니다. 다만 최선을 다하십시오!

■ 은사님께 올리는 글

오늘은 한국의 은사님에게 편지를 썼다. 이왕이면 수행의 전 과정을 마치고 돌아가겠다는 허락을 받고 안부를 여쭙기 위함이다.

은사님

법체청안하신지요?

저의 수행은 순조로워 과거 5생과 미래의 생을 보았습니다. 때로는 남자, 때로는 여자로 전전하며 윤회의 원인과 고통의 원인도 모르고 생과 생을 전전하였습니다. 다행히 은사님과 불법을 만나 참으로 다행이라는 생각이 듭니다. 과거에 지은 업이 보이지 않는 힘으로 작용하여 저의 의지와는 무관하게 등 떠밀려 표류하고 있음을 보았고, 원인이 있기에 결과가 맺어지는 연결고리도 보았습니다. 처음에는 저 스스로도 믿기지 않았으나, 보이는 장면이 가슴을 저리게 하고 가슴을 때리니 믿지 않을 수 없습니다. 그리고 결과물인 오늘의 저를 돌아 볼 때 과거의 그러한 원인이 있었으므로 오늘의 이러한 결과가 있다고 연결지어 볼 때 저 자신을 더욱 잘 이해하게 되었으니 어찌 믿지 않을 수 있겠습니까?

이제 며칠 후면 저의 몸과 마음의 원인과 결과에 대한 '의심을 극복함에 의한 청정'인 12연기 관찰수행이 끝나고 본격적인 통찰지 수행인 위빳사나 수행으로 들어갑니다. 금번 수행에 도과를 성취하지 못한다고 하여도 적어도 금생에는 수다원 도과를 성취하여 최대 일곱생을 넘지 않고 대열반을 성취하기를 기원합니다.

한국은 아직도 한겨울이겠지요? 여기도 막바지 겨울입니다. 겨울이라고는 하지만 낮에는 30도를 오르내리고 있습니다. 최근에 한참 추울 때는 13도까지 내려갔습니다.

오늘도 오후 수행을 마치고 포행 중에 은사님께 배운 아침종성을 나지막이 읊조리며 산행을 하였습니다. 참으로 행복하다는 생각이 듭니다. 생각보다 공부의 진척이 빠릅니다. 다행히 이곳의 수행과정을 모두 마칠 수 있을 듯합니다. 하지만 귀국을 한 달 정도 뒤로 연기해야 할 듯합니다. 은사님을 뵙고 싶은 생각 굴뚝같지만 법을 구하는 마음으로 대신할까 합니다.

처음 이곳에 올 때에는 네 번째 단계의 선정삼매인 사선정과 물질과 마음의 궁극적 실재를 보는 루빠(色, 물질)수행과 나마(정신, 마음)수행까지면 만족한다고 목표를 세우고 왔으나, 의외로 수행의 성취가 빨라 12연기관찰과 위빳사나 수행 전과정을 마치고 귀국하려고 합니다. 이제 80여일 남은 기간 열심히 정진하여 은사님 은혜에 보답토록 하겠습니다.

뵙는 날까지 법체청안하십시오.

2007년 1월 27일
멀리 미얀마 선원에서
미련한 제자 정명 올림

▌2월 정기보시의 날

> 온갖 공물과 제물로 이승에서
> 일 년간 공덕을 짓고자 제사를 지내더라도
> 그 모든 것은 4분의 1에도 미치지 못한다.
> 곧은 삶을 사는 이(수행자)를 향한 예경이 더 좋은 것이다. - 법구경

오늘은 보름으로 남방 비구계 227계의 계목을 암송하는 포살일인데 이와는 별도의 특별한 행사가 있었다. 수많은 재가자들과 명상센터의 스님들 그리고 미얀마에 있는 다른 4지역의 파아옥 분원에 계신 스님들이 모두 아랫절 큰 법당에 모여서 참가한 신도들에게 계를 설하고, 자애경을 함께 외우며, 한국불교의 "신중청"에 해당하는 천인과 천신을 초대, 불법과 수행자를 보호해주기를 요청하는 의식을 하고 그들 역시 불법을 듣고 해탈하기를 기원하는 "빠리따 챈팅"을 암송하였다.

이 의식이 끝난 후에는 스님들에게 먹을 것과 수행에 필요한 필수품에 대한 대규모의 공양을 올리는 행사가 진행되었다. 특이한 것은 어제부터 웃절인 시마홀에서부터 성화를 봉송하는 행렬과 같이 여자 수행자인 사얄레이[비구니 아래 단계]들이 막대기 끝에 종이를 붙여 늘어뜨리고 열을 지어 걸어가는 모습이 보인다. 마치 한국전통 불교행사에서 쓰이는 금전과 은전과 같은 지전을 오려 붙인 것과 유사한데 색깔은 흰 종이가 주종이다. 은박지 같은 것을 길게 지팡이 끝에 매달아 늘어뜨린 것을 들고 20여명의 사야레이들이 줄을 지어 아랫절로 이동하는 모습이 이채롭다.

또 어제 오후 4시경에는 산위에 지어진 오두막[꾸띠]들 사이로 여자 신도들이 그러한 것들을 손에 들고 한 스님의 인도아래 산위의 수행처인 꾸띠를 찾아 이동하는 것도 보았다. 아침 공양을 일찍 하고 아랫절에 도착하니 탑과 탑 주변이 그러한 지전 모양의 종이들로 장엄되어 있었다. 손바닥만하게 삼각형 크기로 깃발모양을 만들고 원추모양으로 탑 주변을 장엄해 놓은 것도 이채롭다. 또한 비행장에서 풍향을 알리는 헝겊주머니처럼 생긴 것을 큰 솟대에 달아 늘여 놓기도 하였다.

행사는 오전 7시 30분경 시작되었다. 행사장까지 들어가는 통로에도 꽃이 뿌려져 있어 꽃을 즈려밟으며 입장하였다. 행사장 안에는 이미 재가자들이 중앙통로를 제외하고 좌우측으로 열을 지어 앉아 있었고 그 중앙 통로를 이용하여 스님들이 입장한다. 불상을 등지고 스님들은 입구 쪽을 바라보며 법랍이 높은 분이 신도들 앞쪽에 앉고 그 뒤로 나머지 스님들이 앉는다.

의식은 "나모 따사"로 시작하는 삼귀의를 모시고 큰 스님이 계를 하나씩 읊으면 재가 신자들이 그것을 복창한다. 특이한 것은 생필품 등을 스님들께 공양 올리는 행사다. 행사장에서 법랍이 높으신 스님부터 행사장 밖으로 나가시면 미리 대기하고 있던 학생들이 문 앞에 기다렸다가 스님 한 분에 2명의 학생이 따라간다.

실제의식에서는 나이 어린 사미들이 가장 먼저 나가고 그 다음부터는 법랍 순이다. 학생들은 마대자루를 들고 스님을 도와주는 신자[깝삐야] 역할을 하는데, 약 300여 미터의 거리를 여자 명상홀의 입구부터 아랫절이 시작되는 복도의 끝까지 스님과 같이 이동한다. 이 통로 양쪽에는 재가자들이 각자 준비하여온 공양물들을 학생들이 들고 있는 자루에 넣어주고 스님들을 그냥 앞으로 행진하는 것처럼 일렬로 걸어간다. 탁발행사와 유사하다.

다만 발우 대신 큰 자루가 등장하고 학생들이 옆에 서는 대신 스님 앞쪽에 서서 이동하는 것이 다르다. 이동하는 통로[복도] 좌우에는 무릎을 꿇고 앉아 지나가는 스님들에게 연신 절을 올리는 이도 있다. 개인 숙소인 꾸띠로 돌아오는 길에도 그 학생들이 대부분 따라와 꾸띠까지 공양물을 대신 들어다주었다. 그런데 나는 웃절로 돌아가려고 준비되어 있던 차를 타니 학생들이 탈 자리가 없어서 내가 직접 공양 받은 자루를 들고 탔다. 점심공양 시간이 다 되어서 돌아왔으므로 꾸띠까지 가지 않고 자루를 들고 공양간으로 가서 점심공양을 받았다. 공양간을 나오니 공양간 앞에서 학생 한 명이 다가와 말없이 자루를 받아 든다. 덕분에 산 위에 있는 꾸띠까지 잘 왔다. 수고한 학생에게 마땅히 줄 것이 없어 점심공양으로 받은 까놓은 귤을 주었다. 아이스크림도 받아 왔는데 그것도 줄 걸 그랬다.

오후 4시가 되니 평소와 같이 빠띠목카 행사를 하고 지금 꾸띠로 돌아 왔다. 포살행사가 끝나니까 기다리고 있던 재가자들이 스님들께 향, 가사 등을 공양했다. 대략적으로 오늘 참석한 스님이 1,000여명, 재가자들로 아랫절 안에만 1,000여명, 그리고 밖에 대기하고 있던 학생들이 스님 한 분에 2명씩 지원하니까 참석 대중의 숫자가 가히 크다. 이곳에서 2년째 수행하고 있는 한 스님의 이야기에 의하면 이런 대규모의 공양 행사를 매년 2월초에 한다고 한다.

대승불교 스님은 상좌부 사미의 끝에 서서 퇴장하였는데 그래도 법
랍이 20년 된 스님들도 계신데 다른 방법은 없을까 하는 아쉬움이 있
다. 일불 일제자, 한 부처님에 한 제자라 하였는데….

기억에 남는 것은 여자들의 경우 맨 앞좌석에 앉아있던 대승불교 비
구니 스님이 제일 먼저 퇴장하는 것이다. 미얀마에는 비구니계가 너무
엄격하여 지킬 수가 없어서 비구니가 모두 없어져버렸기 때문에 대승
불교 비구니가 먼저 퇴장하는 것이다. '너무 맑은 물에는 고기가 살 수
없다.'라는 말이 생각난다.

내가 받은 공양물은 우산 1개, 책 4권, 물비누 1병, 세숫비누 5개, 빨
래비누 6개, 하이타이 같은 작은 봉지에 든 것 비닐 쇼핑백으로 하나 가
득, 볼펜 4자루, 영양제 4통, 두통제 등 알약류 다수, 한 홉 정도의 생쌀,
옷핀 10개, 과자 1봉지, 사탕 한 움큼, 컵라면 1개, 귤 하나, 깔고 잘 수
있는 이불대용 천, 가사 한 벌, 수건 큰 것1, 작은 것 하나, 칫솔 1, 치약
2개, 공 CD 한 장…. 이렇게 담아 놓으니 쌀 담는 마대자루로 반이 조금
넘는다.

O 스승[선우]

나의 은사님은 서울 신촌 봉원사에 주석하시며 옥천범음대 학장으로 윗자는 일자 아랫자는 운자인 스님이다. 은사님은 현재 중요무형문화재 50호인 영산재 준보유자로 계시며 옥천범음대학의 학장으로 범패의 전승에 힘쓰고 계신 분인데, 제자 사랑이 각별하셔서 수행을 격려하심은 물론 필요제반 비용을 은사님 개인과 문중에서 지원토록 배려해주셨다. 자식 잘되길 바라는 마음은 출가나 재가가 구분이 없는 모양이다.

태국이나 몽골 스님들은 절을 할 때 머리 위, 목 그리고 가슴 부위에 합장한 두 손을 순서대로 가져다 댄 다음에 오체투지의 예를 올린다. 머리는 스승, 목은 부처님, 그리고 가슴은 부처님의 가르침이라 한다. 우리는 예불시 불−법−승의 순서로 예를 올리는데 그분들은 스승을 맨 앞에 놓는다. 참으로 의미가 있어 보인다. 수행에서 스승[선우]은 전부라 해도 과언이 아니다. 청정도론에서는 스승[선우]을 찾아가 법을 청하고 배우는 것을 다음과 같이 묘사하고 있다.

1. 수행시 스승을 정하는 법

번뇌가 멸함을 얻은 번뇌 다한 분으로부터 명상주제를 받아야 한다. 그러나 그러한 스승을 만나지 못하면 불환자−일래자−예류자−禪에 든 범부−경율론 3장에 통달한 분−2장에 통달한 분−1장에 통달한 분 가운데서 순서대로 접근해야 한다. 만약에 1장에 통달한

이도 얻지 못하면 주석서와 함께 하나의 경에 능통하고 부끄러워
할 줄 아는 분으로부터 받아야 한다. 왜냐하면 부끄러워 할 줄 아
는 이는 스승들의 견해를 피력하지 자기의 견해를 피력하지 않기
때문이다.

2. 제자의 스승에 대한 의무사항

1) 가르침은 스승에 대한 의무를 다한 뒤에 받아야 한다.
2) 처음 새로운 스승을 찾아 갈 때에도 스승의 거처를 물어 바로
   가야지 다른 곳을 들러 가면 안 된다. 왜냐하면 그곳에 스승
   에게 적개심을 품고 있는 사람들이 있다면 스승의 험담을 할
   것이고, 배우려는 사람의 마음속에 그 스승에 대한 의심하는
   마음이 생겨 결국은 돌아가게 될지도 모르기 때문이다.
3) 만약에 스승이 더 연소자라 하더라도 그가 의발 등을 받게 해
   서는 안 된다.
4) 처음 도착한 날부터 바로 '제게 명상주제를 설해주소서'라고
   말해서는 안 된다. 둘째 날부터 만약 스승에게 평소의 시자가
   있으면 그에게 허락을 청하여 스승을 위한 의무를 행해야 한다.
5) 율장 칸다까에 부처님께서 '스승에 대한 의무'를 다음과 같이
   가르치셨다.
   - 제자는 먼저 일어나서 치목(칫솔)을 드려야 한다.
   - 세수할 물을 준비하며 앉을 자리를 마련해야 한다.
   - 만약 죽이 있으면 대접을 씻은 뒤 죽을 가져와야 한다[율
     장, 칸다까(犍度部)].

▌ 위빳사나 시작하다

> 굶주림은 가장 큰 병이고,
> 조건 지워진 것들은 가장 큰 괴로움이다.
> 이것을 있는 그대로 알고 나면
> 열반이 가장 큰 즐거움이다. - 법구경

오늘부터 본격적으로 위빳사나 수행을 시작하였다. 처음 이곳에 오기 전에는 몸의 궁극적 실재인 루빠(色, 물질)와 마음의 궁극적 실재인 나마(정신, 마음과 마음부수)까지만 수행하면 좋겠다고 생각했었다. 그러나 수행의 진척이 빨라 지금의 내 몸과 마음이 과거생의 어떠한 원인과 조건 때문에 발생하였는가를 규명함은 물론, 어떠한 무명과 갈애, 취착이 나의 다음생을 일으키는지를 보는 12연기 수행도 마쳤다. 이제는 내 몸과 마음의 실체를 있는 그대로 보는 위빳사나수행이다. 나는 12연기 수행을 마치면서 미래의 생을 보았을 때 금생에 적어도 "수다원 도과의 성취"를 서원하였다. 성불이니 닙바나니 하는 것이 나에게 멀게만 느껴졌었는데 한 걸음 한 걸음 걷다 보니 나도 마음에서 도과의 성취를 서원하게 되었다. 많은 변화가 있었고 있을 것 같다.

■ 김칫국

> 은혜로 보시하면 복을 얻나니
> 분노를 품어 쌓아놓지 마라
> 선으로써 그 악을 없애버리면
> 탐욕·분노·어리석음이 없어지리라 ―법구경

오늘 아침 공양시간에 한국 비구니스님에게 동치미 한 사발을 받았다.

"스님, 지난번 올린 동치미를 한 번에 모두 드셨다면서요? 맛있게 드세요." 하면서 웃으신다.

얼마 전부터 점심공양을 마치고 휴식시간에도 시간을 아껴보려고 휴식 없이 바로 큰 법당에서 명상을 하다가 단체명상 시간인 1시가 되면 다시 개인 꾸띠로 돌아와서 수행을 계속하였다.

노력이 과도하였는지 며칠 전부터 몸에 힘이 없어져서 오늘 아침은 누워서 명상을 하였다. 그날인가 그 다음날인가 아랫절의 비구니스님에게 라면 3개 분량의 동치미를 공양 받고는 그것을 배가 불룩하게 나오도록 한자리에서 모두 마셔버렸다.

먹은 지 2시간 정도가 지나니 새 정신이 나고, 낯선 기후와 음식에 지친 몸과 마음이 재충전이 되어 정상적인 수행을 할 수 있었다. 어제 이 이야기를 그 비구니스님에게 했더니 오늘은 당신 드실 것을 나에게 가져 오신 모양이다.

사두! 사두! 사두!

요번에도 조금 남기고는 모두 먹어버렸다. 힘이 난다. 수행에 욕심이 앞서면 수행이 아니라 하였는데 최근에 너무 무리를 하였다. 나에게 공덕이 있으면 성취할 것이요, 그렇지 못하면 아무리 노력해도 성취하지 못할 것이니 오늘부터는 욕심을 줄이고 다만 있는 그대로의 현상을 보도록 해야겠다.

■ 산불

깨어있음은 죽음이 없는 상태이고,
방심함은 죽음의 상태이다.
깨어있는 이들은 죽지 아니하고,
방심한 이들은 죽은 것과 마찬가지이다. -법구경

오후 4시, 명상을 마치고 포행을 나섰다. 그런데 명상을 하고 있어야 할 스님들이 어딘가를 급하게 가고 있었다.

"140번 꾸띠에서 불이 났습니다."

한 미얀마 스님이 말했다. 140번이라? 어디인지 얼른 생각이 나지 않았지만 그분들을 따라갔다. 불난 곳은 주로 포행하던 숲속에 있는 꾸띠인데 명상홀에서 약 40분 정도 떨어진 거리에 있다. 그런데 불 끄러 가는 스님들이 모두 맨발에 빈손이다. 양동이라도 들던가 아니면 다른 연장이라도 있어야 할 텐데… 하는 생각을 하면서 불이 난 곳에 도착하였다.

그런데 불은 보이지 않고 연기만 올라오고 있어 이미 꺼졌구나! 하고 생각했는데 아래쪽에서 "불이야!" 하는 소리가 들린다. 돌아다보니 이곳저곳에서 마른 갈잎과 낙엽을 태우는 불길이 치솟고 있었다. 불을 꺼야할 스님들이 불을 끄지 않고 모두 가만히 서있다. 가만히 보니 맨발로 불타는 숲속에 들어갈 수 없기 때문이다. 이미 불이 꺼진 자리라 하여도 뜨거움이 남아 있으니 맨발로 이동이 가능하겠는가? 나처럼 고무로 된 슬리퍼를 신은 스님들은 앞으로 이동하고 맨발로 온 스님들은 그냥 서있다.

난감하다. 미얀마 말로 뭐라고들 그러는데 잘 모르겠다. 표정과 손짓으로 보아 불길이 솟는 곳으로 이동하라고 하는 것 같은데 마른 나무와 숲이 우거져 지리도 잘 모르는 내가 들어가려니 겁부터 났다. 산불은 바람의 방향이 중요하여 바람을 등지고 진화하여야 하는데 맞서면 연기에 질식사한다는 것을 알고 있다. 바람의 방향도 일정치 않고 여기저기서 솟는 불길을 보니 두려운 마음이 든다.

미얀마 스님들과는 말이 통하지 않으니 상황이 어떤 것인지 판단하기가 어렵다. 깊은 숲속으로 들어가면 위험하다는 생각이 본능적으로 들어 뒤쪽에서 남아 잔불을 제거하였다. 그런데 잔불을 제거할 때 바람이 불면 남아 있는 불씨가 살아나서 다시 불길이 커지기를 반복한다. 이렇게 뒤쪽에서 불을 제거하는 사람이 없으면 숲속으로 들어간 사람들은 불길에 갇혀서 위험하다. 한번 불길이 지나간 자리에는 마른 나뭇잎과 마른 풀들은 타서 없어졌지만 나무 밑동에 남은 불씨와 부러진 나뭇가지에 남아 있는 불씨가 다시 살아난다.

생소한 지형에 여기저기서 솟는 불길과 자욱한 연기, 그리고 맨발인 스님들의 알아들을 수 없는 외침들이 교차되면서 대형사고가 일어날 것만 같은 불안감이 엄습한다. 그때 옆 꾸띠에 사시는 한국스님이 미얀마 스님 세 분과 같이 도착하셔서 잔불을 함께 제거하고 연기가 치솟고 있는 산 아래 쪽으로 이동하였다. 산 아래 쪽의 불길은 이미 명상센터의 반대방향으로 타들어 가고 있는데 벌써 해는 넘어가 어둑어둑해지니 다른 미얀마 스님들은 모두 돌아갔다. 그나마 다친 사람이 없어 다행이다.

　"불이야!" 하니까 우르르 맨손으로, 맨발로 몰려 와서는 어찌 할 줄도 모르고 서있는 미얀마 스님들의 모습이 잔상처럼 남아있다. 그리고는 어딘지도 모르는 길을 맨 앞에 선 스님의 뒤를 따라 땅만 쳐다보며 이동하다가 한참을 간 후에 '이곳이 아닙니다.' 하는 소리를 듣고 다시 왔던 길을 되돌아왔다.

　우리가 사는 모습도 이러하지 싶다. 아무 생각 없이 앞 사람을 보고 따라간다. 때로는 이 방향으로, 때로는 저 방향으로 헤매고 다닌다. 정신을 차려 방향을 가늠해 보지만 목적지를 알지 못한다. 알려고 하지도 않는다.

　그래서 또 다시 앞선 사람의 뒤를 따라 다니고, 뒤에 오는 사람에게 등을 떠밀려 고통스러워한다. 윤회 속에서 돌고 도는 우리들의 자화상이다. 깨어 있지 않으면 휩쓸릴 수밖에 없다.

○ 불교의 목적 – 사과해탈[四果解脫]

涅槃無疾無老死 <small>열반무질무노사</small>　열반은 병도 없고 늙고 죽음도 없어서

安穩清淨常樂鄉 <small>안온청정상락향</small>　안온 청정한 상락향에 들어가

我生已盡梵行立 <small>아생이진범행립</small>　태어난 일 이미 끝내고 청정한 행을 세웠으니

所作已辯後不受 <small>소작이변후불수</small>　다시 또 무슨 걱정 있겠는가.

불교의 목적은 세간의 마음에서 초세간의 마음을 획득하기 위한 것이다. 초세간의 마음이란 도과를 성취하여 마음의 오염원인 탐욕스러운 마음, 성내는 마음 그리고 어리석은 마음에서 벗어나 자유로움을 만끽하는 상태를 성취하는 것이다.

이렇게 대자유를 얻은 상태를 해탈이라 한다. 해탈이란 벗어났다는 의미인데, 바로 세 가지 해로움[삼독, 三毒]이라는 탐진치에서 벗어났다는 것을 의미하며 고통의 세계에 다시는 태어나지 않게 되었다는 것을 의미한다. 다른 말로는 도과를 성취하였다고 한다.

이 도과를 성취하는 순간에 마음은 닙바나를 대상으로 한다. 닙바나란 빠알리어로 '최상의 행복'이란 뜻을 내포하고 있다. 불이 꺼진 상태를 의미한다. 탐욕의 불, 성냄의 불, 어리석음의 불이 꺼진 상태를 의미하는 것이다. 이러한 탐진치는 고통의 원인이니 탐진치의 불이 꺼졌다는 것은 고통이 소멸되었다는 것을 의미하는 것이다. 고통이 소멸되면 그 상태가 행복이라고 불교는 정의하고 있다.

이 닙바나[혹은 니르바나]를 한자의 소리값을 빌려서 열반[涅槃]이라 표현한 것이다. 바로 불교의 목적은 열반의 성취, '성불하십시오.'이다. 이렇게 성불하라는 말은 '고통 소멸하십시오.' 하는 뜻이고 '최상의 행복을 성취하십시오.'라는 말과 같다.

몸과 마음의 실체를 '있는 그대로' 보는 수행을 하다가 이 닙바나를 얻었다면 우리는 수다원[예류자] 도과를 성취하였다고 한다. 즉 초견성 하였다는 말이다. 이렇게 초견성을 하면 삼악도에 다시는 떨어지지 않고 적어도 7생 이내에 대열반을 성취하여 다시는 태어나지 않는다고 경장과 논장에서 말하고 있다.

이 수다원 도과를 성취하면 우리를 힘들게 하는 열 가지 족쇄 중 영원불멸하는 실체로서의 '나'가 있다고 하는 가장 거친 유신견[有身見], 불법승 삼보에 대한 의심, 계율과 의식에 대한 집착인 계금취견[戒禁取見, 소나 개처럼 행동하면 열반을 얻을 수 있다고 하는 이교도의 견해]이 끊어지고 어떤 악도에도 떨어질 가능성에서 완전히 벗어난다.

그리고 사후에 영혼이라는 것이 존재하여 사생육도를 돌고 돈다고 하는 무엇인가가 항상한다는 상견[常見]이 제거되며, 죽으면 모든 것이 끝이라고 하는 단견[斷見]과 우리의 삶은 전생에 미리 운명적으로 결정되어 있기 때문에 아무리 노력해도 나의 의지대로 되지 않는다고 하는 운명론[運命論]이 제거된다. 그의 행위의 특징은 오계를 철저하게 준수하는 것이 특징이라고 한다.

두 번째 도과를 성취한 성자를 사다함[一來者]이라 한다. 일래자는 거친 탐진치를 제거한 사람이다. 그러므로 약한 형태의 이런 번뇌들이 일어날 수 있지만 자주 일어나지는 않으며 탐진치가 압도하는 힘이 아주 약하며 한번만 더 이 세상에 돌아온다고 하여 일래자이다.

세 번째 도과를 성취한 성자를 아나함[不還者]이라 부른다. 감각적 욕망에 대한 탐욕과 악의를 남김없이 버리고 이 욕계로 다시는 돌아오지 않는다 하여 불환자라 한다. 그러므로 이 성자들은 금생에 생을 마치면 색계에 태어나서 그곳에서 마지막 열반을 증득한다.

마지막으로 아라한, 아라한은 이 세상에서 최상의 공양을 받을 만하다고 하여 응공[應供]으로 한역되었다. 아라한이라는 용어는 불교 이전부터 있던 단어로 번뇌라는 적(ari)을 다 부수어 버린 자의 뜻이 있다. 물질[色]의 세계[色界]에 대한 집착, 무색계에 대한 집착, 자만[慢], 들뜸[掉擧], 무명[無名]이 제거되며 존재에 대한 집착이 완전히 사라진다. 그리고 앞의 세 부류의 성자에게서 제거되지 않았던 해로운 마음부수들인 어리석음, 양심 없음, 수치심 없음, 들뜸, 자만, 해태, 혼침도 박멸된다.

따라서 이렇게 도과를 성취하는데 있어 초기불교에서는 인가라는 제도가 없다. 제자는 스승의 지도에 따라 수행을 하고 열반을 증득하였다면 자기 마음의 변화를 돌이켜 보아 남아있는 오염원들을 반조하면 도과의 성취여부를 판단할 수 있기 때문이다.

흔히 북방불교인 한국의 스님들과 이야기하다 보면 부처님과 아라한이 다르다고 이야기 한다. 그러나 북방과 남방, 대승과 소승불교가 나누어지기 이전의 자료에는 아라한과 부처님은 똑같이 평등하였다.

그런데 3세 시방의 이상적인 부처님인 대자대비한 공경불의 개념이 만들어져 오늘에 이르게 되었으니 모든 고통이 소멸된 상태인 열반의 증득을 최고의 지향점이라고 설파하신 부처님의 가르침을 되새겨 볼 일이다.

■ 견청정

> 저 연잎 위에 구르는 물방울같이,
> 바늘 끝에 꽂힌 겨자씨같이
> 탐욕에 더 이상 물들지 않는 사람,
> 그를 일컬어 진정한 브라만이라 한다. - 법구경

2월초부터 위빳사나의 시작이라고 볼 수 있는 견청정을 공부하고 있다. 정신과 물질의 궁극적 실재를 봄에 있어 정신과 물질 하나하나의 특징, 역할, 그리고 나타남과 그것이 나타나게 되는 가까운 원인이 무엇인지를 알고 보는 것이다.

이렇게 하기 위해서는 물질[色, 28가지], 알음알이 무더기[識蘊, 17가지], 느낌의 무더기[受蘊, 5가지], 인식의 무더기[想蘊, 1가지], 의도의 무더기[行蘊, 11+유익한 것 25 + 불선한 것 14], 그리고 12연기[12가지], 이렇게 총 113 항목에 해당하는 궁극적 실재들의 특징, 역할, 나타남, 가까운 원인을 영어나 빠알리어로 외워야 한다. 나는 영어로 외웠다.

외운 후에 인식과정이 진행될 때 이 외운 지식을 바탕으로 일어나는 있는 것들을 알고 보는 것이다. 그런데 처음에는 외우는 속도도 느리고 숙달이 안되어 인식과정은 이미 끝이 나서 새로운 인식과정이 몇 번 바뀌고 있는데도 알고 보는 것을 완성하지 못하는 경우가 대부분이다.

이렇게 인식과정의 모든 심찰나에서 하나하나의 해당항목을 보다보면 나중에는 속도가 빨라지고 마음집중의 힘이 커지면 인식과정의 속도와 거의 같아지는 순간에 도달하는 순간을 경험하게 된다. 바로 이 순간 통찰력의 빛이 밝아지면서 통찰지가 커진다. 이렇게 되면 하나의 인식과정, 즉 오문인식과정의 경우 총 14회의 심찰나의 매순간에 4가지 특징을 볼 수 있게 되는 것이다.

오늘은 상카라(行蘊)중에서 선한 마음[kusala, 열반에 도움을 주는 마음]을 명상하였는데, 이 중에 무탐[alobha, 탐내지 않음]이라는 마음부수를 관찰하였다. 4개의 특징과 정의를 외우는 과정에도 통찰적인 지혜가 생기는 경험을 하였다. 외우다 보면 무릎을 치게 되는 것이다. 그리고 그 내용을 바탕으로 눈을 감고 인식과정을 보면 그 세밀함에 찬탄이 절로 나온다. 이 수행은 외우는 과정 자체가 결과가 된다.

오늘 외운 무탐[無貪]의 4가지 특징은 다음과 같다.

무탐[無貪]은 단지 부정적의미의 '탐욕없음'이라기보다는 보다 긍정적인 의미인 보시, 보다 적극적인 의미인 세간을 떠나는 초연의 의미를 내포하고 있다. 이 무탐이라는 마음부수의 **특징**은 대상에 대한 갈망이 없거나 집착없는 것이 마치 연잎 위의 물방울과 같다. 이것이 하는 **역할**은 계율을 잘 지키며 생활하는 청정한 수행자처럼 움켜쥐지 않는 역할을 하며, 오물통에 빠진 사람이 더 이상 조심하지 않는 것처럼 집착함이 없는 것으로 **나타난다**. 무탐의 상태를 유지하는 **가까운 원인**은 현명한 주의력이 있거나 탐착할만한 대상이 아닌 경우이다.

창밖에서 바람이 시원하게 불어온다. 마음속에도 초연한 바람이 시원하게 분다. 오후 포행시간에도 홀로 숲길을 걸으면서 이것을 음미하는 것이 마치 행복을 음미하는 것과 같다. 음~! 이것이 행복이구나!

4가지 특징과 정의

한문	해석

處世間如虛空 (처세간여허공)　　세간에 처해도 허공같이

如蓮花不着水 (여련화불착수)　　물들지 않는 연꽃과 같이

心淸淨超於彼 (심청정초어피)　　마음을 청정히 하여 저 언덕에 이르러

稽首禮無上尊 (계수례무상존)　　무상존께 머리 숙여 귀의합시다

― 반야심경 중 계수게

　아침명상은 참으로 훌륭하였다. 알음알이의 덩어리[識蘊, 식온]를 유익한 인식과정과 불선한 인식과정으로 나누어 명상하였는데 각 인식과정이 일어나서는 사라지는 순간을 보고, 각각의 심찰라에 해당하는 알음알이가 유익한 경우와 불선한 경우 그 각각의 본성을 알고 보는 명상을 한 것이다. 이렇게 각 인식과정을 알고 보는 수행을 통하여 각 인식과정의 매 심찰라의 역할에 대하여 보다 자세한 이해를 하게 되었다.

　예를 들어 인식과정 중 유익한 업을 일으키는 알음알이[속행의 식]의 경우 행복한 과보를 만들어 내는 결점없음이 **특징**이고, 그것의 본성으로서 악함(immorality)를 파괴하는 **기능**이 있고, 청정함(purity)로 **나타난다.** 현명한 주의력이 **가까운 원인**이다. 이렇게 알고 보는 것이다. 불선한 업을 일으키는 알음알이[속행의 식]의 경우, 결점 혹은 나쁜 과보가 특징이고, 편안하지 않게(dis-comfort)하는 역할을 한다. 즉 유익하지 않게(unprofitable) 만드는 기능을 수행하고 결과적으로 청정하지 않음(impurity)으로 나타난다. 부주의한 주의력이 가까운 원인이다.

이렇게 명상하고 있으려니 우리의 삶은 매순간 깨어 있어 현명한 주의력을 갖는다면 행복이요, 그렇지 않으면 불행이 결정된다는 사실을 알 수 있었다. 바로 수행은 현명한 주의력을 극대화시켜 행복을 증진시켜 나가는 것이라는 통찰지도 생겼다. 마음을 항상 오롯이 하여 불선한 마음이 들어오는 것을 방지하고 선한 마음이 유지되도록 문을 지켜야 하는 것이다. 이 얼마나 훌륭한 통찰이며 가르침인가? 한국에 돌아가면 별도의 시간을 내어 이 4가지 특징을 외우고 관찰하는 수행을 별도로 좀 더 해보아야겠다.

오늘 아침 수행시 불선한 마음의 경우, 탐심을 동반한 사건, 탐심을 동반한 자만심, 증오, 질투, 인색, 후회, 들뜸, 의심이라는 8가지가 일어나는 것을 하나하나씩 알고 보았다. 이러한 불선한 마음이 일어날 때마다 어찌나 그에 해당하는 "4가지 정의"가 그렇게 정확한지 무릎을 칠 정도였다. 사두! 사두! 사두!

■ 수행이나 열심히 하라

> 보시 중에는 법의 보시가 제일
> 맛 가운데는 도의 맛이 으뜸
> 즐거움 가운데는 법의 즐거움이 제일이니
> 갈애가 다하면 모든 고통은 소멸된다. - 법구경

행복하다. 오후 포행을 마치고 12연기의 12 요소 각각의 특징-기능
-나타남-가까운 원인을 녹음한 것을 들으며 나 홀로 숲속을 1시간가
량 거닐었다. 돌아와 샤워를 하고, 레디 사야도의 닙바나 디파니 <열반
이란 무엇인가?>를 읽으며 닙바나에 대한 공부를 했다.

날씨도 무덥지 않다. 지금이 저녁 7시 10분인데 섭씨28도 정도다. 숲
속에서 작은 벌레의 울음소리가 들린다. 창을 통해 들어오는 바람이 시
원하다. 달력을 보니 귀국 예정일이 두 달 남았다. 예전에는 두 달이 긴
시간이라는 생각이 있었는데, 이곳에서 수행을 시작한 이후에는 시간이
너무 빨리 흘러간다. 달력에 하루가 갈 때마다 ×표시를 하는데, 시간이
빠르게 흘러감이 안타깝다. 공부하는 재미도 새록새록한지라.

어제가 설날이었는데 미얀마 달력을 사용하는지라 어제가 되어서야
'설'임을 알았다. 어떤 보살이 이틀 전 장미꽃 한 송이를 공양하였는데,
받아 보니 꽃을 싼 봉투에 'happy new year'라는 문구가 있었다. 2월에
어쩐 새해인사인가 의문이 들어 한국스님에게 물어보니 어제가 '설'이
라 하였다. '설'이라….

어젯밤에 잠을 청하는데 '지금쯤 한국은 귀향길이 바쁘겠구나' 하는 생각과 함께 사가의 가족들이 생각났다. 모두 잘 있겠지…. 이런 생각을 하다가 '참! 시간가는 줄도 모르고 지냈구나.' 하는 생각이 든다. 세월을 잊고 산다는 것이 이런 것이지 싶다.

음력을 사용하는 문화권에 사시는 스님들은 이맘때쯤이면 사야도를 찾아뵙고 새해인사를 드린다고 하였다. 그때마다 사야도께서는

"돌아가서 수행이나 열심히 하라."

는 말씀만 하신다고 귀띔해 주었다. 그래도 법문을 부탁드리면

"계율 잘 지키고 선정과 지혜를 닦아라."

하신단다. 참으로 명쾌하신 말씀 아닌가? 이곳 파아옥 사야도께서 히말라야로 개인 수행을 하기 위하여 떠나신 지도 벌써 3달이 다 되어간다. 방안에 붙여놓은 사진 속의 사야도께서 웃고 계신다. 수행은 여법하게 잘 하고 계시겠지…. 찌르레기 소리가 가을을 생각나게 한다.

○ 견청정 – 4 defining devices – 여실지견

정신과 물질을 구분하는 지혜가 견청정[見淸淨]이다. 도과를 성취하기 위한 7단계 중 3번째에 해당한다. 계정청 – 심청정 – 견청정 – 의심을 제거함에 의한 청정 – 도와 지와 견에 의한 청정 – 도닦음에 대한 지와 견에 의한 청정 – 지와 견에 의한 청정이 바로 도과의 성취단계인 칠청정[七淸淨]이다.

견청정은 나의 몸과 마음을 정신과 물질의 특징과 역할과 나타남과 가까운 원인으로 파악하는 것을 말한다. 청정도론에서는 "정신과 물질을 있는 그대로 보는 것이 견청정"이라고 정의하고 있다.

불교에서 말하는 '있는 그대로 본다[如實之見]'는 의미를 청정도론의 저자인 붓다고사 스님은 정신과 물질, 즉 몸과 마음을 특징과 역할과 나타남과 가까운 원인으로 파악하는 것이라 정의하고 있다. 그래서 이 경지를 정신과 물질을 분석하는 지혜라고 부른다. '나'라는 존재를 이렇게 정신 – 물질로 환원해 보고 영원한 자아가 있다는 그릇된 견해를 청정하게 하는데 도움을 주기 때문에 견청정이라 한다. 이렇게 아비담마를 배워 내 안에서 벌어지고 있는 물·심의 현상[法]에 적용시키는 것이 견청정이요 위빳사나의 출발인 것이다.

▶ 4 defining devices 수행법 : 특징 – 역할 – 나타남 – 가까운 원인

본격적인 위빳사나를 시작하기 전에 파아옥에서는 몸과 마음, 즉 물질과 정신의 궁극적 실재[총 131개]들의 특징, 기능, 나타남,

가까운 원인을 외워야 한다. 외운 후에는 몸과 마음의 궁극적 실재
들의 생멸을 보면서 외운 것을 대입시킨다. 즉 알고 본다.

마음의 인식과정을 예를 들면 궁극적 실재는 마음과 마음부수가
인식과정의 각각의 심찰라에 존재한다. 이 각각의 심찰나에 존재하
는 궁극적 실재들이 인식과정 속에서 생멸하는 것을 본다. 이 생멸
하는 것을 볼 때 미리 외우고 있는 각각의 궁극적 실재들의 특징-
역할-나타남-가까운 원인을 바로 그 순간에 대입시켜 알고 본다.

즉 실재의 인식과정 중 모든 심찰라에서 궁극적 실재들을 4가지
관점에서 확인하는 것이 이 수행이다. 이 수행을 하면 관념적으로
혹은 피상적으로 보여지던 것들이 명확해진다. 이 수행의 목적은
피상적으로 혹은 관념적으로 혹은 수행자가 알고 있다고 생각하지
만 사실은 알고 있지 못하는 경우의 오류를 보정하는 데 있으며,
있는 그대로 보게 하기 위함이다. 즉 궁극적 실재를 있는 그대로
얻기 위하여 4가지 사항으로 구체화하여 보는 것이다. 따라서 이
수행은 보아서 아는 것이 아닌 알고 보는 방법을 사용한다.

예를 들면 탐심, 진심, 치심이라는 불선한 마음이 있다고 할 때
수행이 무르익기 전까지는 관념적인 이해를 하고 있을 것이다. 그
러나 탐심[lobha]을 움켜잡는 것이 **특징**이고, 뜨거운 팬에 늘어 붙
는 고기처럼 달라붙는 **역할**을 하며, 램프의 숯검댕이처럼 포기하지
않는 것으로 **나타나**고, 이것이 발생하는 가까운 원인은 대상에서

달콤함을 보는 것이 원인이라고 이해하고 이 마음이 일어나는 것을 볼 때 탐심이라는 것에 대하여 '있는 그대로' 알게 된다는 것이다. 즉 이를 통하여 '탐심'의 실재를 이해하게 되는 것이다.

빛과 소리, 냄새, 맛, 감촉이라는 오문인식과정의 경우 이 탐심이 나타나는 것은 속행(7번), 등록(2), 그리고 이어지는 의문인식과정의 속행(7), 등록(2)에서 모두 18번의 심찰라에서 생멸한다.

이것을 눈·귀·코·혀·몸이라는 오문에서 모두 분석하면 총 90번(18*5) 외우고 보아야 한다는 결론이 나온다. 만약 이를 다른 사람의 정신(externally)에도 적용하면 총 180번을 알고 보아야 한다. 놀라운 수행법이고 치밀한 수행법이다. 이렇게 있는 그대로 진실되게 수행하면 많은 것을 얻을 수 있다.

▌수행자가 사는 법

> 존재의 과거도 버리고, 미래도 버리고, 가운데도 버려라.
> 피안(彼岸)에 이르러
> 모든 것에서 해탈한 마음을 가진
> [그대는]다시 태어남과 늙음을 격지 않을 것이다. −법구경

오늘 아침 공양시간에 미얀마 사야레이가 검은 비닐봉투로 포장된 꾸러미 하나를 건네주었다. 꾸띠[오두막]에 와서 풀어보니, 10여 개의 양파와 신문지에 둘둘 말아 포장한 양배추 한 포기였다. 아마도 아랫절 한국 비구니 스님이 챙겨주신 듯하다.

아랫절에는 공부를 많이 하신 한국의 비구니스님이 한 분 계시는데 한국의 남자 수행자들을 위하여 가끔씩 한국음식 등을 준비하여 웃절의 한국스님들에게 공양을 올린다. 생각해보니 아마도 이 스님이 보내주신 듯하다. 아침 공양은 '죽'을 먹으니까 이것들은 소용이 없어 그냥 두었다.

오전명상이 끝난 후 양배추를 네 조각으로 나누어 하나는 옆 꾸띠의 스님에게, 다른 한쪽은 한국 스님 중에 가장 법랍이 높으신 선방수좌에게, 그리고 남은 한쪽은 다른 스님에게 갖다 드렸다. 옆의 꾸띠에 사시는 스님과 그 밑의 꾸띠에 사시는 스님은 조그만 용기에 쌈장을 별도로 덜어서 갖다 드렸다. 산위에 사시는 스님에게는 점심공양을 받고 나오실 때 혹 싸서 드실 것이 있나 여쭤보니 된장과 고추장이 남아 있다하여 그냥 두었다.

산 중턱에 사시는 한 스님의 꾸띠에 가보니 문은 열려있는데 불러도 대답이 없어서 마루 위에 그것을 올려놓고 나왔다. 점심공양시간에
"스님, 된장은 있으세요?" 하고 여쭈었더니
"그럼 혹시 스님께서…." 하고 물으시길래
"예, 제가 가져다 놓았습니다." 하니
"잘 먹겠습니다" 하신다. 그러고는
"데쳐서 먹습니까?" 물으시길래
"저는 그냥 상추쌈 싸듯이 싸서 먹습니다." 하니
"알겠습니다." 하신다.

먼 이국땅에서 한국음식 구하기도 어렵고 접하기도 어려우므로 대부분 한국의 지인들에게 부탁하여 고추장이나 된장을 받아서 입맛을 달랜다. 미얀마의 수도인 양곤의 슈퍼마켓에서도 구할 수는 있는데 별도로 아는 사람을 통해 구해야 하므로 번거롭다. 최근에는 한국과의 교역이 2달 정도 끊어져 한국 물건 구하기가 어렵다고 들었다.

특히 라면은 평소 한국인이 자주 이용하는 양곤에 있는 슈퍼에 다 떨어져서 한 2달 정도 라면을 구하지 못했다. 나도 사가에서 보낸 라면이 다 떨어져서 미얀마의 '냠냠'이라는 컵라면과 비슷한 종류의 스낵을 구해서 1주일 정도 먹어 보았는데 한국 것만은 못해도 그냥 먹을 만하였다. 처음 이곳에 도착하면 기름을 많이 넣고 볶아낸 듯한 채식위주의 식단으로 매큼한 맛을 즐기던 한국인들은 고생을 한다. 그러나 궁하면 통한다고 전기냄비를 하나 구해서 한국에서 온 된장에 그날 공양물로 올라온 볶은 채소류를 넣어 소금을 뿌려 끓이면 된장국 비슷한 것이 되는데 이

덕택으로 버틴다. 이것에 참치캔이라도 하나 들어가면 그만이다.

대승불교권 스님이나 재가자들은 저녁때가 되면 살며시 이런 것들을 끓여서 즐기시곤 하지만 상좌부계를 받으신 비구스님들은 계율에 위배되는 이러한 행위는 스스로 엄격히 통제하여 잘들 버티신다. 하지만 오후불식으로 배고픔이 클 때에는 선식류를 두었다가 공양 때 들어온 설탕을 섞어 드시기도 하지만 드러내 놓고 할 수 없다. 평상시에 사이가 좋다가도 혹 서로 의견이 맞지 않으면 서로를 공격하는 경우도 심심찮게 있는데, 이때는 이런 것들이 공격의 대상이 되기도 한다. 전체적으로 서로가 조심하며 지내는 분위기이다. 그래서 눈치로 어느 스님 꾸띠에는 무엇이 있고, 몇 시에 무엇을 드시는지 대충 짐작은 하지만 알고도 모르는 척하며 지낸다. 이렇게 하는 것이 서로 편하다. 그리고 이러한 분위기가 청정한 수행도량의 분위기를 만드는 데 도움이 된다.

미얀마 스님들은 큰 대추 같은 것을 설탕에 재워 큰 유리 항아리에 넣어 큰 법당 옆 수돗가에 올려놓으면 오후 명상이 끝날 무렵에 이것을 한 움큼씩 들고 가서 드시곤 한다. 주로 젊은 스님들이 이것으로 오후의 배고픔을 달랜다. 오후불식인데 이것이 허용되는 이유는 이것이 약품으로 분류되기 때문이라 한다. 오후 명상은 대게 오후 5시에 끝이 난다. 어떤 때는 명상홀 출입구에 의자를 쭈욱 배열해놓고 명상하고 나오시는 스님들에게 야자즙과 같은 과일주스를 한 컵씩 공양하는 날이 있는데 한 컵을 받아 마시면 하루가 거뜬하다. 오후 포행을 마치고 꾸띠로 돌아와 보니 방문 앞에 옆의 꾸띠 스님이 물병에 야자수즙을 가득 넣어 올려놓았다. 수행도 힘이 있어야 앞으로 나갈 수 있다.

■ 삼법인

> 누가 백 년을 살지라도
> 일어남과 사라짐을 깨닫지 못한다면
> 일어남과 사라짐을 깨달은 이의
> 하루 동안의 삶이 좋은 것이다. - 법구경

오늘 아침 명상은 육문[눈/귀/코/혀/몸/마음]에서 일어나는 유익한 마음과 불선한 마음을 보고, 각 심찰라에서 발생하는 마음부수들의 생멸을 관하는 수행을 하였다. 나 자신의 마음을 돌아보고 다른 사람의 마음을 바라보면서 찰라생하고 찰라멸하는 순간들을 지켜본다.

완벽한 궁극의 실체를 보지는 못하였지만, 찰라생하고 찰라멸하며, 끊임없이 되풀이 되는 현상들을 지켜보았다. 하나도 변하지 않고 존재하는 것들은 없고, 이 순간에도 사라져가고 생겨나는데 나는 그것이 영원한 것처럼 믿어 왔으며 지나간 과거도 현재인양 착각하며 살아 왔다. 어디 하나 그대로 있는 것이 하나도 없는데, 과거속의 그것이 이것이라고 스스로의 틀을 만들어 놓고 그 속에 갇혀 살아왔다. 그리고 살아가고 있다. 명상 중에 공연히 눈물이 흐른다. 그러나 눈물이 흐르는 순간에도 마음의 생멸과 천류는 계속된다. 계속 사라져만 가고 끊임없이 생겨나기를 반복한다. 바로 지금 이 순간을 놓치지 않으려고 노력하면 눈물이 마르다가 그 생멸하는 현상들을 지켜보면 나도 모르게 다시 눈물이 솟는다.

모든 것은 변화해 가고 있다. 우리가 이러한 사실을 당연하게 받아들인다면 참으로 세상은 고통으로부터 자유로워질 것 같다는 생각이 든다. 직장도 그렇고 가정도 그렇고…… 직장은 직장대로 끊임없이 변화하는 환경에 살아남으려고 몸부림치고, 그 구성원들은 그 변화하는 속도를 따라 잡으려고 몸부림친다. 주인공이 되어서 일을 주도하는 사람은 시간가는 줄을 모르는데, 변화의 실체를 파악하지도 못하고 끌려가는 사람들은 또 다시 새로운 것을 받아들이는데 힘이 들고 고통스러워한다. 원래 그렇게 변화해 가는 것인데…. 자기가 알고 있는 세계가 파괴되는 것 같아 과거를 고수하며 이것이 정답이라며 안타까워한다. 그러나 그것도 진리가 아닐 수 있는 것을….

세상은 변화해 가고 변화해 왔으며 변화해 갈 것이다. 그리고 내 마음도 변화해 왔고 변화해 가고, 변화해 갈 것이다. 다만 내가 마음의 실체를 보지 못하여 지나가 버린 과거에 살고 오지 않은 미래에 살고 있는 것이다. 모든 현상은 변화해 간다는 사실만이 진리인 것을…. 변화해 가야만 한다는 사실이 고통인 것을, 내 몸과 마음이 나를 둘러싸고 있는 모든 환경들은 통제할 수 없으며, 통제의 대상이 아니며, 이들 역시도 파괴되지 않는 본성이 없다는 것을….

아침명상을 마치고 꾸띠 문을 여니 수많은 새들이 지저귄다. 포르르 날개를 떨치며 이 나무에서 저 나무로 옮겨 다니고, 먹이를 찾고, 두리번거림과 머묾을 반복하고 있었다. 포르르 떠는 새들의 날갯짓에도 변화가 있다. 모든 것은 변화하는 것들뿐이다. 변화해 가고 변화한다는 사실을 저놈들은 모를 것이다. 그것이 고통인 것을 모를 것이다. 변화는

통제할 수 없고 변화하지 않는 실체는 없다는 것을 저놈들은 모를 것이
다. 그것이 저놈들, 아니 우리의 생을 돌고 돌게 하는 원인임을 모를 것
이다. 끊임없는 윤회의 바다임을 모를 것이다. 장님이 코끼리 다리를 만
지는 것처럼.

▌비자

> 자신의 의지처를 만들라.
> 얼른 정진하여 지혜로워져라.
> 더러움이 제거되고 흠이 사라지면
> 다시는 태어남과 늙음에 이르지 않을 것이다. ―법구경

120여명 되는 외국인 수행자들의 동태가 요즈음 심상치 않다. 만나면 삼삼오오 짝을 지어 무엇인가 근심스러운 표정으로 수군거린다. 오늘 본격적으로 게시판에 방이 붙었다. 입국시 entry 비자와 관광비자로 들어온 수행자들에게는 명상목적으로 비자를 연장해 주지 않는다는 이야기다. 비자를 담당하는 양곤의 담당자가 바뀌어서 그렇다고 한다. 종교성에서는 허락을 하는데 외무성에서 허락을 하지 않는단다. 명상목적으로 비자를 연장해 놓고는 미얀마의 정치문제에 개입하는 사람들이 늘어나서 부작용을 방지하겠다는 목적이 있다고 들었다.

이곳은 아직 군부가 통치하고 있으므로 정권연장의 차원에서 통제를 강화하는 듯하다. 미국에서는 미얀마 군정을 종식시키기 위하여 반정부 활동을 의도적으로 강화시키고 있다는 소문도 있다. 미얀마 정부에서도 이러한 전략을 분쇄하기 위하여 외국인들의 통제를 강화한다. 서로에게 영향을 주고받는 세계는 인간과 인간의 관계뿐만이 아니라 국가와 국가라는 거시적 세계에서도 여전히 진리로 통한다.

서로가 서로에게 의존하고 영향을 주고받는 이 인연생기(因緣生起)의 진리는 밝고 밝은데, 이를 무시하고 혼자만 잘 먹고 잘살려 하다 보니

문제가 생긴다. 개인도 그렇고 국가도 그렇다. 그래서 같이 죽는 형국이
되고 있다. 왜 우리는 중생이 아프면 나도 아프다는 유마거사의 외침을
듣지 못하는가. 불어오는 바람이 뜨겁다.

○ 위빳사나 이야기 - 필요성 및 위빳사나의 종류

기초가 중요하다. 위빳사나는 내 몸과 마음의 실체를 있는 그대로 보는 수행이다. 그래서 수행과정에 내 몸과 마음은 끊임없이 변화해 나가니 고통이요, 나의 의지와는 무관하게 일어나기를 압박받고 사라지기를 압박받으니 고통[苦]이며, 아무리 눈을 씻고 찾아보아도 변하지 않는 알맹이도 없고 고갱이도 없으니 무아[無我]라는 통찰지를 얻는다.

이러한 통찰적인 지혜가 생길 때 비로소 스트레스와 번뇌의 원인인 탐하는 마음과 성내는 마음, 그리고 어리석은 마음에서 조금씩 물러나는 방법을 익힐 수 있다. 그래서 위빳사나 수행을 관법[觀法]이라 한다. 내 몸과 마음의 실체를 꿰뚫어 보기 때문에 관[觀]이다.

그래서 대승불교수행의 천태사상도 사마타와 위빳사나, 즉 지관[止觀]을 주창하고 있는 것이며, 대승경전인 원각경에서도 수행의 핵심을 사마타 - 위빳사나 - 정려[닙바나 증득 후에 얻는 초세간 선정]으로 요약하고 있다. 다른 말로 표현하면 원각경의 핵심은 지[止] - 관[觀] - 정려[精慮]인 것이다. 하지만 근대 한국불교의 수행전통에서 지관수행, 사마타와 위빳사나를 접하는 것은 매우 힘들다. 이 자리를 조사선인 간화선이 차지하고 있기 때문이다.

이러한 위빳사나 수행을 하기 위해서는 기초수행이 중요하다. 먼저 내 몸은 28가지 물질이라는 궁극적 실재로 이루어져 있음을 알고 보는 루빠[色, 물질]수행을 해야 한다. 그리고 마음의 인식과정을 본 후에 각 인식과정과 함께하는 마음부수들을 알고 보는 나마[정신]수행을 마쳐야 한다. 이때 교학이 필요하다. 한국의 전통강원에서 배우는 도서라는 책에도 禪是佛心 敎是佛語[선시불심 교시불어]라 명시하고 있으니 수행에 교학은 반드시 필요한 것이다. 우리 주변에서 흔히 듣는 말 중에 사교입선[捨敎入禪]이라는 의미는 교학을 배운 후에 수행할 때는 책을 놓고 수행하라는 의미라고 규봉종밀스님[도서의 저자]은 강변하고 있지 않은가? 특히 부처님의 원음에 의한 수행법인 위빳사나 수행시 교학은 필수적이다. 즉 내 몸과 마음의 실체를 보아서 아는 것도 있지만 먼저 알고 보아야 하는 것이 많기 때문이다.

▶ 이러한 위빳사나는 바쁘게 살아가는 현대인들에게 필요한 것인가요?

위빳사나는 내 몸과 마음의 있는 그대로의 실체를 바로 지금 이 자리에서 알고 보는 것입니다. 우리는 습관적으로 지나간 버린 과거를 회상하거나 아직 오지 않는 미래에 대하여 고민합니다. 대부분의 시간을 이렇게 소모합니다. 그러나 수행은 바로 지금 이 순간을 100% 헌신하며 살아가게 합니다. 따라서 생산성이 올라가고 정신적 질병이나 스트레스 감소 등의 효과가 있다는 것이 입증되었으므로 현대인에게 필요합니다.

▶ 위빳사나는 어떤 종류가 있나요?

국내에 소개되어 있는 위빳사나는 크게 3가지 종류가 있습니다.

마하시 위빳사나, 고엥카 위빳사나 그리고 파아옥 위빳사나가 그것입니다. 마하시 위빳사나는 배의 일어남과 사라짐을 관찰하는 좌선의 방법과 서서하는 경행법을 사용합니다. 좌선시 배의 일어남과 사라짐을 관찰하다가 생각이 나타나면 '생각'하고 알아차리고 소리가 들리면 '소리'하고 알아차리고, 수행중 일어나는 모든 현상들을 알아차리고는 다시 수행의 기준점인 배의 일어남과 사라짐을 알아차림하는 것으로 돌아오면 됩니다. 국내 위빳사나 시장의 80% 정도가 이 수행법인데 수행법이 간단하고 쉽게 배울 수 있는 것이 특징입니다.

고엥카 위빳사는 인도의 사업가였던 고엥카가 미얀마의 우바킨 스님에게 배워서 전 세계에 지부를 두고 전파하고 있는 수행법입니다. 우리나라에서는 약 9년 전부터 소개되고 있습니다. 10일 코스를 기본으로 하고 머리끝부터 발끝까지 발끝에서 머리끝까지 나타나는 어떠한 현상(감각)도 있는 그대로 알고 보는 수행법인데 10일이라는 짧은 시간에 마음의 평정을 얻을 수 있는 좋은 수행법입니다. 국내 위빳사나 수행인구 중 약 10% 정도 구성되고 있는 듯합니다.

파아옥 위빳사나는 남방불교 수행지침서에 해당하는 청정도론과 아비담마에 근거한 것으로 선정수행을 먼저 한 후에 위빳사나를 하는 것이 특징입니다. 특히 '마하 띠까'라는 수행주석서에서 궁극적 실재[眞諦]를 보면서 하는 것이 진짜 위빳사나라고 정의되어 있으므로 몸, 마음, 마음부수의 궁극적 실재를 본 후에 이것을 대상으로 위빳사나를 합니다.

왜 내 몸과 마음의 실체를 있는 그대로 보아야 할까? 2,500여 년 전 부처님의 가르침을 이해하여야 이에 대한 답을 할 수 있다. 다음은 독자의 이해를 돕기 위하여 문답식으로 초기불교의 가르침과 수행법을 정리해보았다.

○ "불교란 무엇입니까?"
 "깨달은 자의 가르침이란 뜻입니다. 부처란 깨달은 사람이란 뜻입니다."

▶ "무엇을 깨닫고 무엇을 가르치셨다는 것입니까?"
 "상응부(쌍윳다 니까야)에 '나는 평생 동안 고통과 고통의 소멸에 대하여 설하였다.'고 부처님께서 답하셨습니다."

▶ "그렇다면 고통이란 무엇입니까?"
 "태어남"입니다."

▶ "무엇이 '태어남'입니까?"
 "전생에서 금생으로, 금생에서 내생으로 새로운 몸과 마음을 받는 것을 '태어남'이라 합니다. 그리고 '바로 지금 이 순간'에 내 몸과 마음의 '일어남'도 '태어남'이라 하였습니다."

▶ "왜 태어남이 '고통'입니까?"
 "태어났기 때문에 늙고, 병들고, 죽고, 근심하고, 비탄, 고통, 괴로움이 있고, 사랑하는 사람과 헤어지고, 원하는 것을 얻지 못하고, 싫어하는 사람을 만나야만 하기 때문에 '고통'이라고 하는 것입니다. 그렇기에 '나=오온'가 태어나면 바로 '고통'입니다.

"하지만 나는 행복합니다. 그리고 내 주위에도 행복해 하는 사람들이 많습니다. 고통을 강조하는 불교는 **염세주의이군요?**"

"아닙니다. 행복하다면 행복함에 머무르십시오. 여기에 아무런 문제가 없습니다. 그렇지만 그러한 행복감이 영원히 지속되지 않기에 고통이라고 한 것이며, 행복도 끊임없이 변화해 간다는 실체를 깨달을 때 고통에서 벗어난다고 하신 것입니다."

▶ "오온[五蘊]이란 무엇입니까?"
"오온이란 바로 '나'의 다른 말입니다. 중생들이 생각하는 '나'라고 생각하는 것을 구체화해 놓은 것입니다. 여러분에게 '나'가 무엇인지 물으면 다음과 같이 답변합니다.
① 육체인 이 몸이 '나'입니다. 이것을 물질의 무더기, 즉 색온[色蘊]이라고 합니다.
② 통증과 같은 감각을 느끼는 것이 '나'입니다. 이것을 느낌의 무더기, 수온[受蘊]이라고 합니다.
③ 인식하는 것이 '나'입니다. 이 인식의 무더기를 상온[想蘊]이라고 합니다. 인식이란 참새가 허수아비를 보고 '아! 사람이구나' 하고 생각하는 것처럼 본질과는 무관하게 대상을 인지하는 것으로

'이것이 그것이구나!' 하고 해석을 하는 마음의 기능입니다.

④ 무엇인가를 하려고 의도하는 것이 '나'입니다. 이 의도의 무더기를 행온[行蘊]이라고 합니다.

⑤ 무엇이 있구나 하고 '아는 것'이 '나'입니다. 이 알음알이의 무더기를 식온[識蘊]이라고 합니다.

'나란 무엇인가에 대한 답변으로 위의 다섯 가지 이외의 것이 있습니까? 부처님께서도 이렇게 나라고 하는 것에 대한 답으로 위의 다섯 가지를 말씀하셨습니다. 그러나 부처님과 우리가 다른 것은 우리는 위의 다섯 가지가 덩어리져서 변하지 않는 실체로 인식하고 있지만 부처님이나 수행자들은 이 오온이 함께 일어나서는 함께 사라지고 서로는 서로에게 의지해서 생멸을 거듭해 가고 있다는 것을 알고 본다는 것입니다. 이 '나=오온'는 지금 이 순간에도 찰라생하고 찰라멸하며 천류해갑니다. 만약 이 현상을 있는 그대로 볼 수 있다면 참으로 많은 통찰지가 생길 것입니다.

○ "불교에서 말하는 지혜란 도대체 무엇입니까?"

불교에서 말하는 지혜는 '반야'라고 합니다. 통찰지를 의미합니다. 이 통찰지에는 세간적인 것과 초세간적인 것이 있습니다. 세간적인 지혜는 관법, 즉 위빳사나 수행과정에 얻어지는 지혜입니다. 무상(無常), 고(苦痛), 무아(無我)입니다. 무상이란 내 몸과 마음이 끊임없이 변화(change)해 가고 있으며 머물러 있지 않다는 것을 아는 것입니다. 이 변화해 가는 몸과 마음이 나의 의지와는 무관하게 일어나고 나의 의지와는 무관하게 사라지기를 압박받으니 '고통'이라 한 것이며, 이 무상하고 변화해 가는 몸과 마음은 알맹이도 없고 고갱이도 없으니 실체가 없다는 뜻으로 '무아[無我]'라고 한 것입니다. 이렇게 알고 보는 사람이 어떻게 '나'에 집착할 수 있겠습니까? 즉 '나'라는 것은 무상하고 무아이며, 고통이므로 '혐오스러움'이라는 지혜가 생깁니다. 이러한 4가지 지혜는 도과를 성취하기 전에 위빳사나를 수행하는 과정에 얻게 되는 지혜이므로 세간적인 지혜라 하는 것입니다.

▶ "초세간의 지혜는 다른 것인가요?"

이렇게 내 몸과 마음의 실체를 있는 그대로 알고 보는 수행을 진실하게 수관하는 수행자는 과거의 수행공덕과 복덕이 함께 한다면 도를 깨치게 됩니다. 도과를 성취합니다. 성불합니다. 최고의 행복인 '닙바나'를 본다는 뜻입니다. '최고의 행복'이라는 어원을 갖고 있는 '닙바나'의 사전적 의미는 '갈애에서 벗어난'이라는 뜻입니다. '고통이 소멸된 상태'를 의미합니다. '몸과 마음의 태어남이 없는 상태'를 말합니다. 한 심찰라 동안 이 '소멸된 상태'를 보았다면 '도'를 얻었다, 혹은 '도' 통했다고 하는 것입니다. 바로 이 '도'의 순간을 넘어서 이 '도'의 결과를 즐기는 2~3회의 심찰라가 흘러가는데 이것을 '과, 果'라고 합니다. 이때도 마음은 '닙바나'를 대상으로 합니다. 이러한 과의 마음이 지나면서 ① 참으로 내가 이 道로써 왔구나! 하고 道를 반조하고 ②이것이 내가 얻은 이익이구나! 하고

果를 반조하고 ③ 참으로 이들이 내가 버린 오염들이구나!라고 버린 오염들을 반조하고 ④ 이들이 아직 버려야할 남아 있는 오염원들이구나! 하고 버릴 오염들을 반조하게 됩니다. ⑤ 이 법은 대상으로써 내가 꿰뚫었다!=내가 도통했구나! 라고 열반을 반조하는 마음이 생깁니다.

▍부정관[ASHUBHA]

부정관 첫 번째 명상[오후 1:00 − 2:40, 꾸띠]

我身中有八萬毫 내 몸에는 팔만개의 털이 있고

一一各有九億蟲 하나하나에 9억 마리의 벌레가 있다

濟彼身命受信施 저들의 몸과 목숨을 구제하기 위하여 이 보시물을
받았으니

我必成道先度汝 필히 성도하여 너희들을 먼저 제도하리라

- 석문의범 식당작법 대심경

한국에서 스님들이 공양을 받을 때 외우는 대심경 속의 한 게송이다. 이처럼 내 몸속에는 수많은 벌레들이 득실거리며 살고 있다. 오늘의 명상주제는 혐오감명상[아수바, ashubha]이다. 내 몸은 탐착할 만한 것이 없다는 통찰지를 개발하기 위한 명상으로 부정관이라고도 한다. 우 레와따 스님께서는 단지 보려는 마음만 가지고 집중하라 하셨다. 점심공양 후에 체력보존을 위하여 자리에 누워서 명상을 하였는데 약 한 시간 가량 지났을 무렵, 눈앞에 살아 있는 움직이는 개미와 같은 것이 나타났다. 나타남이 마치 영화 스크린을 보고 있을 때 갑자기 다른 장면으로 바뀔 때 받는 놀라움과 같다. 그러나 자세히 보려고 하니 바로 사라졌다.

두 번째 명상[오후 3시부터 4:40분, 꾸띠]

명상을 시작하기 전, 방안에 모셔놓은 부처님께 향을 올렸다. 있는 그대로의 모습을 보여 달라고 기도하고 자리에 앉은 지 약 한 시간가량 흘렀을 때 작은 벌레들이 움직이는 것이 나타난다. 그러나 그것이 내 몸 속의 것인지는 확실치 않다. 집중을 계속하니 이번에는 서너 마리로 늘어났다. 그러나 좀 더 자세히 보려고 하니 바로 사라진다.

얼마 후 10여 마리의 벌레가 꼬물거리며 빠르게 움직이는 모습이 나타났다. 이번에 보인 것은 개미와 닮은 유형이 아니고 반투명한 진드기와 흡사하다. 마치 현미경으로 과학시간에 보는 것과 같은 모양이다. 여러 개의 발들과 몸통이 분명하다. 그러나 이것들도 오래 머물지 않고 사라졌다.

순간 이놈들이 내 몸 속에 기생하고 있다는 생각이 스스로 일자 온몸에 소름이 돋는다. 그 순간 마음의 빛이 환해졌다. 그리고는 그 빛이 먼지와 같은 작은 알갱이들로 쪼개져서는 명멸하기 시작한다. 내 몸을 구성하는 가장 작은 물질의 단위인 소립자들이 일어나서는 사라지고, 일어나서는 사라져간다. 이것은 의도하지 않은 것인데 자동으로 진행되었다. 끝도 없이 일어나서는 사라지는 것이 반복된다. 이렇게 끊임없이 변화해가니 무상하고, 일어나서는 사라지기를 강압받으니 고통이다. 알갱이도 없고 고갱이도 없으니 무아라는 통찰지가 저절로 생긴다.

이제는 마음을 밖으로 향하니 많은 중생들의 몸에서도 벌레가 움직이는 것으로 보인다. 그러나 밖의 경우는 내 몸속을 보는 것처럼 선명하지 않다. 하지만 밖의 존재들도 나의 몸속에 있는 벌레들이 있다는 통찰지가 생기고 자연스럽게 혐오스러운 마음이 일어났다.

그리고는 그 느낌과 함께 눈앞의 빛이 강해졌다. 내 몸 속을 볼 때와 마찬가지로 자동적으로 먼지와 같이 작은 빛의 알갱이들이 일어나서는 사라진다. 자연스럽게 무상하고, 고통이며, 무아라고 수관한다. 의미가 분명치 않은 눈물이 녹아내린다.

■ 죽음에 대한 명상

> [그대는]이제 시든 잎과 같다.
> 그리고 염라대왕의 사자(使者)들도 그대 곁에 와 있다.
> 죽음의 입구에 서있으면서도
> 그대에게는 노잣돈마저 없구나 -법구경

'죽음에 대한 명상'을 하였다. 아침 6시 50분경에 좌선에 들어 8시 20분에 마쳤다. 우선 법사께서 지도해 주신대로 들숨과 날숨을 알아차리는 명상을 통해 색계 사선정에 들었다. 사선정이 절정에 달하였을 때, 눈앞의 빛은 가장 강하게 빛이 난다. 이때 나는 돌아가신 아버지의 마지막 주검에 마음을 집중하였다. 선친의 마지막 주검이 밝은 빛 속에 떠오른다. 안타까움과 그리움에 나도 모르게 눈물이 흐른다. 눈물 때문에 명상을 지속할 수 없다.

그래서 나는 내가 아는 또 다른 주검인 큰고모를 대상으로 마음을 집중하였다. 얼마 후 빛은 다시 밝아지고 빛 속에서 마지막 입관 전에 염을 하는 모습이 보인다. 감겨진 눈이 떠져서 내가 눈을 감겨드리는 모습도 보인다. 그러나 고모의 주검에서는 혐오감이 느껴지질 않는다. 지도법사께서는 시체를 보았을 때 혐오스러운 감정이 나와야 한다고 하셔서 입관하기 전의 아버지의 주검으로 다시 마음을 집중하였다.

돌아가신 아버지의 코와 입에서 흘러내리는 물이 보인다. 순간 혐오스러움을 밀려온다. 입관하기 전에 새 옷을 입혀드리려고 아버지의 몸을 움직였을 때 고무자루 속의 물이 출렁이는 것처럼 가슴속에서 소리가 들린다. 물이 찬 고무자루를 돌리는 느낌과 같고 물이 출렁이는 소리가 들린다. 바로 이 순간 혐오스러운 느낌이 올라온다.

그래서 이 장면을 대상으로 집중한 결과 빛은 더욱 밝아지고 주검의 이미지는 더욱 뚜렷해졌다. 그래서 '혐오스러움, 혐오스러움…' 하면서 명상하였다. 그 순간 자동적으로 그러한 주검의 모습이 나로 대체되면서 나도 결국은 그러한 모습이 될 것이라는 생각이 떠올랐다.

그 모습은 바로 내 모습이었다. 그 순간 내 몸도 혐오스럽다는 생각이 들고 나도 그러하리라는 생각이 스쳐간다. 바로 그때부터 나의 주검을 보고 '나의 삶은 불확실하다. 나의 삶은 주검으로 끝을 맺는다. 나는 확실히 죽는다. 죽음, 죽음, 죽음…' 하며 명상하였다. 특히 '죽음, 죽음, 죽음, ……' 하면서 명상하였다. 명상이 진행될수록 온몸을 전율시키던 혐오감은 엷어지고 '죽음'이라는 것에 마음이 집중되어 갔고, 얼마의 시간이 흐른 후, 빛은 다시 밝아지면서 초선정에 들었다.

나중에 확인한 일이지만 '혐오스러움, 혐오스러움…' 하면서 혐오감 명상을 하여 초선에 든 후 죽음에 대한 명상을 하여야 하는데 '죽음, 죽음…' 하면서 죽음에 마음을 집중하여 초선을 얻은 것이니 순서가 조금 바뀌었다. 초선정의 요소를 확인한 다음, 나는 다시 나의 주검을 대상으로 '생명기능의 단절, 바왕가의 끊어짐, 죽음, 죽음…' 하면서 다시 명상을 시작하였다. 얼마 후 나의 주검[이미지]은 작은 빛의 알갱이들로 나뉘어진 후 생멸하기 시작하였다.

마음속에서 떠오르는 통찰지를 따라 무상, 고, 무아로 돌아가면서 수관하였다. 많은 시간이 흐른 후 다시 밖의 존재들을 대상으로 하여 같은 명상을 반복하였다. 짧은 명상시간이었지만 무상, 고, 무아를 수관할 때, 너무나 빠르게 명멸하는 궁극적 실재들에서 죽음의 의미는 평상시와는 다른 강한 느낌이 되어 가슴속으로 들어왔다. 이렇게 강한 가슴속의 느낌 때문인지 집중은 더욱 잘된다.

이것이 바로 혐오감과 죽음에 대한 명상을 위빳사나를 수행할 때 해야 하는 이유인 것 같다. 즉 관념적으로 알고 있는 무상, 고, 무아를 실재적인 주검 속에서 확인을 할 때 그 절절한 느낌이 더욱 큰 통찰지를 얻게 만들기 때문이다. 평소 내 몸을 구성하는 물질의 생멸을 보면서 무상, 고, 무아를 수관할 때와 죽음에 대한 명상을 마친 후에 궁극적 실체들의 생멸을 보면서 무상, 고, 무아를 수관할 때를 비교해 보면 그 느낌과 의미가 나에게는 너무 다르게 다가왔다.

죽음을 본 직후에 느끼는 무상, 고, 무아는 주검이 클로즈업되면서 생동감 있게 피부에 와 박힌다. 사두! 사두! 사두!⋯ 이 훌륭한 수행법이 오래 가기를⋯.

O 혐오감 명상법[asubha bhāvanā]

위빳사나는 궁극적 실재를 대상으로 명상하는 것입니다. 무상, 고, 무아에 대한 명상의 효과가 극대화되기 위해서는 몸을 32부분으로 나누어 혐오스러움을 보는 명상을 하거나 온몸이 벌레로 가득차있는 것을 보는 명상을 해야 합니다[The body full of worms].

① 우선 아나빠나 사띠를 이용하여 색계 사선정에 듭니다.

② 4선정에서 나와 당신 몸속에 살고 있는 벌레들을 보십시오. 어떻게 볼 수 있을까하는 의심을 버리고 오로지 보려는 한 가지 마음으로만 집중하여 보려고 노력하십시오.

③ 몸속의 벌레를 볼 수 있다면 '이 몸은 벌레가 사는 곳이다'라고 명상합니다.

④ 그 벌레들을 보면서 '이것들은 내 몸에서 산다. 이것들은 이곳에서 살고 있다. 그들이 병들면 내 몸에서 병이 들고, 그들은 내 몸을 병원으로 사용한다. 벌레들은 내 몸에 오줌을 눈다. 그들은 내 몸에다 변을 본다. 죽으면 내 몸을 묘지로 사용한다. 내 몸을 깊이 파고는 무엇인가를 만들고 여기서 모든 것을 한다.'라고 명상합니다.

⑤ 혐오스러운 감정이 들 때까지 위와 같이 숙고하면서 반복해서 명상합니다.

⑥ 벌레의 혐오스러움에 주의를 기울인 다음에 온몸이 벌레로 득시글거린다는 것에 주의를 기울인다면 '혐오스러움'이라는 감정이 생길 것입니다.

⑦ 그런 후에 여러분의 몸이 잠깐 사이에 아주 작은 먼지입자

[파티클]로 쪼개질 것입니다. 그 작은 먼지 입자 같은 것을 보게 되었을 때, 여러분은 아주 빠르게 '일어나서는 사라지는' 것을 보면서 '무상, 고, 무아'로 반복해서 안팎으로 명상하십시오. 우선 해야 할 일은 벌레들을 여러분의 몸에서 명확하게 보는 일입니다.

⑧ 만약 여러분이 그것을 보았다면 지금부터는 궁극적 물질을 '혐오감'으로 보는 명상을 해야 합니다. 모든 깔라파의 냄새는 아주 나쁩니다. 고약하지요. 그래서 깔라파내의 궁극적 물질을 대상으로 혐오스러움이라는 것을 알아차리는 혐오감명상을 해야 합니다. 모든 깔라파내의 궁극적 물질은 나쁜 냄새가 나며 더럽습니다. 그래서 그 혐오스러움을 생각하고 명상합니다.

⑨ 모든 깔라파는 3가지 단계를 거치며 생멸합니다. 일어나는 단계, 안정적인 단계, 사라지는 단계. 빠알리어로는 자띠, 자라, 마라나 : 자띠는 병듦, 자라는 늙음, 마라나는 죽음을 의미합니다. 그래서 우선 첫 번째는 궁극적 물질들의 집합체인 깔라파가 좋지 않은 냄새를 가지고 있으므로 그 냄새를 맡고 체험적인 통찰지를 가지고 '그것들은 더럽다…그것들은 병이다…그것들은 늙었다…그것들은 죽음이다…그것들은 사라져간다[loss]' 하고 명상합니다.

⑩ 병이란 무엇입니까? 모든 존재들은 일어남-늙음-죽음이라는 3가지 단계를 거칩니다. 깔라파도 이러한 3가지 단계를 거칩니다. 일어남이 병입니다. 왜냐하면 일어난 다음에 늙어가기 때문입니다. 아주 잠깐 동안만 살아 있습니다. 그리고는 죽어 사라져갑니다. 여러분은 이 3가지 단계를 보려고 노력하십시오. 그리고 깔라파의 나쁜 냄새를 맡으십시오. 그리고는 순수하지 않고 혐오스러

움에 대하여 명상합니다. 궁극적 물질들이 일어나는 것은 병이고 머물러 있는 것은 늙음이며 사라지는 것은 죽음과 소멸이라고 명상하십시오.

⑪ 위빳사나의 통찰지를 가지고 이와 같이 세 가지 혐오스러움의 본성을 관찰하십시오. 그리고는 '혐오스러움, 혐오스러움…' 하면서 한번은 안으로 한번은 밖으로 교대로 명상하십시오.

* 불교에서 안과 밖이란 안은 '나'를 '밖'은 나 이외의 '중생'들을 말합니다.

▌12연기의 삼특상 명상

'모든 조건 지어진 것들은 무상하다고
지혜를 통해 볼 때에
괴로움에 싫증이 나게 된다.
이것이 청정에 이르는 길이다 −법구경

오늘 아침은 12연기의 12각지 하나 하나를 무상, 고, 무아로 명상을
하였다. 과거 다섯 번의 생과 미래생을 포함한 전체 생을 과거−현재−
미래로 묶어서 12요소의 인과를 본다. 그 다음은 각각의 요소 역시 무
상하고 고통이며, 무아라고 수관한다.

새로운 생을 일으키는 결정적인 원인은 새로운 생의 태어남(Jati) 전
에 있었던 업력이다. 한문으로는 有라고 한다. 보이지는 않지만 존재하
고 있다는 뜻에서, 영향력이 있다는 의미에서 有이니 다른 말로는 업력
이라 해도 무방하다. 다른 말로 하면 업이 있다는 뜻인 업유(業有,
kamma bhava)인데 이것을 만드는 행위가 의도인 행(行)이라고 하며 빠
알리어로는 상카라라고 부른다. 이 업[상카라]이라는 것은 사실적으로
이미 오래전에 몸과 입과 마음을 통해서 행해지고는 사라진 것이지만
보이지 않는 힘은 남아 있다가 죽음의 순간에 새로운 생을 일으키는 원
동력이 되는 것이다.

이 보이지 않는 힘인 업력은 인간으로 태어난 경우 대부분 선한 것이
다. 마지막 죽음의 순간에 머릿속에 떠오른 것이 선한 것이 아니면 인

간의 몸을 받기 어렵기 때문이다. 이 마지막 떠오른 선한 생각 속에는 개인이 갈망하고 집착하는 것을 성취하기 위한 의도가 들어가 있다. 이 의도를 행[行, 상카라]이라 하는데 기도, 발원, 반복적 서원 등이나 개인이 행한 선행 등이 여기에 해당한다.

나의 경우는 선행이나 기도, 서원 등이 나의 과거의 삶을 일으킨 원인이었다. 아침에 가만히 나의 과거와 현재의 인과를 명상하고 있으려니 새로운 삶을 받아 고통을 받으려고 이리 기원하고, 그렇게 서원하였던가 하는 생각이 들자 참으로 나의 어리석음에 눈물이 흐른다. 새로운 삶은 고통이다. 태어남이 고통이다. 그것도 모르고 자꾸만 더 좋은 새로운 생을 받기 위하여 기도하고 기원하고 발원하였던 것이다. 끊임없이 돌고 도는 윤회의 삶속에서 지혜 없는 자의 서원과 발원과 기도는 고통을 계속 발생시키는 원동력이었던 것이다. 오후에는 외부의 모든 중생들을 대상으로 모든 생들에 대한 12연기 요소의 무상, 고, 무아를 수관해야 한다.

■ 해골과 미얀마스님

> 가을에 버려진 호박들과 같은
> 이 잿빛의 뼈들,
> 이것들을 보고는
> 무슨 기쁨이 있겠는가 - 법구경

일상적으로 오후 명상을 마치면 포행을 한다. 체력을 유지하고 수행으로 인한 스트레스와 굳어진 몸을 풀기 위해서다. 오늘도 명상홀 뒤쪽에 난 길을 따라 걸었다. 이 길은 내 꾸띠에서 명상홀 뒷산으로 난 길인데 외길로 좌우측에 나무가 우거져서 홀로 걷기 명상을 하는 데는 최적이다.

평판한 길이 끝나고 가파른 언덕길이 시작되는 지점에 미얀마 스님이 살고 있는 꾸띠가 하나 있다. 이 스님은 비구 5년차 스님으로 대중관리 역할도 겸하고 있는 수행자인데 한국의 선박관련회사에서 몇 년 일한 경험이 있어 간단한 한국말을 할 줄 아는 스님이다. 이 스님은 내가 포행을 할 때면 밖의 나무 밑이나 꾸띠 문을 열어 놓고 안에서 수행을 하셔서 소음을 내지 않으려고 조심스럽게 길을 가곤 했다. 스님은 오늘도 문밖에 나와서 수행을 하고 있다가 나를 보고는 반가이 손짓을 하며 인사를 하신다. 그리고는 꾸띠 문을 열고 안을 들여다보라고 한다. 해질 무렵이라 꾸띠 안은 어두웠는데 하이얀 해골이 흰 종이 위에 올려져 퀭한 눈으로 나를 보고 있다. 스님은 나를 보고 "감사합니다. thank you!" 하고 인사한다.

며칠 전이다. 그날도 포행을 하려고 뒷산 쪽으로 길을 가다가 나무 위에 걸려있는 봉투를 보았다. 호기심에 봉투 속을 보니 해골이 들어 있었다. 속이 비워져 있는 해골의 한구석은 흙과 풀이 자리를 잡고 있었다. 비닐 봉투 속에 들어 있는 것으로 보아 누군가가 해골을 주워서 봉투에 넣어 필요한 사람이 있으면 가져가라고 나무에 걸어 놓은 듯하다. 순간적으로 섬찟하다는 생각과 가져가고 싶다는 마음이 교차된다.

그러나 겁도 나고 찜찜한 생각이 들어 다시 해골을 있던 자리에 놓고 돌아오는 길에 그 스님을 만났다. 영어로 이야기하여도 알아듣지를 못하여 그 스님과 함께 그곳으로 같이 가서 해골을 보여주니 이러 저리 살펴보시고는 기쁜 표정으로 가져 가셨다. 바로 그 해골을 깨끗이 씻어 당신의 꾸띠 안에 들여놓고는 내가 지나가자 그것을 보여주며 '감사하다'고 인사한 것이다.

이러한 해골이 명상홀 뒷자리에 또 하나 있다. 때로는 명상홀 뒷자리 계단 위쪽에 놓여 있기도 하고 어떤 때는 방석을 높이 쌓아 놓은 위쪽에 걸레와 함께 그 퀭한 눈으로 정면을 응시하고 있다. 이 해골은 스님들이 백골관 수행을 하거나 이 해골의 흰색을 대상으로 명상하는 흰색 까시나 혹은 죽음에 대한 명상을 할 때 이용한다. 그래서 이 명상 주제를 가지고 있는 수행자는 해골을 보면 무서워하는 것이 아니라 기뻐하는 마음이 들고 가져가고 싶다는 생각이 드는 것이다. 해골을 보면 무서워한다는 통념에서 기뻐하는 모습을 보니 절대적 현상계는 없다는 생각이 든다.

○ 흰색 까시나명상

까시나[kasiṇa]는 명상을 통해 얻게 되는 표상을 의미한다. 예를 들면 화광삼매를 개발하고자 하는 사람은 불을 보거나 기억속의 불을 이용하여 모든 의식을 그 불로 채운다. 이때 그 불이 까시나이다. 까시나에는 10가지가 있는데 ①땅 ②물 ③불 ④바람 ⑤푸른색 ⑥노란색 ⑦붉은색 ⑧흰색 ⑨허공 ⑩광명이다. 까시나명상을 하는 이유는 선정을 개발하기 위한 것인데 특히 무색계 사선정에 들기 위해서 필요하다. 이 흰색 까시나를 얻기 위해서는

1) 아나빠나 사선정에 든다.

2) 삼매의 빛이 밝게 빛날 때 그 빛을 이용해서 몸 안의 32부분을 관찰한다. 그리고 나서 가장 가까이 있는 사람의 몸속의 뼈를 인식한다. 뼈 전체가 하얗다면 뼈 전체의 하얀색을, 아니면 두개골의 뼈 또는 뼈 중에서 가장 하얗다고 생각되는 부분을 택해서 '하얀색, 하얀색' 하면서 거기에 집중한다. 혹은 외부의 뼈를 대상으로 택해서 '하얀색 하얀색' 하면서 마음을 그 흰색 대상에 고요하게 1시간 또는 2시간씩 집중을 유지한다.

3) 아나빠나 사띠로 얻은 사선정의 힘 때문에 마음은 흰색 대상에 고요하게 집중될 것이다. 그 흰색에 한두 시간 집중할 수 있을 때 그 뼈는 사라지고 흰색 동그라미만 남는다. 흰 원이 목화솜처럼 하얗게 될 때가 욱가하 니밋따이다. 새벽별처럼 밝고 깨끗할 때가 빠띠바가 니밋따이다. 욱가하 니밋따가 떠오르기 전의 뼈 니밋따를 빠리깜마 니밋따(예비 표상)라고 부른다. 그 까시나가 빠띠바가 니

밋따가 될 때까지 '흰색, 흰색' 하면서 주시를 계속한다. 초선정에 들어갈 때까지 빠띠바가 니밋따에 주시를 계속한다. 그러나 이 집중이 안정되지 못하고, 오래가지 않을 것이다. 집중이 안정되고 오래가게 하기 위해서는 니밋따의 확장이 필요하다.

이렇게 하기 위해서 흰색 빠띠바가 니밋따에 1시간 또는 2시간 집중해야 한다. 그리고 나서 흰색 원을 1, 2, 3인치로 확대하기로 결심해야 한다. 확대할 수 있다고 생각하는 치수를 결정해야 한다. 이와 같은 방식으로 성공할 수 있는지 시도해 본다. 먼저 치수를 정하고 확장해서는 안 된다. 1, 2, 3 또는 4인치의 한계를 정해서 단계적으로 시도한다.

흰색 원을 확장하는 동안 그 원이 불안정하게 될 수도 있다. 그러면 안정될 때까지 '하얀색, 하얀색' 하면서 주시하는 것으로 돌아갈 필요가 있다. 집중이 증가해서 강하게 됨에 따라 니밋따는 안정되고 고요하게 될 것이다.

확장된 니밋따가 안정되면 그 과정을 반복해야 한다. 다시 한 번에 몇 센티미터씩 확장하기를 결심한다. 성공하면 계속해서 10개의 방향으로 한계 없이 확장해야 한다. 이렇게 하면 보는 곳마다 오직 흰색 니밋따만 보일 것이다. 안으로나 밖으로나 물질의 흔적을 볼 수 없을 때까지 수행한다.

○ 죽음에 대한 명상을 개발하는 방법[maraṇassati]

대념처경과 청정도론에 다르면 죽음에 대한 명상은 전에 본 적이 있는 시체를 이용해서 개발할 수 있다고 합니다. 그렇기 때문에 죽음에 대한 명상을 개발하기 위해선 다시 시체에 대한 혐오감으로 초선정에 들어야 합니다.

내가 보았던 그 외부의 시체를 이용하여 초선정을 얻었을 때, '**나의 이 몸은 죽어야 할 운명이고, 이 시체와 마찬가지로 죽게 될 것이다. 이것을 피할 수는 없다**'라고 생각해야 합니다.

자기 자신의 죽어야 할 운명에 대해 마음을 집중하면 긴박감이 일어나는 것을 알 수 있을 것입니다. 그 지혜가 마음에 떠오르면 자신의 몸이 혐오스러운 시체처럼 보일 것입니다.

그 이미지 속에서 생명기능이 끊어짐을 지각하고서, 다음과 같은 생각 중 하나로 생명기능의 사라짐에 집중해야 합니다.

1. **나의 죽음은 확실하고, 나의 삶은 불확실하다.**
2. **나는 반드시 죽는다.**
3. **나의 삶은 죽음으로 끝을 맺는다.**
4. **죽음, 죽음…**

집중하기에 좋은 방식을 택해서 그것을 주시합니다. 선정의 5요소가 떠오를 때까지 당신은 시체 속에서 생명기능의 사라짐에 대해 집중을 계속합니다. 이 명상주제로는 근접삼매만 얻을 수 있습니다. 이 수행법을 이용하여 궁극적 물질들의 무상·고·무아를 수관하는 방법을 정리하면 다음과 같습니다.

① 우선 아나빠나를 이용하여 색계 사선정에 듭니다. 사선정에서 나와 과거에 직접 보았던 시체를 떠올리십시오. 사선정에서 나온 직후이므로 그 빛 속에서 그 죽은 시체를 떠올리십시오.

② 빛 속에서 죽은 시체를 보게 되면 그때 혐오스러움에 주의를 기울이십시오. '혐오스러움, 혐오스러움…' 하면서 그 죽은 시체의 혐오스러움에 주의를 기울이십시오. 아주 명확하게 될 때까지 계속하십시오.

③ 그러면 그 죽은 시체가 아주 선명해지고 뚜렷해지며 여러분의 빛은 강해질 것입니다.

④ 그때 여러분은 초선에 듭니다.[의도하지 않아도 하다보면 초선에 든다]

⑤ 초선에서 나와서 '나의 삶은 불확실하다, 나의 생(life)은 불확실하다. 나는 반드시 죽는다. 나의 삶은 죽음으로 끝을 맺는다. 나는 이것으로부터 도망갈 수 없다. 나는 이것으로부터 벗어날 수 없다. 죽음, 죽음, 죽음… 이라고 명상합니다.

⑥ 이제 그 죽은 시체 대신에 여러분의 죽은 모습으로 바꾸십시오.

⑦ 그리고 나서는 자기의 죽은 모습을 볼 때, 여러분은 여러분의 죽은 시체에 주의를 기울이십시오. 즉 여러분의 생명기능[Jivitaindriya]을 생각하지 만다는 것을 의미합니다. 즉 명근의 끊어짐에 주의를 두십시오. 여러분의 바왕가가 멈추었다는데 주의를 두십시오. 그것을 보면서 '죽음, 죽음…' 하면서 명상하십시오.

⑧ 이렇게 하다보면 자신의 시체가 아주 작은 먼지 입자들로 쪼개지는 것을 보게 될 것입니다. 그러면 그때 그것들은 아주 빠르게

일어나서는 사라집니다. 바로 이것을 보면서 '무상…' 하면서 수없이 여러 번 명상하시고 '고…'라고 하면서 수없이 명상하십시오. '무아…'라고 숙고하면서 수없이 반복적으로 명상하십시오.

■ 한 걸음에 다생다사

> 정명 - 여섯 스텝으로 나누어 관찰하는 방법을 말씀해주셨는데, 저의 경우 눈을 뜨고도 물질의 일어남과 사라짐을 궁극적실재 차원에서 인식할 수 있습니다. 오늘 아침 명상 후 시마홀에서 꾸띠로 오는 도중에 내내 그것들의 일어남과 사라짐을 보았습니다. 한 발자국을 옮기기 전에 이미 많은 깔라파들이 일어나서는 사라지므로 알려주신 발 들어-앞으로-나아가-내려-닿음-누름이라는 여섯 부분으로 나누어 관찰하는 것, 한 스텝은 너무 깁니다.
>
> 레와따 - 눈을 뜨고 궁극적 실재로 구성된 소립자들의 일어나서는 사라지는 것을 보는 것은 좋은 것입니다. 다만 수행할 때는 눈을 감고 집중하여 연습할 수 있는 장소를 선택한 후에 여섯 스텝으로 나누어 경행토록 하십시오.

든 발을 놓기도 전에 多生多死다!

오후 3시부터 4시까지 꾸띠 베란다를 이용하여 경행을 하면서 오늘 배운 경행법으로 한 걸음을 옮길 때마다 내 몸을 구성하는 물질의 일어남과 사라짐을 관찰하였다. 평소에도 눈을 뜨고도 소립자들의 생멸을 보아온 터이라 이 수행에 큰 기대를 걸지 않았었다. 왜냐하면 한 걸음을 옮기기 전에 이미 수많은 물질들이 생멸하리라는 것을 이성적으로 알고 있었기 때문이다.

눈을 감고 걸음을 옮기려니 몸의 중심이 잡히지 않아 부득이 베란다의 난간을 의지하여 한 걸음을 여섯으로 나눈 경행을 하였다. 발 들어

–앞으로–나아가–내리고–닿음–누름을 반복하였다. 눈을 감고 한 걸음을 이렇게 여섯으로 의도적으로 나누어 진행하니 정말로 한 걸음도 걷기 전에, 아니 한 발자국을 디디기 전에 모든 것이 변했다.

정확히 말하면 땅에서 발을 들어올리기도 전에 왜 이리 수많은 물질들이 일어나서는 사라지는가? 들어놓은 발을 땅에 내려놓기도 전에 왜 이리 수많은 물질들이 일어나서는 앞을 다투어 사라져 버리는가? 물거품과 같고 꿈과 같다더니 어찌 물거품의 사라짐이 이보다 빠를 수가 있으랴…. 전율이 온몸을 감싼다. 한 걸음 떼기도 전에 이미 생사가 있지 않은가?

무딘 것이 중생심이라…. 이도 모르고 잘도 살아왔다. 눈물이 흐른다. 한 걸음도 끝나기 전에, 디딘 발을 바꾸기도 전에 이미 수 겁의 생사가 명멸한다. 든 발을 놓기도 전에 多生多死다!

▌멧돼지 가족

'모든 조건 지어진 것들은 괴로움'이라고
지혜를 통해 볼 때에
괴로움에 싫증이 나게 된다.
이것이 청정에 이르는 것이다. - 법구경

새벽 3시쯤 되었나보다. 드디어 그놈들을 보았다. 멧돼지 가족으로
보이는 큰놈 2마리 작은놈 3~4 마리, 모두 5~7마리 정도 되는 놈들이
내 꾸띠 주변에서 거친 숨소리를 내며 땅을 파고, 뿌리를 씹고, 쩝쩝거
렸다. 이 소리에 오늘은 피곤하지만 기필코 보아야겠다는 생각에 불도
켜지 않고 조용히 문을 열고 나가 보았다. 작은 새끼들은 라면박스 크
기로 보이고, 큰놈은 농장에서 사용하는 큰 사과박스 6개 정도의 크기
로 되어 보였다. 이놈들이 집단으로 달 밝은 밤에 이렇게 내려와서 꾸
띠 주변을 청소하고 간다. 지난번에는 불을 켜서 그런지 모두 잽싸게
사라지더니만 오늘은 도망도 안 간다. 그래서 나도 일부러 "쩝쩝" 소리
를 내 보아도 별반 무반응이다. 이놈들은 숨소리가 거칠어 바로 알아본
다. 밤중에 나무 부러지는 소리로 이놈들의 이동을 알 수 있고, 무엇인
가를 먹을 때면 쩝쩝거리는 소리가 아주 크게 들린다. 먹고 살겠다고
이렇게 내려와서 움직이는 것이 못내 마음에 남아 살며시 방으로 들어
왔다. 내일이 포살일인데 보름달이 매우 밝다.

○ 도를 통한다는 것 – 열반해탈의 3가지 관문

▶ "도를 통할 때 얻게 되는 통찰지는 똑같은 것인가요?"

　부처님의 가르심을 알기 쉽게 풀어놓은 아비담마(논장)에 따르면 위빳사나의 마지막 단계에 이른 수행자는 바로 출세간 도의 해탈을 체험하는 경지로 접근하게 되는데, 믿음이 강한 수행자는 무상에 확고하게 되고, 집중력이 강한 수행자는 괴로움에 확고하게 되며, 지혜가 강한 수행자는 무아에 확고하게 된다고 합니다. 즉 위빳사나가 절정에 이르렀을 때 수행자는 수행자 자신의 성향에 따라서 결심이 서고 무상이나 괴로움 또는 무아 중 하나에 확고하게 된다는 것입니다. 이것을 세 가지 해탈의 관문이라고 합니다.

▶ 열반해탈의 세 가지 관문

　초기근본불교의 수행지침서에 해당하는 '청정도론'에 이 해탈의 관문에 대한 설명이 있습니다. "확신이 큰 자는 무상이라고 마음에 잡도리하면서 표상이 없는 해탈을 얻는다. 경안(輕安)이 큰 자는 쾀라고 마음에 잡도리하면서 원함이 없는 해탈을 얻는다. 영지(靈知)가 큰 자는 무아라고 마음에 잡도리하면서 공한 해탈을 얻는다."

　여기서 표상이 없는 해탈이란 표상이 없는 형태로 열반을 대상으로 삼아 일어난 성스러운 도입니다. 표상이 없는 요소(界)가 일어났기 때문에 이 성스러운 도는 표상이 없고, 번뇌로부터 벗어났기 때문에 해탈이라 합니다.

이와 같은 방법으로 원함이 없는 형태로 열반을 대상으로 삼아 일어난 [성스러운 도가] 원함이 없는 [해탈이고], 공한 형태로 [해탈이고], 공한 형태의 열반을 대상으로 삼아 일어난 [성스러운 도가] 공한 [해탈]이라고 하는 것입니다.

이렇게 되면, 즉 표상없음[無相]의 수관이 바로 무상(無常)의 수관인데 이것으로써 영원하다는 표상(nicca-nimitta)을 버리게 됩니다.

원함 없음의 수관은 바로 고(苦)의 수관입니다. 이것으로써 행복을 원함과 행복을 갈망함을 버리게 됩니다.

공의 수관이 바로 무아의 수관이므로 '자아가 있다'라는 고집을 버리게 되는 해탈을 성취하는 것입니다. 따라서 닙바나를 뜻하는 열반의 성취는 도과의 성취와 같은 뜻이며 성불한다고 하는 것은 바로 이것을 의미합니다.

○ "열반에도 종류가 있나요?"
유여열반과 무여열반, 두 가지가 있습니다. 도과를 성취하면 탐진치라는 오염원이 파괴되고 사라졌으므로 '열반'을 증득한 것이지만 아직 먹고 자고 배설하는 등의 기본적인 신진대사를 하는 생명체로서의 삶은 남아 있기 때문에 '유여열반'이라고 하는 것입니다. 하지만 아라한도과를 성취한 성자가 육체적인 죽음을 맞으면 다시는 새로운 생을 받지 않으므로 이 아라한 성인의 죽음을 아무것도 남지 않는다는 의미인 무여열반이라고 합니다.

○ "성불하면 달라지는 것이 무엇인가요?"–4성인의 심리변화

절에서 사시마지나 불공 올릴 때 "삼승사과해탈승께 올립니다."
하는 말이 나옵니다. 바로 '삼승사과'의 사과는 도과를 성취한 과
위를 말합니다. 맨 처음 견성한 성인을 수다원, 두 번째를 사다함,
세 번째는 아나함, 네 번째는 아라한이라고 합니다. 모두 도과를
성취하는 순간에 닙바나를 대상으로 하지만 마음의 불순물이 깨져
나가는 정도가 다르므로 성인의 반열을 위와 같이 정한 것입니다.

1) 수다원[豫流者]
흔히 초견성을 하게 되면 수다원 도과를 성취하였다고 하는데
수다원이란 성불의 길에 들어선 사람이란 뜻으로 예류자(豫流者)라
합니다. 수다원은 최대 일곱 생 이내에 대열반을 성취하며, 악처에
떨어지지 않습니다. 마음은 사견에서 벗어나고 불법승 삼보에 대한
믿음이 확고하므로 의심하지 않습니다. 변하지 않는 돌고 도는 영
혼이 있다고 믿는 유신견이 사라지고, 소나 개처럼 행동하는 수행
을 통해 성불할 수 있다는 계율과 의식에 대한 집착에서 벗어납니
다. 오계를 철저히 준수하는 것이 특징입니다.

2) 사다함[一來者]
탐욕과 성냄과 어리석음이 감소된다. 그는 단 한번만 이 세상에
돌아온다. 거친 탐진치가 제거되었지만 이러한 번뇌는 일어나지만
탐진치가 압도하는 힘은 아주 약하다.

3) 아나함[不還者]

감각적 욕망에 대한 탐욕과 악의를 남김없이 버리고 불환자가 된다. 다시는 욕계세상에 돌아오지 않는다. 증오와 근심하는 마음이 없다. 그러므로 이 성인은 자동적으로 색계에 태어나서 그곳에서 마지막 열반을 증득한다. 하지만 자만심은 남아있다.

4) 아라한[應供]

번뇌를 모두 부순 자이므로 세상에서 최상의 공양을 받을 만하다. 그래서 응공이라 한다. 원래의 뜻은 대접과 존경을 받을 만한 분이라는 뜻이다. 세 번째 성자인 아나함의 경우 아직 다섯 가지 높은 족쇄들 때문에 윤회에 묶여 있다. 즉 물질의 세계(색계)에 대한 집착, 무색계에 대한 집착, 자만심, 들뜸(도거), 무명 때문인데 아라한 이 모든 번뇌에서 벗어났다. 아라한 도의 순간에 존재에 대한 집착의 번뇌와 무명의 번뇌도 부수어 버린다. 아직까지 남아있던 양심없음, 수치심없음, 해태와 혼침도 사라진다.

이것은 논장인 아비담마에 나온 성자의 심리상태 변화를 분석한 것인데, 혹 여러분이 견성을 했는지 못했는지는 위의 마음상태를 체크 포인트로 하여 점검하여 볼 일이다. 결과적으로 견성을 했다 못했다가 중요한 것이 아니라 얼마나 나의 마음속에 탐진치가 남아 있는지의 여부가 중요하다.

▌불꽃이 꺼지지 않으면 향기가 나지 않는다

> 전단나무의 좋은 향기도
> 잠깐 있다 없어지는 것
> 계를 닦아 풍기는 향기
> 하늘 밖 멀리 떨쳐 가이 없어라. ─법구경

오늘 오후 포행은 꾸띠가 있는 산과 명상홀 뒷산을 돌아오는 코스를 택했다. 명상홀 뒷산은 넓은 광야가 펼쳐져 있어 나는 이 코스를 좋아한다. 역시 산을 끼고 돌아 다른 쪽 산 중턱쯤 도착하니 끝없이 펼쳐진 들판 저 멀리 지평선이 보인다. 하늘과 들판이 맞닿아 있는 모습을 보면 가슴이 뻥 뚫린다.

흩어진 구름 사이로 응결된 물방울도 보이는 듯하고, 마음이 일면 고요함이 사라지는 것처럼 구슬처럼 푸른 하늘 주변엔 구름도 떠있다. 멀리 보이는 검은 구름은 마음 집중이 되지 않을 때 나타나는 익지 않은 표상같고, 흰 구름은 집중이 잘 될 때 환하게 빛나는 빛과 같다. 광원랜즈 위에 얹혀 있는 듯한 물결무늬 혹은 새털무늬 같은 구름은 조금만 더 마음을 집중하면 궁극적 실재가 또렷하게 드러날 듯한 분위기다.

눈을 감고 생멸하는 궁극적 실재인 물질과 정신을 보다가 오늘 파아란 하늘에 떠 있는 구름을 보니 눈감고 보던 모습들이 하늘에 그대로 다 있다. 아는 사진작가가 있으면 태풍의 눈처럼, 혹은 가운데는 구름 없는 파란 하늘에 주위를 흰 구름이 둥글게 반지처럼 둘려 있으면 그것을 찍어 작품명을 '닙바나'라고 붙이라고 권하고 싶다. (수행자들 가운데 혹 이 글을 읽고 수행하다가 이 모습을 보고는 그것이 닙바나라고 오해하는 일이 없길 바란다. 닙바나는 정신과 물질처럼 조건지워진 것으로 표현되는 것이 아니기 때문이다.)

포행 후에 찬물을 끼얹어 몸을 식힌 후 한 자루 향을 사루어 올렸다. 부처님께 삼배를 올리면서 수행의 성취를 기원하는 기도를 마치고 고개를 들어 보니 향이 불꽃을 내며 반 정도 타들어가고 있었다. 그 모습을 물끄러미 바라보니 결국은 모두 다 타들어가서 꺼지고 만다. 그러나 향은 모두 탔는데 향기가 없다. 향기가 없는 향을 공양 받으신 부처님은 무슨 생각을 하실까? 모름지기 수행은 과정 자체가 결과이다. 과정에 향기가 배어 나와야 하는데 빠른 결과만을 바라는 불꽃에는 향기가 없다.

■ 파동만 있다

> 물거품처럼 세상을 보라
> 아지랑이처럼 헛되이 보라
> 세상을 이와 같이 관찰한다면
> 죽음의 왕도 그를 보지 못한다. – 법구경

　이곳에서 두 번째 맞는 '띤잔' 축제가 끝나는 날이다. 그래서 그런지 명상센터가 한산하다. 축제 기간 중에는 단기출가자들이 많이 와서 평소 750명 하던 대중이 1,400여명으로 불어났기 때문이다. 얼마 전 한국에서 스님 한 분이 오셨는데 공교롭게도 띤잔 축제가 시작되는 날 오셔서 숙소를 우선 도서관 건물에 있는 숙소를 배정받았다. 2인 1실을 쓰는 그곳은 그날따라 물이 나오지 않아 어려움을 겪다가 그날 저녁때 다시 양곤으로 나가셨다. 배움의 길을 찾아오셨는데 여러 가지 조건이 맞지 않은 경우가 될 듯싶다. 조금만 참고 계셨더라면 하는 아쉬움이 남는다. 그 이튿날부터 비가 조금씩 내려 더위도 가시고 물도 다시 나왔다.

　오늘 오후, 과거부터 현재까지 마음[나마]과 몸[루빠]의 생멸을 보면서 때로는 무상으로, 때로는 고통으로, 때로는 무아로 수관하는 명상을 하였다. 이러한 현상을 보면 결국은 파동밖에 없다. 사라지기만 하는 파동, 한 순간도 가만있지 못하고 사라지기만 하므로 무상하고, 계속해서 사라지기를 압박받으니 고통이고 나라고 할 만한 알갱이나 고갱이가 없기 때문에 '무아'이다. 오늘은 특히 무아에 대하여 명상을 많이 하였

다. 명상 중에 끊임없이 사라지는 마음과 몸의 소립자들을 보면서 고통
이 온몸으로 느껴지고 눈물은 그치지 않고 흘러내린다. 눈이 뻐근하다.
결국은 실체 없는 파동과 보이지 않는 에너지뿐이다. 그것도 가만히 있
지 않고 계속해서 사라져만 가는 에너지[파동]가 나의 정신[나마]이고
나의 몸[루빠]이다. 어디에 나라고 할 만한 나의 것이라고 의지할 만한
것이 있는가. 순간적으로 사라지는 알갱이라고 부를 것도 없는… 존재
라고도 할 수 없는 생각과 몸뚱이에 그 어디 기댈만한 것이 있으랴. 보
이지 않는 끊임없이 사라지기만 하는 파동… 궁극적 실재… 무아가 맞
다.

▌생각이 끊긴 자리

> 거기에는 비구들이여,
> 오고감도 없고 머묾도 없고
> 죽음도 없고 다시 태어남도 없다.
> 토대없음, 전생(轉生)없음, 대상없음
> 이것이야말로 괴로움의 종식이다. - 우다나

어제 오후 세 시경 정신[나마]와 물질[루빠]이 멈춘 것을 보았다. 오늘 아침에도 다시 비슷한 체험을 하였다. 몸을 명상하고 있었는데 끊임없이 일어나서는 사라지다가 한순간에 이것들이 멈추었다. 물질들의 생멸이 멈춘 것이다. 눈앞에서 우주 전쟁하는 것처럼 명멸하던 소립자들이 마치 뜨거운 프라이팬에 소금물을 떨구면 급격히 튀어 오르다가 한순간에 움직이지 않는 소금의 결정체가 남는 것처럼 멈추었다. 우레와따 스님께 보고하니 "좋은 스승은 성급하게 말하지 않습니다. 다만 오늘 하루 더 물질과 정신을 보도록 하십시오. 그리고 명상시 나타나는 모양은 신경을 쓰지 마십시오."라고 하셨다.

어제는 의지처인 니싸야[계사]에게 일주일에 한 번씩 계를 점검받는 날인데 니싸야이신 우쿤다나 스님이 '무동'으로 외출을 하셨기에 오늘 점심때 이스라엘 사미하고 같이 찾아뵙고 점검을 받았다. 스님께서는 다음 주는 포살일이라 하더라도 휴일이므로 찾아올 필요가 없다고 하시며 당신도 약 2주간 이곳을 비운다고 하신다. 그래서
"스님! 저 다음 주에 한국으로 돌아갑니다." 하니

"오! 고통! 고통!(dukkha! dukkha!)" 하신다.

어찌 정들었던 제자와 헤어짐이 쉽겠는가? 그러니 사랑하는 사람과 헤어짐이 고통이라고 하였지.

"한번 스승은 영원한 스승입니다. 정말 감사합니다!"

■ 마지막 포행

> 비구들이여, 의존하는 자에게 떨림이 있고
> 의존하지 않는 자에게 떨림은 없다.
> 떨림이 없으면 고요하고
> 고요하면 의향(意向)이 없다.
> 의향이 없으면 오고 감이 없고
> 오고감이 없으면 죽고 다시 태어남이 없다.
> 죽고 다시 태어남이 없으면
> 이 세상도 없고 저 세상도 없고 그 둘의 중간도 없다.
> 이것이 바로 괴로움의 종식이다. - 우다나

어제 오후 3시에 한국스님 두 분과 산행을 하였다. 명상홀에서 오른쪽을 바라보면 저 멀리 산위에 황금빛 탑이 보인다. 바로 그곳으로 포행을 겸한 산행을 한 것이다. 가는 도중에 고무나무 숲이 있었는데 그늘이 좋았다. 무엇보다도 탁 트인 산허리에서 바라본 너른 들판과 들판 가운데 우뚝 솟은 바위산은 보기에도 전경이 좋았다.

산행 중에 만난 오두막 꾸띠에는 4살과 6살 정도 돼 보이는 두 명의 어린아이가 살고 있었다. 동행한 한국의 선방수좌스님이 챙겨온 사탕과 빵 봉지를 건네주니 해맑게 웃는다. 흙 묻은 발, 때 묻은 손, 그러나 반짝이는 눈동자에는 그늘이 없다. 이 스님은 이 코스를 5번 정도 다녀가셨다고 한다. 가면서 전생 이야기며 수행과 관련된 궁금한 사항들을 이야기하였다.

산꼭대기에 있는 황금빛 탑에 도착하니 약간 뚱뚱한 상좌부 스님 한 분이 나와 차 한잔 을 권했다. 이곳에는 스님들 세 분이 사신다고 했다. 목이 말라서 그런지 차의 맛이 참으로 좋았다. 또 다른 한국의 상좌부 비구스님이 가져오신 향을 살라 불전에 올리며 닙바나의 성취와 인연 있는 분들의 평안을 함께 기원하였다.

산위에 있는 탑전은 일반 미얀마 탑처럼 원추모양의 탑으로 동서남 북 사방의 탑 외측에 부처님상을 조각하여 모셔 놓았다. 정면의 부처님 은 크고 화려하고 배면을 유리로 장식하여 광배효과를 연출해 놓았다. 부처님 정면으로는 몰라민 강이 탁 트인 전경과 함께 보여서 가슴이 시 원하다. 때마침 불어오는 바람에 땀이 모두 식는다. 탑 앞의 계단에 앉 아서 도과성취의 과정 및 닙바나에 대한 이야기를 나누다 보니 어둠이 짙어졌다. 고무나무 숲속에 난 길을 따라 돌아오는 길에는 보름달이 머 리 위를 비추고 있었다.

▌ 개미

> 게으르고 많이 먹고 졸기만 하고
> 사료로 길러진 큰 멧돼지처럼
> 뒹굴 거리며 잠을 자는 어리석은 자
> 되풀이하여 태내에 들어가리라.-법구경

오늘 아침 꾸띠에서 공양을 하던 중에 개미가 먹이를 입에 물고 냄비 위의 모서리를 따라 끝없이 돌고 있는 모습을 보았다. 수저를 놓고 가만히 바라보니 때로는 오른쪽으로 때로는 반대쪽으로 왔던 길을 계속해서 돌고 돈다. 이것이 윤회구나. 이놈이 때로는 내려오려고 냄비의 둥근 옆면을 따라 거의 바닥에 접근하다가도 곡면 때문에 생긴 냄비와 틈 때문에 다시 올라가서는 그 자리를 맴돈다. 냄비가 방바닥과 닿는 부분이 곡면으로 마치 암벽등반의 C자의 밑면과 같다. 이 부분이 어두워서 내려왔다가 다시 올라가는 줄 알고 불을 켜서 환히 그곳을 밝혀 주었는데 거의 땅에 닿을 듯 접근했다가는 다시 올라가서 맴돌기를 반복한다.

그 C자 커브의 밑면에 붙어 있을 때면 거의 거꾸로 매달려 있는 형상인데, 그냥 손만 놓으면 바로 땅인데 그것을 놓지 못하고 다시 올라가서 수백바퀴를 돌고 돈다. 빛으로 밝혀 주어도 그 짓을 반복하니 어둠이 문제는 아닌 듯했다.

그래서 이번에는 그놈이 물고 있는 먹이를 빼앗고는 다시 냄비 위에 올려놓아 보았다. 한참을 아까와 동일하게 맴돌더니 결국은 바닥으로 내려와 자기 갈 길을 간다. 먹이 때문에 땅과 거의 맞닿아 있는 곳에서 내려오지 못하고 있었던 것이다. 손만 놓으면 땅이고 먹이만 놓으면 길인데 오르내리기를 반복하는 것이 우리네 인생과 같다. 움켜쥔 손을 놓아라. 주먹을 펴라. 파아옥 명상센터가 내게 주는 마지막 선물이며 메시지지 싶다. 사두! 사두! 사두!

초기불교 선방일기
구름을 헤치고 나온 달처럼 1

초판1쇄 2019년 8월 29일 **지은이** 정명 정명스님 **펴낸이** 한효정 **편집교정** 김정민 **기획** 박자연, 강문희 **디자인**
화목, 이선희 **마케팅** 유인철, 이산들, 임지나 **펴낸곳** 도서출판 푸른향기 **출판등록** 2004년 9월 16일 제 320-
2004-54호 **주소** 서울 영등포구 선유로 43가길 24 104-1002 (07210)
이메일 prunbook@naver.com **전화번호** 02-2671-5663 **팩스** 02-2671-5662
홈페이지 prunbook.com | facebook.com/prunbook | instagram.com/prunbook

ISBN 978-89-6782-092-3 03220
ⓒ 정명스님, 2019, Printed in Korea

값 14,500원

이 도서의 국립중앙도서관 출판예정도서목록(CIP)은 서지정보유통지원시스템 홈페이지(http://seoji.nl.go.kr)와 국가자료공동목록시스템
(http://www.nl.go.kr/kolisnet)에서 이용하실 수 있습니다.
CIP제어번호 : CIP2019027701